Collection Pédagogies

Philippe Meirieu

L'école, mode d'emploi

Des « méthodes actives » à la pédagogie différenciée

Postface :
La pédagogie différenciée est-elle dépassée ?

Préface de Daniel Hameline

W0212555

11e édition

ESF éditeur
17, rue Viète - 75017 PARIS

© ESF éditeur, Paris,
ISBN 2-7101-0876-3
ISSN 1158-4580
1re édition 1985 - 11e édition 1995

Le code de la propriété intellectuelle n'autorisant, aux termes de l'article L. 122-5, 2° et 3°a, d'une part, que les « copies ou reproductions strictement réservées à l'usage privé du copiste et non destinées à une utilisation collective » et, d'autre part, que les analyses et les courtes citations dans un but d'exemple et d'illustration, « toute représentation ou reproduction intégrale, ou partielle, faite sans le consentement de l'auteur ou ses ayants droits, ou ayants cause, est illicite » (art. L. 122-4). Cette représentation ou reproduction, par quelque procédé que ce soit, constituerait donc une contrefaçon sanctionnée par les articles L. 335-2 et suivants du Code de la propriété intellectuelle.

Pédagogies

Collection dirigée par Philippe Meirieu

La collection PÉDAGOGIES propose aux enseignants, formateurs, animateurs, éducateurs et parents, des œuvres de référence associant étroitement la réflexion théorique et le souci de l'instrumentation pratique.

Hommes et femmes de recherche et de terrain, les auteurs de ces livres ont, en effet, la conviction que toute technique pédagogique ou didactique doit être référée à un projet d'éducation. Pour eux, l'efficacité dans les apprentissages et l'accession aux savoirs sont profondément liées à l'ensemble de la démarche éducative, et toute éducation passe par l'appropriation d'objets culturels pour laquelle il convient d'inventer sans cesse de nouvelles médiations.

Les ouvrages de cette collection, outils d'intelligibilité de la « chose éducative », donnent aux acteurs de l'éducation les moyens de comprendre les situations auxquelles ils se trouvent confrontés, et d'agir sur elles dans la claire conscience des enjeux. Ils contribuent ainsi à introduire davantage de cohérence dans un domaine où coexistent trop souvent la générosité dans les intentions et l'improvisation dans les pratiques. Ils associent enfin la force de l'argumentation et le plaisir de la lecture.

Car c'est sans doute par l'alliance, sans cesse à renouveler, de l'outil et du sens que l'entreprise éducative devient vraiment créatrice d'humanité.

Dans la collection Pédagogies

APPRENDRE À LIRE EN MATERNELLE
Hélène Gilabert

APPRENDRE ENSEMBLE, APPRENDRE EN CYCLES
Classes maternelles et primaires
avec la Maison des Trois Espaces

APPRENDRE... OUI, MAIS COMMENT ?
Philippe Meirieu

L'APPRENTI-CITOYEN
Une éducation civique et morale pour notre temps
Georges Roche

AUTORITÉ ET DISCIPLINE À L'ÉCOLE
Maria Teresa Estrela

DE L'APPRENTISSAGE À L'ENSEIGNEMENT
Pour une épistémologie scolaire
Michel Develay

LE CHOIX D'ÉDUQUER
Éthique et pédagogie
Philippe Meirieu

CONSTRUIRE LA FORMATION
CEPEC, sous la direction de Pierre Gillet

DE L'ÉDUCATION TECHNOLOGIQUE À LA CULTURE TECHNIQUE
Yves Deforge

LA DÉMOCRATISATION DE L'ENSEIGNEMENT AUJOURD'HUI
Gabriel Langouët

DÉVELOPPER LA CAPACITÉ D'APPRENDRE
Jean Berbaum

DIDACTIQUE DU FRANÇAIS
De la planification à ses organisateurs cognitifs
François Victor Tochon

L'ÉCOLE HORS L'ÉCOLE
Soutien scolaire et quartiers
Sous la direction de Dominique Glasman

L'ÉCOLE, MODE D'EMPLOI
Des « méthodes actives » à la pédagogie différenciée
Philippe Meirieu

L'ÉCOLE POUR APPRENDRE
Jean-Pierre Astolfi

L'ÉDUCATION, SES IMAGES ET SON PROPOS
Daniel Hameline

ÉMILE, REVIENS VITE... ILS SONT DEVENUS FOUS
Philippe Meirieu, Michel Develay

ENFANTS PERDUS, ENFANTS EXCLUS
Andréa Canevaro

ENSEIGNER, SCÉNARIO POUR UN MÉTIER NOUVEAU
Philippe Meirieu

L'ENTRETIEN D'EXPLICITATION
En formation initiale et en formation continue
Pierre Vermersch

L'ÉVALUATION EN QUESTIONS
Charles Delorme et le CEPEC

L'ÉVALUATION, RÈGLES DU JEU
Des intentions aux outils
Charles Hadji

INNOVER POUR RÉUSSIR
Sous la direction de Charles Hadji

LES MATHÉMATIQUES AU LYCÉE
Clés pour une réussite
Sylviane Gasquet

MÉDIATIONS, INSTITUTIONS ET LOI DANS LA CLASSE
Francis Imbert

MÉTIER D'ÉLÈVE ET SENS DU TRAVAIL SCOLAIRE
Philippe Perrenoud

MÉTIER IMPOSSIBLE
La situation morale des enseignants
Pascal Bouchard

MOTIVATION, PROJET PERSONNEL, APPRENTISSAGES
Monique Croizier

LES OBJECTIFS PÉDAGOGIQUES
En formation initiale et en formation continue
Daniel Hameline

LA PÉDAGOGIE : UNE ENCYCLOPÉDIE POUR AUJOURD'HUI
sous la direction de Jean Houssaye

PENSER ET AGIR L'ÉDUCATION
De l'intelligence du développement au développement des intelligences
Charles Hadji

PEUT-ON FORMER LES ENSEIGNANTS ?
Michel Develay

POUR MIEUX APPRENDRE
Conseils et exercices pour élèves de lycées, étudiants, adultes
Jean Berbaum

QUESTIONS DE SAVOIR
Gabrielle Di Lorenzo

SAVOIRS SCOLAIRES ET DIDACTIQUES DES DISCIPLINES
Sous la direction de Michel Develay

SYSTÈME, PERSONNE ET PÉDAGOGIE
Une nouvelle voie pour l'Éducation
Georges Lerbet

Catalogue complet sur demande

DU MÊME AUTEUR

Apprendre... oui, mais comment ? ESF éditeur, Paris, 14e édition, 1995, traduit en italien.

Le choix d'éduquer, Éthique et pédagogie, ESF éditeur, Paris, 3e édition, 1994.

Les devoirs à la maison, Syros, l'École des parents, Paris, 1987, traduit en espagnol.

Différencier la pédagogie : des objectifs à l'aide individualisée (sous la direction de), Cahiers pédagogiques[1], Paris, 4e édition, 1992.

Différencier la pédagogie : pourquoi ? comment ? (sous la direction de), C.R.D.P. de Lyon[2], 1986.

Différencier la pédagogie en français et mathématiques au collège (sous la direction de), C.R.D.P. de Lyon[2], 1987.

Émile, reviens vite... ils sont devenus fous, Philippe Meirieu, Michel Develay, 3e édition, 1994.

Enseigner, scénario pour un métier nouveau, ESF éditeur, Paris, 7e édition, 1995.

L'envers du tableau, quelle pédagogie pour quelle école ? ESF éditeur, Paris, 2e édition, 1994.

Itinéraire des pédagogies de groupe - Apprendre en groupe ? 1. Chronique sociale[3], Lyon, 4e éd., 1991, traduit en italien.

Outils pour apprendre en groupe - Apprendre en groupe ? 2. Chronique sociale[3], Lyon, 4e éd., 1991, traduit en italien.

En préparation :

Recueils d'outils pour la pratique du conseil méthodologique.

1. 5, impasse Bon-Secours, 75011 Paris.
2. 47, rue Phillipe-de-Lasalle, 69004 Lyon.
3. 7, rue du Plat, 69288 Lyon cedex 02.

A Coline, qui entre à l'école
au moment où paraît ce livre...
A Vincent, Emmanuel et Marie,
qui en ont déjà connu,
comme tant d'autres,
le meilleur et le pire...

Sommaire

Préface

De l'éducation scolaire

Face aux débats qui agitent la francophonie plusieurs amis m'avaient suggéré d'écrire un ouvrage qui fasse un peu le point sur la question de l'école « aujourd'hui », je leur ai dit aussitôt ma perplexité. La chose me tentait et, en même temps, j'avais d'autres travaux en chantier qui absorbaient mes énergies. Et, surtout, que dire qui soit une contribution intelligente au débat le plus contemporain, qui ne vienne pas ajouter un propos supplémentaire et oiseux dans le concert des polémiques récentes ? Comment parler de manière neuve, alors que le sort du propos sur l'éducation paraît bien être de ressasser les mêmes vieilleries ? Plongé depuis plusieurs années dans l'histoire de l'école populaire moderne, j'avais l'impression de voir de trop loin, et au prisme relativisant de l'Histoire, les querelles en cours. Je ne me sentais pas assez impliqué, alors que l'autorité, dans un pareil débat, est, pour une grande part, fonction de la « pratique » dont on peut faire état. Je me voyais mal, n'ayant pas « fait la classe » depuis vingt ans, dans la position du commentateur qui ne sait que par ouï-dire de quoi il cause...

C'est alors que je me suis souvenu de la chance qui m'a été donnée, précisément, vers 1960, de pouvoir élaborer une théorie de ma pratique, d'être accueilli à *Orientations* pour y faire mes débuts. J'ai, certes, appris bien des choses depuis ce temps-là. Et il me reste sans doute à dire, de l'école, « deux ou trois choses que je sais d'elle »... Mais pourquoi s'obstiner à occuper la place ? D'autres sont venus, plus jeunes, mieux armés, sagaces, ayant largement profité de nos essais et de nos erreurs, saisissant nos modestes intuitions pour les mettre à l'épreuve de leurs propres recherches, proposant des problématiques mieux construites, ouvrant des voies que nous n'avions pas soupçonnées.

Passons donc un peu la main. Tout le monde y gagnera. Et je rendrai ainsi la monnaie dont on m'a gratifié, il y a vingt cinq ans. J'ai donc plaisir à présenter l'ouvrage de Philippe Meirieu dont j'ai lu le manuscrit avec le sentiment qu'il disait mieux les choses que je n'aurai su le faire, qu'il était, de beaucoup, le plus autorisé à parler, car, de toute évidence, il parle de ce qu'il connaît au quotidien. Mais, en même temps, je trouve chez lui le recul, mais sans l'indifférence, la hauteur de vue, sans l'utopisme un peu candide qui fut le nôtre, l'enthousiasme, mais sans l'enflure verbale qui le rend niais. Je trouve que Philippe Meirieu parvient à nous faire entrer dans l'intelligence de la chose scolaire grâce à une heureuse conjonction de l'esprit stratégique et de la rouerie bricoleuse qui ne se raconte pas trop d'histoires. Et, discrets, sous peine de ridicule, je pressens un authentique amour des personnes et le crédit accordé à l'expérience humaine.

Je puis donc garantir au lecteur qu'il se trouve en la meilleure compagnie et, pour un peu, j'entonnerais dans la sérénité quelque chose comme mon *Nunc dimittis*... Mais Philippe Meirieu a la courtoisie de me demander de l'introduire. Je le ferai donc. Et puisque mes charges universitaires présentes coïncident avec mon penchant à prendre mes leçons dans l'Histoire, c'est dans cette perspective que je me placerai pour dire un peu ce que je pense du débat contemporain où se cherche le « mode d'emploi » de l'école.

Certes, l'histoire de l'éducation scolaire est une histoire bégayante. J'ai pris tout récemment le temps de m'intéresser à ce bègue[1], et cela m'ennuie un peu de recommencer ici l'argumentation. Pourtant, c'est bien du côté de ce bègue, – notre histoire –, qu'il nous faut très certainement nous tourner si nous voulons comprendre ce qui nous arrive, comprendre comment l'école est « arrivée » à la société humaine et quel peut en être aujourd'hui le « mode d'emploi ».

Le bègue ne répète pas. Il insiste. L'Histoire de l'éducation scolaire ne se répète pas. Elle insiste. Quelque chose de si important, quelque chose de si capital est à proférer, pressenti « sur le bout de la langue », que défaillent les mots pour le dire, et que le discours revêt les apparences d'une sempiternelle répétition. Tout se passe comme si le langage de l'éducation scolaire comportait ce bégaiement en tant que caractère « institutif ».

Eh là ! Me direz-vous, ce dernier mot n'existe pas dans notre belle langue française. Pourquoi ne pas dire « constitutif » comme tout le monde ? Je vous entends. Mais c'est que l'école n'a pas affaire à des

1. D. HAMELINE, « Le bègue et l'oiseau-chanteur », *Éducateur* (Lausanne), 1985, *2*.

« constituteurs », mais à des « instituteurs ». Cette chose importante, capitale, que nous avons sur le bout de la langue et qui nous fait bégayer, nous et nos prédécesseurs, c'est que l'école n'est rien en dehors du rapport qu'elle entretient avec l'institution de l'enfance et de la jeunesse. Et cette institution-là est le révélateur de nos contradictions dans la modernité, depuis les Lumières, Rousseau, Kant et Pestalozzi, mais aussi les Conventionnels, Humboldt et Napoléon Ier. L'histoire de l'éducation scolaire bégaye parce qu'en elle insiste une vérité qui, depuis deux cents ans bientôt, nous séduit et nous terrorise, *fascinans et tremendum.* Et cette vérité, la voici : l'humanité moderne est seule avec sa jeunesse sur les bras. Je dis bien « sur » et non « dans ». La nuance n'est pas mince : c'est le giron en moins, le poids en plus.

Le monde fixiste et divinement hiérarchique de l'Ancien Régime est censé s'être effacé au profit du monde mobile et égalitaire de l'ère progressiste. La place est à faire. La place est à prendre. La place est à réserver. La place est à interdire. Répartition. « Droits », crient les émancipateurs : tous de sang bleu, fils égaux de la République. « Devoirs », rétorquent les nouveaux tuteurs, vite surgis au gré des frayeurs vite réveillées. Car cette jeunesse est peuple aussi, qui réclame son dû. Instruire, seul rempart contre le déferlement des masses mal famées. Instruire pour contenir. Émancipation, encadrement, même combat. Instituer la jeunesse pour lui fixer ses bornes. Ici révérence obligée à Victor Hugo, en l'année de son centenaire : ouvrir les écoles pour fermer les prisons. Il faut former les citoyens : le Souverain ne peut rester l'ignorant qu'il est, Ulysse dérisoire et multiplié que tentent les sirènes. Des sirènes musclées, si l'on peut dire, à la virilité ombrageuse, capables de faire rêver les brutes. Mais ces rêves ne sont ni roses, ni tendres.

Voici *demos* en proie à son *agogie*. Quels seront les conducteurs de ce peuple dont l'avènement est inéluctable, signe même de la modernité ? Sorti du rang, hier encore jeune paysan sans chemise, le cul sans doute encore bien terreux sous la redingote à peine boutonnée, voici l'instituteur. Le peuple dont il sort, l'instituteur en est toujours. Il n'en est déjà plus. Démultipliées jusque dans les écarts des moindres campagnes, allez voir ces maisons d'école aujourd'hui vides du cri des enfants que la société industrielle « ramasse » au petit matin sur le bord des routes. L'instruction et les forces motrices : signaux conjoints d'un identique progrès. Et le grand bégaiement s'instaure : que faire de cette jeunesse, que faire avec elle, que faire pour elle, que lui faire, que lui faire faire ?

Autant de variations sur le verbe « faire » où la reduplication de la dernière formule « faire faire » n'est pas la chose la moins instructive. Cette espèce de « bégaiement » m'intrigue. L'institution de la jeunesse, c'est « faire faire ». Ce que nous avons à faire d'elle, ce que nous faisons pour elle, c'est lui faire faire. Comme nous avons fait... mais aussi, autrement. Ambivalence du vœu d'éduquer : que ceux qui viennent soient eux-mêmes, et, en même temps, qu'ils soient quelque chose de nous. Qu'ils reçoivent. Qu'ils prennent. Qu'ils soient pris. Qu'ils se déprennent.

L'éducation *scolaire* systématique d'une jeunesse effectivement nombreuse et réputée unique est une affaire moderne, une modalité récente du processus civilisateur, une modalité spécifique. L'école n'est pas éternitaire. Elle est moderne. Et si la modernité défaille, il n'est pas dit qu'elle lui survive.

Certes, il a existé, avant la Révolution française, des écoles. Certes, La Chalotais ou Turgot, pour ne citer qu'eux, conçurent une éducation nationale qui assurât à la monarchie le renfort des Lumières. Mais la concentration organisée, obligatoire, contrôlée de l'enfance, *sous le signe d'un surcroît d'émancipation*, est vraiment la chose étonnante que rien n'anticipe. Elle entraînera l'identification sociale d'une tranche d'âge à la condition d'élève, la subordination de plus en plus pressante de l'image de soi, en chaque personnalité, aux réussites et aux échecs scolaires. Et voilà qui suffit à légitimer ce vocable, aujourd'hui contesté par quelques-uns, d'*éducation* scolaire. Il y a deux cents ans, quand on la concevait dans la fièvre des débats révolutionnaires, il y a cent ans, quand on lui donnait le visage qu'elle revêt encore à maints égards aujourd'hui, l'école moderne recevait bien de ses promoteurs la mission d'assurer l'« encadrement-émancipation » du peuple, si on me permet cet oxymore[1].

Des centaines de pages sont disponibles, dans la seconde moitié du XIXe siècle en particulier, où nous nous entendrions bégayer déjà le débat entre *instruction* et *éducation*, au bénéfice de cette dernière le plus souvent, du moins dans les propos, où s'inscrit la perspective des fins. L'école républicaine a été passionnément voulue éducatrice. D'entrée de jeu. Ne serait-ce que par nécessité de substituer aux influences combattues ou suspectées des églises, des milieux professionnels et des familles, l'influence libératrice de l'instruction publique. L'État laïque et républicain se veut éducateur : l'émancipation des individus est fonction de sa sollicitude.

Rappeler ce passé, et sous le signe du bégaiement de l'Histoire, ce n'est pas dire, tant s'en faut, que le débat académique entre « instruire » et « éduquer » que l'on voit se ranimer aujourd'hui, est un débat désuet. Bien au contraire, c'est y voir une question majeure, mais une question « institutive », pour reprendre mon néologisme du début. C'est dire alors que la question renvoie au statut même de l'école dans la modernité.

L'école allait devoir incarner ce double pari : que la victoire sur l'ignorance permettrait la manifestation de la civilité progressiste, que cette victoire serait possible par un surcroît d'instruction.

1. L'oxymore consiste dans la conjonction en une même formule de deux images contradictoires.

Ce vaste et exaltant propos trouverait vite ses Cassandres. Savoir, oui, mais quoi et jusqu'à quelles limites ? La surcharge des programmes, l'impuissance à retrancher sans frustration sont congénitales à l'institution de l'école moderne. Le *lamento*, à cet égard, fait partie intégrante de la définition même de l'éducation scolaire. Qu'est-ce que l'école ? L'école est l'instance inventée par la société moderne pour y vérifier qu'elle ne contrôle ni l'accumulation des connaissances ni l'obsolescence des savoirs. La liste est facile des vieilles querelles bégayantes : querelle des rudiments, querelle de la culture désintéressée contre les savoirs utiles, de la « gymnastique de l'esprit » contre les « savoirs livresques », querelle du « niveau », qui « baisse » comme par définition...

Et puis, dira-t-on très vite aussi, fait-on des citoyens éclairés en les entretenant de choses à savoir ou en les entraînant à des choses à faire ? Il y a cent ans, le débat sur l'éducation morale connaît, dans tous les pays laïcisés, son point culminant. Les solutions, s'il faut en croire les objurgations des grands préposés, que ce soit Gréard, Pécaut, Marion ou Buisson, sont effectivement médiocres : « tu causes, tu causes », dit Laverdure... Et Jules Payot publie le best-seller de la littérature pédagogique au tournant du siècle, *L'Éducation de la volonté*, traduit, commenté, couronné, constamment réédité de 1893 à 1930. C'est l'heure des pressantes invocations à forger les caractères plutôt qu'à meubler les intelligences.

« Forger », « meubler » : ces métaphores sont reprises à Montaigne. Mais en Suisse romande, dès le début du XIXe siècle, le célèbre Père Girard, l'un des pionniers de la didactique de la langue maternelle, qui est un peu à la Romandie ce que Pestalozzi est à la Suisse alémanique, reconstruit l'aphorisme de Montaigne : « meubler l'esprit en le forgeant, forger l'esprit en le meublant ». La métathèse est un peu facile. Elle est particulièrement en faveur en Suisse romande. Je l'ai retrouvée à plusieurs reprises, sous des plumes diverses, dans la revue *L'Éducateur*, organe de la Société des instituteurs, entre 1865 et 1885.

L'annulation des positions extrêmes par le renversement symétrique des propositions a-t-elle quelque chose du consensus typiquement helvétique ? Ne nous laissons pas aller dans une grossière psychologie des peuples. Mais le propos témoigne d'une attention, intéressante encore aujourd'hui, à la fonction proprement *instructive* et à sa finalité à double détente. L'éducation a pour but de « forger ». Oui, mais de « meubler » aussi. Et vice versa. Et surtout : on ne peut faire l'un sans prendre l'autre pour moyen et réciproquement. Vouloir « meubler l'esprit des élèves » en oubliant de « forger » peut conduire à imaginer ceux qui apprennent comme de simples réceptacles. Faire le projet de « forger les esprits » en oubliant de les « meubler » peut conduire à donner la priorité aux seules formes de la connaissance et induire une pédagogie de la culture formelle, voire formaliste.

Mais le consensus ainsi obtenu n'est-il pas proche du sophisme ? Deux questions restent en suspens, que le XIXe siècle nous a léguées avec l'incertitude de ses réponses. Tout d'abord, les inspirateurs de l'école républicaine n'ont jamais été au clair sur la fonction et le statut de l'ignorance dans la société. Les mêmes la dénoncent comme un fléau, asservissement des individus, péril pour la démocratie. Son opposite est bien la lumière, ou, plus exactement les Lumières. Air cent fois connu. Les mêmes cependant énoncent leurs craintes, – s'ils sont conservateurs, ce sont des certitudes –, que l'école ne soit qu'une fabrique de « demi-savants » qui n'apprennent là qu'à se payer de mots. L'ignorance n'est-elle pas alors préférable ?

Et se payer de mots n'est pas une menace fictive, même si le péril est de consolider la fiction. Voyez le triste destin de la « leçon de choses ». Dès le début du siècle, Pestalozzi, Girard la chargeaient de brancher le savoir sur les réalités concrètes, de faire exprimer aux enfants dans leur propre langage ce qu'ils avaient observé. Méthode active : antique prescription que l'école républicaine a toujours fait sienne dans la théorie. Mais aussi bien Henri Marion que Ferdinand Buisson, qu'Octave Gréard, dès les années quatre-vingt, constatent que la leçon de choses n'est très souvent pour les instituteurs que le prétexte d'étaler un savoir « hâtif et superficiel... qui les rend, dit-on, suffisants et dogmatiques ». Qui tient ces propos sévères sur les enseignants ? Celui qui a voué sa vie à leur formation, Félix Pécaut, en 1882, quand il mesure les méfaits d'un savoir mal assimilé.

Le remède préconisé par Pécaut sera du style : peu mais bien. « Que leur savoir soit médiocre, mais que, dans ce savoir, ils se meuvent à l'aise ». Plaidoyer pour une certaine ignorance. Mais solution toute verbale à l'excès du verbalisme. Qui peut parler « bien » d'un objet de savoir, devenu objet didactique ? Et qu'est-ce qu'en parler « bien » ? Ajoutons : suffit-il d'en parler « bien » pour que ceux qui entendent parler ne l'apprennent pas « mal » ?

Albert Thibaudet, ce critique sagace et humoriste de la littérature du XIXe siècle, campe un savoureux portrait des grands rhéteurs du début du siècle, créateurs de l'éloquence de la chaire magistrale en laquelle Thibaudet salue, à juste titre, une invention de la modernité. A ces rhéteurs, il attribue, entre autres caractéristiques, « ce don de savoir sans l'air d'avoir appris, celui d'apprendre bien aux autres ce qu'on vient d'apprendre soi-même bien ou mal »[1]. En bon rhétoricien qu'il est, maniant une sorte de syllepse, Thibaudet joue sur le double sens du verbe « apprendre ». Ce dernier désigne l'acte de l'instructeur aussi bien que l'acte de celui qui s'instruit. Mais sa phrase, sans doute trop optimiste sur

1. Cf. A. THIBAUDET, *Histoire de la Littérature française de 1789 à nos jours*, Paris, Stock, 1936.

les vertus de l'éloquence expositive, nous révèle admirablement le paradoxe de l'acte d'instruire.

Et c'est là le second héritage que j'annonçais tout à l'heure. Le savoir peut se donner en spectacle sur la scène enseignante sans qu'il soit requis de révéler ce qu'il en fut dans les coulisses ni dans la loge de l'artiste. En d'autres termes, – plus pédants, je le confesse –, la logique d'exposition n'est pas la réplique de la logique d'acquisition. Apprendre quelque chose, quand il s'agit de l'acte de l'« apprenant », est une opération qui peut s'effectuer « bien » ou « mal ». Mais, à ce qu'il semble, ce « mal » ne paraît pas rédhibitoire puisqu'il ne rend pas impossible l'exposé.

Le XIXe siècle enseignant nous livre ici les tâtonnements de sa réponse à la question : qu'est-ce qu'apprendre ? Et cent ans après la fondation de notre école moderne, nous tournons toujours autour de cette question, bricolant la difficile conjonction de deux aphorismes contradictoires qu'il nous faut tenir ensemble : « on n'a bien appris que ce que l'on a appris tout seul », selon la célèbre formule de Carl Rogers ; « tout autodidacte est un imposteur », à en croire l'impressionnante sentence de Paul Ricœur.

Contradiction heureuse qui nous rappelle d'abord, – car il y a bien lieu de le rappeler –, que, parmi les « efficaces » diverses dont la recherche justifie la présence des enseignants dans une école, « que les apprenants apprennent » demeure une fin prioritaire. Mais, autre rappel, loin de conduire à faire récuser l'enseignement, cette priorité accroît le rôle médiateur des enseignants, les érigeant en véritables *gestionnaires* des situations d'apprentissage diversifiées, usant d'une panoplie de moyens en fonction des contenus de la connaissance dont ils sont dans la classe les garants. Le *teaching* est cette capacité gestionnaire à bricoler de manière « optimale », comme disent les tenants de l'approche systémique, l'ensemble des ressources mises à la disposition de ceux qui apprennent.

Ainsi pourra s'effectuer, – le plus souvent à vue, et pour longtemps encore –, le dosage nécessaire à tout apprentissage, quel qu'en soit l'objet : construction de son savoir par le sujet qui apprend, d'une manière souvent erratique, par contamination, et « dans le prolongement des passions », comme le disait Fourier de notre intelligence des choses ; « altération » nécessaire du sujet qui apprend par le savoir qu'il reçoit et dont il ne commande ni la destinée culturelle, ni les normes qui le structurent et le spécifient. Le *processus* d'apprentissage intellectuel aboutit à un *produit* où l'intelligence des choses devient elle-même transmissible, se détachant de l'« histoire de vie » du sujet qui apprend, pour prendre rang parmi les objets impersonnels du patrimoine commun. Déjà Kant faisait remarquer que le moyen le meilleur de montrer qu'on a appris quelque chose, c'est de l'expliquer à quelqu'un d'autre. Vieille ficelle didactique.

Expliquer les choses à d'autres peut fournir à ces derniers un des points de départ éventuels de leurs propres apprentissages. Mais c'est très certainement, pour ceux qui ont appris, un point d'aboutissement et le moyen de la vérification cruciale. Notre intérêt bien compris se retrouve à écouter les autres. La chose est instructive et plaisante. Ainsi se trouve confirmé le conseil que donnait Isocrate à Démonique : « Prends le temps d'écouter parler. Tu y éprouveras du plaisir. Et surtout tu apprendras ainsi sans difficulté ce que les autres ont eu tant de peine à trouver par eux-mêmes ».

Pas mal, cette citation, et bien venue, n'est-ce pas ? Je pourrai en rester là puisque mon développement y trouve une chute exemplaire, en même temps que je puis, sur la scène de cette préface, me draper d'un savoir à l'antique plein de « distinction », « *sans l'air d'avoir appris* ». Impersonnalité du contenu de connaissance. Pour en tirer parti, vous n'avez pas besoin d'apprendre comment cette citation m'est arrivée. Il vous suffit d'admettre que c'est bien là un propos d'Isocrate. Et vous en faites votre affaire. Point final.

Pour la curiosité cependant, je vous raconte l'histoire car elle est, au sens fort, instructive. J'étais en train d'écrire ce commentaire de Thibaudet quand le téléphone sonne. Je décroche. C'est un camarade de ma fille aînée qui peine sur une version grecque et demande de l'aide. J'appelle l'helléniste locale. Au téléphone, elle fait part au copain de ses trouvailles. J'entends : « Prends le temps d'écouter parler... Et surtout tu apprendras ainsi sans difficulté, etc. » Ce qui se dit là se rapporte directement à ce que je suis en train d'écrire. C'est pure coïncidence mais je suis porteur d'une disposition assez exceptionnelle à l'« entendre ». Je suis incapable de dire si, avant cette minute, j'ai jamais eu connaissance des conseils d'Isocrate à Démonique. Isocrate, d'accord, je situe convenablement, au jugé.

Mais ce qui me frappe le plus, c'est que le copain, au téléphone, est juste en train de mettre en application le propos du rhéteur grec. Il écoute ce que l'autre lui dit et va se l'approprier sans vergogne. Pas de reproche à lui faire puisque je mène de mon côté une contrebande similaire. Isocrate tombe à pic. Tout apprentissage aurait-il quelque chose de la contrebande ? La communication terminée, je fais remarquer à mon helléniste l'étroit rapport entre ce qui se faisait au téléphone et ce qui s'y disait. J'ajoute quand même : « Ton copain n'aura eu qu'à écouter et prendre note... » Réplique immédiate : « Oui, mais ça fait quarante minutes qu'il sèche... Il est mûr pour comprendre ». Ainsi rendront-ils leur version « sans l'air d'avoir appris », et leur savoir, — mais tout autant le mien que le leur —, sera le fruit conjoint du hasard, de l'élaboration personnelle, de la mise en scène et de la parole des autres. Apprendre est une opération interactive.

L'ouvrage de Philippe Meirieu nous développe ainsi un propos sur l'éducation scolaire. Car un « propos » est à la fois inévitable et indispensable, ce qui n'est pas dire la même chose. Le terme impose son équivoque où l'on dit à la fois le projet et le discours qu'on tient sur ce dernier. Entre les deux, la pratique effective, référence obligée, « boîte noire » au centre de l'énigme. De ce que Meirieu *fait*, de ce que font ses élèves, que saurons-nous ? Et lui-même, qu'en sait-il ? Dans une classe, certes, il se passe toujours quelque chose... Mais comment *dire* ce qui, effectivement, s'y passe ? Mais peut-être vaut-il mieux que nous ne soyons pas en mesure d'énoncer ce qui s'y fabrique. Bien sûr, parce que les grands principes s'y trouveraient parfois contredits. Mais peut-être autant parce qu'il y a trop de choses à dire, et des choses disparates et surprenantes.

Tout propos sur l'éducation est constamment sollicité de remplacer le compte-rendu d'activité par de la chanson de geste. Mais il n'est pas moins vrai que tout propos sur l'éducation ne peut être entendu que sur le fond d'un récit où l'on assure à ce qu'on fait l'arrière-pays indispensable : convictions, certitudes, espérances, images, frayeurs, choix, refus, doctrine. Nul n'y échappe sauf à énoncer de l'insignifiant. Créditons alors toutes ces chansons discordantes d'une capacité à rendre effectivement compte de ce qui se trame : c'est alors l'authenticité de la scène qui confère à la toile de fond de ne pas être pur trompe-l'œil.

Ainsi de la scène, — celle qui se joue —, à la scène, — celle qui structure l'espace réel et son occupation imaginaire —, s'effectue la tentative en quoi se résument et l'éducation et son propos : tenir la différence et en accroître les pouvoirs disséminants qui font que rien ni personne ne ressemble à rien ni à personne ; perpétrer l'abolition de cette différence au profit d'une métaphorique où tout est image de tout au risque que rien ne soit la réalité de rien.

« Ne rien dire que nous n'ayons fait » : le principe posé, non sans provocation, non sans hauteur, par Fernand Oury et ses camarades de la Pédagogie institutionnelle dans le débat éducatif contemporain a certainement pour fonction de mettre fin à une certaine surchauffe utopiste du propos sur l'éducation, quand ce dernier s'exalte et s'exténue en des lieux communs, bien ou mal pensants, que l'on tient à l'abri des épreuves de la pratique. Mais lorsque ce qu'ils ont fait, ils l'ont dit, ce qui est dit est dit. *Dic quod dicis*, et ça n'est déjà pas si mal. Fernand Oury est, dans notre siècle, l'un des pédagogues majuscules. Bien évidemment à cause de ce qu'il a fait. Tout autant à cause de la *figure* que son propos fait prendre à son entreprise. Ce que l'on retiendra peut-être d'abord de Oury, c'est d'avoir imposé un style, c'est d'avoir proféré de l'éducation un « verbe » juste, grâce à un propos rien moins que spontané qui sent, d'une lieue et même plus, le rhéteur et ses machinations. Et que l'on reconnaisse ici l'éloge sous ma plume.

Il vaut mieux, et de beaucoup, choisir en effet sa manière de dire les choses. Cela va de conserve avec la manière de les faire et de les faire faire. Dis-moi comment tu parles de l'éducation et je te dirai comment tu éduques, non à te croire sur parole, – ce qu'à Dieu ne plaise –, mais à t'écouter parler. Artifice pour artifice en quelque sorte.

Une des habiletés rhétoriques de Meirieu dans ce livre, c'est de mettre en scène un élève, Gianni, qu'il promène dans l'histoire récente des doctrines éducatives scolaires. Gianni n'est pas un héros, mais un prétexte. Un prétexte à affirmer la primauté de qui apprend. Un prétexte à contrarier les utopismes, dont il dégonfle la superbe, la scientificité, qu'il relativise, le prosaïsme simplificateur (du type « moi, quand j'entends le mot pédagogie... ») qu'il remet à son rang de fiction parmi les autres.

Meirieu se veut marchand de participes plutôt qu'entrepreneur de participation. Son livre est un ouvrage de professionnel. Il donne son auteur à voir comme un technicien de la didactique. La stratégie est bonne, en ces temps où les enthousiastes sont frappés d'*irrelevance.* Mais c'est aussi la position en soi la plus juste dans le débat contemporain, prolongement du débat centenaire. « Apprendre » demeure l'énigme majeure. « Apprendre par l'école », dans un premier temps, semble fournir la clé de l'énigme, tant il paraît « naturel » que le *mode d'emploi* de l'école, c'est de faciliter les apprentissages.

Rien de naturel là-dedans. Au contraire : le comble de l'*artifice.* Le mot est-il par trop péjoratif et désespérant ? Certes, la société institutrice moderne instruit sa jeunesse dans une révérence douteuse à l'« artificiel ». Et, pour l'apprentissage de cette révérence, l'école n'apporte pas une mince contribution. Mais si cette société montre que la chute dans l'artificiel n'est pas irrémédiable, c'est par un surcroît d'artifice « artificieux ». Au sein de cette société industrielle avancée, la plus close sur l'agencement de ses agents et le spectacle où ils enferment leurs jeux d'ombres, se développent mille et une initiatives. Elles nous signifient que le salut individuel et collectif se trouve du côté d'un bricolage où l'*artifex* démultiplie ses tours, où l'ingénieur s'ingénie, où l'industriel se fait industrieux. L'éducation scolaire peut-elle aussi contribuer à promouvoir cet *artifex* ? A lire Philippe Meirieu, on serait tenté de conclure qu'à tout prendre, la chose n'est peut-être pas impossible...

Daniel HAMELINE.

Genève, 26 mars 1985

Avant-propos

Cet ouvrage est né du pari qu'entre les livres de spécialistes destinés essentiellement à un public d'universitaires ou de formateurs et les pamphlets qui manient les simplifications et les anathèmes au gré des courants d'opinion, il y avait encore place pour un discours accessible et constructif. Car, qu'est-ce que la pédagogie sinon, précisément, cette tentative, souvent maladroite, pour tenter de connaître sans pour autant renoncer à agir ? Qu'est-ce que la pédagogie sinon, selon la formule de Durkheim, une « théorie pratique » ?

Comme toute connaissance authentique, la pédagogie cotoie et explore la complexité ; mais, comme toute pratique, elle se compromet dans l'approximation quotidienne. Certes, il est toujours plus commode de spécialiser les fonctions : aux uns, la recherche ouatée et les études savantes, aux autres l'action, toujours imparfaite, passée au crible des analyses, mais éclairée seulement de quelques manuels et instructions officielles.

Peut-on dépasser ce clivage ? Nous nous y sommes risqué, avec le double danger d'être considéré comme superficiel par les chercheurs, et d'apparaître comme un théoricien de plus aux yeux des praticiens. Il nous fallait donc être à la fois très concret, nous situer sur le plan de ce qui se vit dans la classe, tout en informant notre démarche par des travaux dont l'importance nous semblait majeure[1]. C'était un pari ; le lecteur dira si nous l'avons tenu.

1. C'est pourquoi nous mentionnons, en note, les ouvrages récents qui nous apparaissent importants et qui, n'ayant pas un caractère trop technique, sont accessibles à qui veut approfondir tel ou tel point.

Introduction

Il faut bien que quelque chose change... pour que tout reste comme avant !

> *« Il existe, reprit Dupin, un jeu de divination, qu'on joue avec une carte géographique. Un des joueurs prie quelqu'un de deviner un mot donné – un nom de ville, de rivière, d'état ou d'empire – enfin, un mot quelconque compris dans l'étendue bigarrée et embrouillée de la carte. Une personne novice dans le jeu cherche en général à embarrasser ses adversaires en leur donnant à deviner des noms écrits en caractères imperceptibles ; mais les adeptes du jeu choisissent des mots en gros caractères qui s'étendent d'un bout à l'autre de la carte. Ces mots-là échappent à l'observateur par le fait même de leur excessive évidence ; et ici, l'oubli matériel est précisément analogue à l'inattention morale d'un esprit qui laisse échapper les considérations trop palpables, évidentes jusqu'à la banalité et l'importunité ».*
>
> EDGAR ALLAN POE
> *La Lettre volée*

Le complot a été démasqué. Un peu partout dans le monde, des individus lucides, attentifs aux mauvais traitements infligés à la jeunesse, soucieux de l'avenir de notre culture, dénoncent le danger : l'École, disent-ils, ne joue plus son rôle ; elle a abdiqué les exigences fondamentales qui lui permettaient de promouvoir l'intelligence et la civilisation ; la démagogie règne, l'écoute béate des aspirations des élèves s'est substituée à la transmission rigoureuse des savoirs ; le souci de ne pas contraindre paralyse l'initiative des maîtres, la « pédagogie » excuse tout et fait le lit de l'ignorance !

On a tout essayé, introduit successivement des méthodes contradictoires, découvert et renié la non-directivité, la pédagogie par objectifs, les mathématiques modernes et la grammaire structurale, prôné l'audio-visuel et l'informatique, réhabilité la lecture et l'écriture, multiplié les rapports officiels et dénoncé leurs effets pervers... Ballottés dans cette tempête, les enfants auraient finalement tout perdu ; les modes successives, soumises aux aléas de leur bon vouloir, dans une quête désespérée de leur approbation, se seraient épuisées successivement, laissant l'école sans cohérence ni valeurs, aux mains de réformateurs amers ; et le respect de l'élève, érigé en règle absolue, aurait fini par lasser ceux-là mêmes qu'il prétendait servir : de petits tyrans sans culture seraient prêts, dit-on, à mettre dehors ces adolescents vieillis, incapables de s'assumer eux-mêmes, qu'on leur avait donnés pour maîtres !

Une telle charge, c'est certain, n'aurait guère eu d'échos, en raison de son excès même, si elle n'était entrée en conjonction étroite avec les préoccupations, les soucis, voire la révolte, d'une grande partie des parents : leurs enfants, constatent-ils, ne veulent plus lire et ignorent l'orthographe ; leur désintérêt pour l'école va croissant, ils rechignent à « faire leurs devoirs », n'ont plus guère de respect pour les professeurs et méprisent la réussite scolaire. Et cela ne serait pas grave s'ils n'en subissaient pas, très concrètement, les conséquences : car la machine continue à tourner, les conseils de classes évaluent, sanctionnent et orientent, et leurs décisions apparaissent d'autant plus arbitraires que ceux qui les prennent sont perçus comme d'inconscients improvisateurs, bardés de diplômes, qui refusent aux autres l'accès à la culture et à la qualification dont ils ont bénéficié. Les réunions de parents où ils pourraient s'exprimer, sont bien souvent des simulacres de concertation : on n'écoute guère leurs plaintes et l'on méprise leurs interrogations... Si leurs enfants ne réussissent pas c'est qu'ils n'ont pas su leur donner l'environnement affectif satisfaisant ou parce que les choses sont ainsi faites et que l'École, après tout, n'a guère de pouvoir sur l'organisation sociale... car, dans l'institution scolaire, chacun sait assez de psychologie pour affirmer péremptoirement que l'acquisition du langage se joue dans le rapport avec la mère, et suffisamment de sociologie pour décliner avec tristesse tous les déterminismes socio-culturels qui entravent la réussite scolaire ! Alors, il est des jours où les parents se lassent de répéter à leur enfant que « l'école, tu sais, c'est pour ton bien », et où ils écoutent avec quelque indulgence ceux qui dénoncent « le grand complot ».

La discussion, alors, n'est-elle plus permise ? Faut-il accepter l'évidence, et réclamer le retour à la tradition, aux méthodes « qui ont fait leurs preuves », à la discipline et au sérieux qui feraient tant défaut ? On pourrait le croire si l'on ne prenait pas la peine d'aller voir de plus près ce qui se passe dans les écoles, les collèges et les lycées, si l'on n'interrogeait pas de temps en temps les élèves eux-mêmes, les grands absents de ce débat truqué. Finis, les cours magistraux où chacun, dans la paix de la classe, pouvait s'imprégner du savoir ? Allons donc ! On ne dira jamais assez que l'essentiel de l'enseignement français reste magistral, que des élèves de sixième reçoivent jusqu'à sept heures de cours par jour, assis à un banc, au mépris de règles physiologiques élémentaires. Certes, le maître est parfois relayé par la diapositive ou l'écran de télévision, mais cela change-t-il quelque chose à la situation d'apprentissage ? En modifiant le support, on ne modifie pas l'activité de l'élève que l'on exhorte simplement, avec plus ou moins de conviction, à bien écouter... mais s'est-on jamais soucié d'apprendre aux élèves à écouter ? Finies les évaluations régulières des travaux individuels où l'on pouvait, en toute justice, évaluer les mérites de chacun ? Allons donc ! Les compositions ont été rebaptisées tests ou contrôles ; le maître arpente toujours la classe, les mains derrière le dos, ou la surveille de son estrade, un œil sur son journal, un autre sur les fraudeurs. En changeant le nom, aurait-on changé la réalité ? Demandez aux élèves. Finies les références aux grands textes fondamentaux de notre culture, définitivement remplacés par l'article sur la moto du dernier magazine à la mode ? Allons donc ! Consultez les manuels, vous y trouverez les mêmes extraits des mêmes œuvres, suivis des sempiternelles questions sur le plan du texte et le caractère du héros. Et quand on introduit, en petits caractères, un texte contemporain, c'est pour, une fois encore, poser les mêmes questions. Comme si, toujours, une actualisation de surface suffisait à modifier le rapport au savoir, à y impliquer l'élève, à le rendre actif, pour qu'il se reconnaisse en l'objet culturel, se l'approprie pour se dépasser et devenir plus lucide, mieux armé, un peu plus libre.

En réalité, une observation, même sommaire, de l'institution scolaire française, permet de constater que, sur l'essentiel, depuis cent ans, rien n'y a changé. Les « méthodes nouvelles » censées avoir ruiné le sérieux de l'École, en sont réduites à profiter de quelques interstices et fonctionnent, le plus souvent, comme cautions ou alibis d'un enseignement traditionnel qui reste massivement majoritaire. Alors que le recrutement même de l'école est aujourd'hui radicalement modifié, que toute une tranche d'âge se trouve en sixième, et non plus seulement un quart ou un tiers de celle-ci, l'organisation scolaire est restée, à peu de choses près, la même. Alors que chacun s'accorde à constater le renouvellement complet de l'environnement culturel, l'irruption des médias, la modification des modes de vie, la plupart des professeurs reproduisent les cours qu'ils ont subis quand ils étaient élèves ! Alors que notre société est confrontée à des problèmes terriblement nouveaux et doit inventer d'autres valeurs, les comportements attendus des élèves sont ceux qui étaient requis au siècle dernier. Car, contrairement à ce qu'une analyse superficielle pourrait laisser penser, ce qui caractérise l'école c'est son immobilisme, un immobilisme si évident que sa constatation, devenue triviale, s'avère aujourd'hui véritablement importune. A l'instar de la lettre volée qui, dans la nouvelle d'Edgar Poe, n'est pas aperçue par les perquisiteurs, parce qu'elle est tout simplement négligemment posée sur un bureau, cet immobilisme nous aveugle et, au lieu de lui attribuer la cause de l'échec et du désintérêt des élèves, nous la cherchons dans quelques excès de langage ou quelques maladresses de militants pourtant bien marginaux. Oubliée l'extrême difficulté de ces militants à se faire entendre de l'administration, passés sous silence les contradictions et les conflits qui les empêchent de s'inscrire durablement dans un quelconque cadre institutionnel, escamotées toutes les recherches qui concluent à la résistance du corps enseignant aux propositions novatrices[1] ! On fait au plus vite, on dénonce l'exception qui se voit, pour éviter de toucher à la règle devenue invisible.

Car, la classe, la « boîte noire » où s'opère l'alchimie, n'a jamais véritablement changé... L'introduction de nouveaux manuels qui n'hésitent pas, à l'occasion, à utiliser la bande dessinée, l'apparition d'un nouveau vocabulaire censé apporter tour à tour plus de rigueur scientifique ou plus d'images concrètes accessibles à l'enfant, l'irruption de nouvelles technologies, l'utilisation des diapositives, du cinéma ou de la télévision, tout cela, quoiqu'on en pense, ne modifie rien d'essentiel. La situation d'apprentissage, magistrale et impositive, domine toujours... Un outil s'est substitué à un autre, sans que l'attitude attendue de l'élève soit en rien modifiée ; l'alignement face au tableau et à la baguette du maître s'est mué en rang plus ou moins docile, plus ou moins attentif, face à de petits spectacles satisfaits... à côté desquels, d'ailleurs, le plus mauvais court-métrage documentaire apparaît comme un chef-d'œuvre de technicité et d'imagination ! Et c'est bien là le drame : au lieu de recentrer sa réflexion et son travail sur l'acte d'apprendre, le maître s'est contenté de singer les situations sociales qui lui paraissaient les plus séduisantes. Il a voulu apparaître moderne au lieu de chercher à être vrai. S'il ne transmet plus guère de choses, ce n'est pas qu'il n'a rien à transmettre, c'est qu'*il a sacrifié à l'habillage du savoir au lieu de s'intéresser à sa genèse.* Mais un savoir déguisé, quelle que soit l'habileté du déguisement, peut rester un savoir étranger, s'il n'est pas reconstruit, intégré dans le développement de la personne. Le déguisement, passé l'effet de surprise, ne suscite guère chez l'élève qu'un peu de mépris amusé... Il ne l'implique pas plus que l'exposé traditionnel ; tout juste sollicite-t-il parfois des qualités d'attention différentes, un peu plus visuelles, un peu moins auditives.

1. Cf. en particulier, les travaux de G. Avanzini : *Immobilisme et novation dans l'institution scolaire.* Toulouse, Privat, 1975.

Certes, chacun sait que la situation de réception d'un discours peut être éminemment active et le lecteur de ce texte se dit que, après tout, la situation dans laquelle il se trouve fait appel à son intelligence et qu'il n'y a pas de raison que l'élève, en face d'un discours juste, ne soit pas interpellé efficacement... C'est que, en engageant cette lecture, comme en décidant d'aller assister à une conférence, il fait une démarche personnelle qu'il se sait capable de mener à terme ; il fait partie de ceux et celles qu'un discours linéaire bien construit peut ébranler tout autant qu'une expérience personnelle, parce que ce discours suscite, en réalité, une expérience intérieure féconde... Mais combien d'enfants sont en mesure de recevoir et d'intégrer ainsi le savoir ? Pour la majorité d'entre eux la rationalité discursive ne peut être appréhendée que très partiellement, sous forme de quelques images ou de quelques mots qui ne seront perçus que parce qu'ils renvoient à une expérience antérieure, parce qu'ils évoquent tel ou tel événement de leur vie personnelle... Au mieux, l'élève conservera-t-il ces images dans l'ordre de leur apparition, et pourra-t-il restituer, après une heure de magistralité, l'anecdote qui aura servi de point de départ, tel exemple cité en illustration, telle argumentation soutenue d'une mimique expressive ; ces bribes serviront, ensuite, en collage, de savoir et de culture... et il y faudrait la patience d'un archéologue pour y repérer l'origine de tel ou tel éclat et dater avec précision chacune des différentes strates. Celui-ci, au demeurant, confirmerait bien que chacun des éléments retenus l'a été parce que, à un moment donné de l'évolution de l'enfant, il se greffait naturellement sur son expérience, l'éclairait ou la prolongeait, et qu'il se l'appropriait. Mais quelle déperdition et quel dévoiement ! Car l'enseignement centré exclusivement sur le savoir, qu'il revête les oripaux les plus traditionnels ou se travestisse dans le dernier jargon à la mode, est réduit à n'être efficace que par accident et fort superficiellement... Il ne s'attache pas à l'essentiel : la construction de la connaissance dans et par l'apprenant.

Dire cela n'implique pas, quoi qu'on en pense, que l'on évacue le savoir, ni même que l'on situe celui-ci dans le prolongement direct d'un bricolage collectif ; dire cela n'impose pas de sacrifier tout apport du maître au désir de l'élève... ; dire cela, c'est énoncer une évidence fondatrice dont chacun, s'il examine son histoire intellectuelle, peut vérifier la validité. Car il n'y a pas de transparence naturelle des êtres à la connaissance. Le savoir ne s'impose jamais seul, en vertu de ses qualités propres et de sa rigueur intrinsèque ; le savoir a besoin de médiations, de mises en situation, d'outils appropriés... Faute de quoi, seuls ceux qui, dans leur histoire personnelle, ont bénéficié d'un environnement favorable dans lequel ils ont trouvé ces situations et ces outils, pourront s'emparer des armes intellectuelles et s'approprier la culture. Entre le savoir et la pédagogie, il n'y a pas alternative, mais profonde solidarité : se centrer sur le savoir en négligeant les conditions de sa genèse, c'est privilégier ceux qui ont déjà acquis les structures intellectuelles permettant de s'approprier la connaissance ; se centrer sur la pédagogie en la prenant pour sa propre fin, en oubliant son statut de médiation, c'est priver d'un savoir émancipateur ceux qui n'ont pas la chance de l'acquérir ailleurs qu'en classe.

La véritable question qui se pose alors à l'École est la suivante : quelles situations d'apprentissage mettre en place, suffisamment rigoureuses et suffisamment diversifiées, pour que les élèves s'approprient les savoirs qui leur permettront de comprendre et de maîtriser le monde de demain ? Ou, plus concrètement, comment gérer nos classes et nos établissements scolaires, comment les organiser pour que la diversité des itinéraires proposés y soit le gage de la réussite du plus grand nombre ? Mais mon projet, ici, est de ne pas m'en tenir à des généralités bienfaisantes. Il faudra dire, concrètement, comment cela peut se passer dans une école, une école sans moyens financiers exceptionnels, sans personnalités charismatiques hors du commun, sans bénévolat supplémentaire. Il faudra nous compromettre avec l'organisation, répondre à des inquiétudes légitimes, en un mot nous donner les moyens de ne pas ajouter un essai supplémentaire à la longue série des utopies scolaires.

Mais auparavant, parce que rien d'utile ne peut se construire sur l'injustice, parce que ces propositions n'ont pu émerger qu'à travers une lente maturation des idées où il faut dégager les apports décisifs des nécessités polémiques et des maladresses de style, je rappellerai le long chemin qui, depuis quelques dizaines d'années, nous a permis d'en arriver là. Je le ferai à travers l'histoire d'un élève, d'un parmi des millions, rencontré il y a quelque temps au détour d'une classe et dont l'image ne m'a plus quitté. Car, au risque d'apparaître quelque peu larmoyant, il m'importe au plus haut degré d'incarner les théories pédagogiques à travers ceux et celles qui, au bout du compte, en font les frais ou en reçoivent les bienfaits, les élèves.

Première partie

Histoires de Gianni

ou
Les tribulations d'un élève entre pédagogues et réformateurs

« Gianni avait quatorze ans. Distrait, allergique à la lecture. Les professeurs avaient décidé que c'était un voyou. Et peut-être qu'ils n'avaient pas complètement tort, mais ce n'était pas une raison pour s'en débarrasser de cette façon ».

Les enfants de Barbiana
Lettre à une maîtresse d'École

Mercure de France, Paris,
1977, pp. 22-23.

1. Le renvoi

A vrai dire, le Gianni dont il va être question ici n'est pas tout à fait une fiction. Entrevu au détour d'une page, il y a près de vingt ans, son regard ne m'a guère quitté. Il s'est incrusté doucement dans les convictions d'un jeune professeur libertaire qui n'avait jamais quitté l'école, et trouvait indécent de ne pas s'intéresser à ces choses qu'il avait apprises avec tant de plaisir. Je croyais alors à la force de l'enthousiasme et à l'efficacité des « méthodes actives » ; je parlais de Rimbaud avec passion et faisais écrire en classe des pièces de théâtre qui impressionnaient même mes collègues les plus hostiles. Qui aurait pu résister à tant de bonne volonté et de bons sentiments ?

Gianni écoutait parfois. De temps en temps, il observait, avec un intérêt amusé, nos séances de travail... Mais cela ne durait guère ; à la moindre occasion il filait dans les coulisses, abandonnait la classe pour fouiller dans le sac qui lui servait de cartable, avant de nous interrompre par un cri de surprise ou une insulte à l'adresse de ceux, bons élèves attentifs, qui s'efforçaient de l'ignorer. Régulièrement, à la fin des cours, je lui confiais, en tête à tête, mon désaccord et mon agacement. Que ne comprenait-il pas que je travaillais pour lui, que j'étais de son côté ? Je n'en finissais pas de lui donner une dernière chance ; il n'en finissait pas de « trahir ma confiance ». Un jour, pourtant, il sembla comprendre : j'avais parlé d'un contrat, expliqué que nous allions nous engager l'un et l'autre, lui à participer à notre travail, moi à lui en donner les moyens, à vérifier ses cahiers, à lui expliquer chaque fois, précisément, ce que j'attendais de lui. Il hochait la tête, bredouillait quelques paroles d'assentiment, et j'eus le sentiment que c'était gagné. Mais, dès le lendemain, tout était à refaire : la visite d'usine que j'avais minutieusement préparée, fut un échec complet : je dus passer l'essentiel de mon temps à le rappeler à l'ordre et le ramener à la raison... en vain. L'on rentra à l'école sans que j'ai pu expliquer à quiconque l'intérêt de la sortie, ni fournir les moindres consignes quant aux observations qui devaient être faites. Au seuil de la classe, Gianni reçut une gifle et se ferma pour toujours.

Certes, dans les jours qui suivirent, j'eus le temps d'affûter mes justifications : je fis remarquer au groupe que Gianni exerçait sur la classe une dictature bien plus répressive que la mienne, qu'il terrorisait une partie des élèves et rendait toute initiative impossible. Ma femme écouta avec patience mes discours sur la nécessité de la loi et l'intérêt de marquer des limites pour que puisse se construire la liberté de chacun. Mais, au fond, je ruminais mon échec : je n'avais pas su intéresser Gianni ; il était resté délibérément à côté de notre univers, et, faute d'avoir pu cheminer avec lui, je l'avais écarté. Bien sûr, Gianni n'était pas un saint. Mais moi non plus, après tout, je ne suis pas un saint ! Seulement voilà, les coups, c'est lui qui les prend et c'est moi qui les donne, et je venais d'avouer mon impuissance. Bien sûr, je me complaisais quelque peu dans la mauvaise conscience, avec le sentiment suave d'entrer en littérature et le plaisir de me sentir si différent de collègues qui, eux, ne faisaient pas tant d'histoires ! Mais, quelque part, un ressort avait bien lâché. Je savais pourtant, je l'avais éprouvé bien des fois au cours de ces épreuves de force où lui et moi rivalisions d'obstination, que le jour où je désespérerai de lui, c'en serait fini... Il y a peut-être des gifles insignifiantes, des énervements passagers qui ne portent pas à conséquence, après lesquels les rapports sont en quelque sorte assainis. Je savais que pour Gianni, il n'en était rien. Je venais de lui communiquer ma démission, irrémédiablement. Il allait être fidèle à l'image que toute l'institution se faisait de lui et que les professeurs se transmettaient depuis des années. Il serait fidèle à ce que les adultes pensaient de lui... Ça simplifierait les choses !

Et puis, il y eut le conseil de classe. C'était dans une petite pièce sale à côté du bureau du censeur. Je savais que cela devait être dur ; cela fut plus encore. Mon coup d'éclat réjouissait tout le monde. Voilà que je devenais raisonnable, abandonnais mes prétentions d'assistante sociale, consentais à me ranger de leur côté. Je me débattis tant bien que mal, mais on faisait flèche de tous bois. D'ailleurs, cet enfant n'avait aucun support familial solide, il vivait dans un milieu d'où toute culture était absente... Bien sûr, cela était déplorable, mais qu'y pouvait-on ? De plus, fit-on remarquer, ce serait fuir le combat politique, démobiliser les militants, que de prétendre pouvoir peser ainsi sur un destin aussi marqué... Il y a des partis et des syndicats pour se préoccuper de justice sociale et eux-seuls, en s'attaquant à la base, aux vrais problèmes ont quelque chance d'aboutir : l'emploi, les conditions de vie, les médias, voilà les vrais responsables et là-dessus, évidemment, nous autres professeurs n'avons aucun poids. Mes camarades me lâchaient. J'eus même la tristesse de les voir soutenus par mes adversaires ; bien sûr, on devait se débarrasser de ce garçon, car, quoi qu'il en soit des responsabilités sociales, il fallait convenir qu'il n'était pas fait pour ce type d'études : il y a quand même des « aptitudes objectives »... tout juste si l'on n'aurait pas ajouté, « et, pour certains, un patrimoine génétique insuffisant » ! A les voir ainsi faire l'inventaire des causes de notre échec, et les chercher dans ce qui, précisément, nous échappait, je m'interrogeais sur le sens de notre fonction : que faisons-nous donc à l'école si notre enseignement ne sert à rien, si ce que nous bricolons dans la classe entérine simplement une répartition « naturelle » ou sociale des compétences ? Je n'écoutais plus le débat... On me rappela à l'ordre en dénonçant mes prétentions exhorbitantes et, pour tout dire, mon goût du pouvoir. Le censeur, quelque peu féru de psychologie, laissa entendre que le conseil n'avait pas à prendre en compte mes problèmes personnels, qu'un véritable adulte devait renoncer à ce désir de toute puissance qui m'animait et qui, somme toute, avait des résonances totalitaires. Le sens de la démocratie et le souci de la sauvegarde de l'institution devaient me ramener à la raison. Je cédai du bout des lèvres. Les collègues s'engouffrèrent dans la brèche : en tant que professeur principal de la classe, c'était à moi de convoquer les parents et de leur annoncer la nouvelle... Gianni ne finirait pas l'année dans le collège, on lui trouverait une place ailleurs, dans une classe spécialisée où, finalement, il serait plus heureux !

Je m'étais préparé à l'entrevue. Tout était joué. Je devais annoncer la décision, mais j'étais décidé à ne pas faire de zèle, pas question de marquer ma solidarité avec ce que je considérais comme inacceptable. Bien sûr, je fus en retard au rendez-vous. La mère de Gianni attendait au parloir. Visiblement, elle savait et s'était résignée : « Vous n'en voulez plus, n'est-ce pas ? » Ce furent ses seuls mots. Mon monologue laborieux n'en finissait pas ; elle l'écouta respectueusement et partit en évitant la poignée de main que je lui tendais. Gianni l'attendait dehors, et leur image dans ce couloir déserté me retint longtemps sur le seuil. Pourquoi cette femme avait-elle tout accepté sans mot dire ? Pourquoi n'avait-elle pas émis une seule réserve qui m'eût permis de marquer mon désaccord ou, au moins, de compatir quelque peu avec elle ? Elle avait spontanément retrouvé une attitude de soumission, était, pour quelques minutes, redevenue l'élève obéissante, respectueuse de la parole du maître. Elle avait accepté l'idée que son fils, finalement, n'était pas de ce monde, que son incursion dans l'école avait été tout à fait inconvenante et qu'il fallait que les choses rentrent dans l'ordre.

Pourquoi, alors, m'étais-je tant battu ? Qu'est-ce qui m'avait poussé à vouloir, à tout prix, « sauver » Gianni ? Le censeur aurait-il raison ?

Certes, il y a toujours d'obscures arrière-pensées derrière les gestes les plus nobles, et je n'étais pas indemne d'une certaine tentation démiurgique... « Sauver » Gianni, c'eût été manifester mon pouvoir, le façonner, et, d'une certaine façon, lui demander de ne plus être lui-même. Mais, qui peut renoncer à ce désir, s'il veut faire tâche éducative ? Celui qui prétend n'exercer aucune influence ne choisit-il pas, tout simplement, un modèle, son modèle, qu'il se contente de reconnaître et de promouvoir ? Mes collègues avaient beau jeu de mettre le doigt sur mes problèmes psychologiques... ; est-ce à dire qu'eux-mêmes n'en avaient pas ? Que leur refus de Gianni n'était pas, *a contrario*, la valorisation d'un contre-Gianni qui correspondait mieux à leur image du bon élève, voire à l'image d'eux-mêmes quand ils étaient élèves ? N'est-ce pas aussi, cela, un exercice de pouvoir, moins visible, mais certainement tout aussi dangereux ?

En réalité, aucune entreprise de formation ne peut faire l'économie du désir de façonner l'autre... Tout le problème est que ce désir ne devienne pas une prise de possession d'autrui, mais qu'il l'outille suffisamment pour qu'il puisse se détacher du formateur... Tout le problème, finalement, est celui du savoir..., le vrai débat est là : que fournissons-nous à l'enfant, à l'élève, à l'étudiant, qui lui permette de grandir, c'est-à-dire de comprendre les choses et les êtres, jusqu'à la situation scolaire elle-même, pour accéder à l'autonomie ? Et, sur ce plan, qu'avons-nous donné à Gianni ? Avions-nous le droit de le laisser partir ainsi, désarmé... ? La question a, certes, une dimension sociale – aucune société ne peut se construire en refusant à une partie de ses membres l'accès aux savoirs et aux savoir-faire qu'elle va solliciter de leur part – mais elle a aussi, essentiellement, une dimension éthique : dans l'acte éducatif, se résigner à l'échec, c'est « la faute capitale à l'égard de l'homme », c'est renvoyer autrui dans les ténèbres au lieu, comme disait Alain, « d'employer tout l'esprit que l'on a et toute la chaleur d'amitié dont on est capable, à rendre la vie à ces parties gelées »[1].

Gianni a quitté l'école, ses parents ont pris acte de notre échec, il est

1. *Propos II*, La Pleïade, 1970, p. 643.

devenu apprenti chez un boulanger... Gianni sait à peine lire, il est incapable d'écrire une lettre, il n'a rien retenu de notre Histoire, et ne saurait pas définir un régime démocratique ; peut-être son patron saura-t-il lui apprendre la règle de trois ? Mais il n'a jamais entendu parler de Van Gogh, ni compris la différence entre le poids et la masse ; il ne sait pas comment se reproduit une cellule, ni comment s'est formée la terre... et, fait plus grave encore, il n'a plus absolument aucun goût à apprendre quoi que ce soit de tout cela.

Évidemment, tant que la question se pose en termes généraux et purement théoriques, tant qu'elle ne concerne que des ensembles d'élèves repérés statistiquement, les analyses savantes peuvent fournir de belles justifications, et l'on peut se satisfaire de beaux échafaudages intellectuels... Mais quand il s'agit de Gianni, d'un enfant concret, vivant, qui est là, en face de nous, souvent maladroit, quelquefois agressif, désarmé au point parfois de n'avoir plus que la violence pour exister quelque peu... alors, ce qui est véritablement décisif, c'est la résolution du maître, sa décision de renvoyer son échec à la fatalité, ou de mettre en œuvre de nouveaux moyens pour tenter de le surmonter. L'irruption de la pédagogie, c'est cela et rien d'autre. C'est elle qui rend possible la recherche didactique, empêche qu'elle s'enkyste, se rive à une méthode quelconque, qui aura fait ses preuves avec quelques élèves mais conduira les autres à l'échec. C'est pourquoi on ne peut considérer pour négligeables tous les efforts de ceux, « grands pédagogues » ou réformateurs acharnés, qui, depuis une cinquantaine d'années, ont tenté d'aider Gianni... avec tendresse ou agacement, avec intérêt ou compassion, méthodiquement ou par improvisation, ils ont voulu fournir à Gianni les armes de son émancipation. Ils l'ont sûrement rencontré un jour, et tout porte à croire que les récits des entretiens qui vont suivre ne sont pas tout à fait imaginaires.

2. Gianni chez Freinet

Le bonhomme avait l'air solide, et il émanait de lui une assurance tranquille. Assurément, ce type avait les pieds sur terre, sur cette terre là, sèche et caillouteuse. Il devait aimer le pays, les murs de pierres sèches et les sols craquelés. A le voir là, planté dans la cour de l'école, une main dans la poche de sa veste, on le sentait qui faisait corps avec la terre, attentif aux moindres traces de vie qui couraient à sa surface. A coup sûr, c'était un patient, un qui regarde le monde avec cet œil obstiné qui vous fait arriver les choses qu'il a voulues, simplement, naturellement, comme s'il devait en être ainsi de toutes façons. Pourtant, de là où il était, Gianni distinguait déjà ce léger froncement de sourcils, cette petite inclinaison de la tête qui marque la fatigue... L'homme ne l'avait pas vu ; il pouvait encore partir... A quoi bon, après tout, chercher auprès de lui la moindre réponse ? Qu'est-ce que cet homme reconnu dans toute l'Europe, cet homme savant qui écrivait des livres et faisait des congrès, qu'est-ce qu'il pouvait avoir à dire à un gamin de quatorze ans qui savait à peine écrire ? Les yeux toujours fixés sur le visage étrangement calme et pourtant creusé par l'histoire, sur les cheveux blancs que le vent rejetait en arrière, Gianni recula doucement. Ce n'était pas la peine de le déranger..., en voilà un qui avait eu son comptant de problèmes ! Qu'il reste là, tranquille, à fixer cette ligne de falaises blanches... Mais, à l'instant où il terminait sa marche arrière, à la seconde où il se retournait, prêt à prendre ses jambes à son cou, une voix l'arrêta : « Tu ne vas pas partir si vite ? »

La main était sortie de la poche de la veste et l'homme s'avançait vers lui. Gianni bredouilla quelques excuses, qu'il s'était trompé et que sa mère l'attendait, mais l'homme s'assit sur le petit mur de pierres qui entourait la cour et répondit tranquillement : « Ce n'est pas vrai, Tu es venu me voir et je suis là ; si tu ne restes pas, quelle confiance, désormais, pourra-t-on avoir dans tes décisions ? » Il y eut des minutes d'attente qui parurent interminables. Gianni regardait par terre et déplaçait les graviers avec ses pieds, pour en faire des petits tas qu'il détruisait aussitôt. Puis, d'un coup et sans lever la tête, il déversa tout, l'école et le renvoi, les rangs et les punitions, les devoirs à la maison auxquels il ne comprenait jamais rien, et les heures, les milliers d'heures à écouter la leçon, à trépigner sur sa chaise jusqu'à l'éclat final et la mise à la porte.

FREINET avait une manière d'écouter qui donnait sens à la parole du gosse, un regard qui reconnaissait sa présence... Devant lui, le discours prenait du poids et les mots, petit à petit, résonnaient avec une autre densité. C'est curieux comme les mêmes choses, selon qui les écoute, changent totalement de sens : ce qui, dans d'autres circonstances aurait été une histoire banale, dérisoire même, devenait essentiel... comme si tout se jouait sur ce destin particulier, comme si toute la carrière de cet homme si important achoppait, ici, sur le renvoi de Gianni. Car FREINET avait cette capacité d'investir chaque cas individuel, comme si, sur chacun d'eux, se jouait le sort du monde... et il n'y avait plus rien alors qui apparaissait insignifiant. Il avait toujours eu une tendresse particulière pour le gosse qui sèche devant sa copie ; mais, en vieillissant, il avait acquis cette qualité particulière du regard qui décèle, dans l'histoire d'un homme meurtri, l'humanité toute entière bafouée. Un moment même, Gianni se demanda si FREINET n'était pas un curé ; mais il chassa vite cette idée : les curés qu'il avait connus l'écoutaient toujours avec cette compassion inspirée qui les entraînait plus ou moins ailleurs, et Gianni, chaque fois, avait eu envie de les pincer pour les ramener sur terre. FREINET, au contraire, l'écoutait avec tout son corps, terriblement incarné et présent, avec cette exigence de vérité qui décourageait l'apitoiement.

Et, quand il prit la parole, ce fut un peu comme si le gosse continuait à parler avec une autre voix ; à sa maladresse, ce sentiment d'être un étranger à l'école, cette agressivité en face d'exigences venues d'un autre monde, FREINET ajouta son inquiétude, son extrême fatigue à imposer à ses élèves un enseignement magistral qui, malgré la cohérence du discours, glissait sur eux sans jamais pénétrer. Il raconta son arrivée à Bar-sur-Loup, en janvier 1920 ; après l'épreuve de la guerre, il y avait eu celle de l'hôpital, puis la décision, malgré sa faiblesse, d'exercer le métier qu'il avait choisi... et la découverte de l'école et du rang, des élèves en troupeau où alternaient la docilité et le refus.

Encore affaibli, FREINET s'épuisait vite à faire la leçon et il devait souvent s'interrompre, demandant aux enfants de se mettre au travail eux-mêmes, et consacrant alors son énergie à les soutenir individuellement dans leur effort. Peu importe que la grande découverte ait été le fait d'une difficulté passagère à assumer la fonction magistrale ou d'un choix délibéré de privilégier l'activité de l'enfant et non plus la prestation éphémère du maître... Sait-on jamais ce qui décide de l'essentiel ? Et le « tâtonnement expérimental », cette belle affaire ! Il suffit de regarder le gosse au boulot, de le voir, pour résoudre un problème qui lui tient à cœur, essayer successivement plusieurs chemins, se fixer sur celui qui lui apporte une réponse et le défricher, le parcourir dans tous les sens, y gambader pour exprimer sa joie d'avoir enfin réussi... Il suffit de cela pour se rendre compte que rien d'autre ne mérite, finalement, le nom d'apprentissage. FREINET s'engagea alors dans un vibrant éloge du travail ; non, un enfant qui travaille ne se fatigue pas ; ce qui fatigue, c'est l'inactivité, et l'inefficacité ; ce qui fatigue c'est ce qu'on ne parvient pas à faire, ce sur quoi on bute indéfiniment jusqu'au découragement.

Gianni avait écouté jusque là avec le sentiment diffus que tout cela était important ; mais, maintenant, il avait repris son manège avec les petits tas de graviers. FREINET s'interrompit : « Tu comprends cela ? » Gianni resta silencieux... Il entrevoyait bien quelque chose ; mais quel rapport avec l'école ? Il se souvenait bien être resté des heures à démonter et remonter son vélo jusqu'à en oublier de manger ; mais, dans la classe, cet homme veut-il que l'on passe son temps à réparer son vélo ? Il ne dit rien. Le regard de l'homme marqua son inquiétude. Puis, en un éclair, comme s'il avait tout compris, il se leva, le prit par la main et l'entraîna dans le bâtiment. Ils entrèrent dans une grande salle... ; cela n'avait rien d'une classe habituelle : pas d'estrade, ni de grand bureau pour le maître ; pas de rangées, mais des petits groupes de tables encombrées de papiers et d'outils, des dizaines d'étagères couvertes de livres et de fichiers, et, à gauche, sous le doigt de FREINET, l'imprimerie et les cases pleines de petits caractères, des milliers de petites lettres... « Le matériel, tu vois, tout est là ! Je parle toujours du matérialisme à l'école. Certains, qui font semblant de ne pas comprendre, disent que je réduis l'instruction au bricolage ; eux, préfèrent s'en tenir au papier et au crayon ; ils croient que les gosses sont des purs esprits. Moi, tu vois, j'ai besoin de toucher les choses ; le papier lui-même, j'ai besoin de le travailler, de le découper, de le coller... Les gosses, ils ont besoin de la sentir, la phrase, de la faire, lettre par lettre, de la voir se construire devant eux. Les lois physiques, ils ont besoin de les mettre à l'épreuve de leur expérience ; le calcul, ils ont besoin de le concrétiser..., compter avec les chiffres, ça va bien pour le savant, peut-être même que ça va bien pour l'élève de terminale, mais pour toi, ce qu'il faut, ce n'est pas compter avec des chiffres, c'est compter avec des choses. C'est comme ça que tu apprendras..., c'est comme ça qu'un jour tu pourras te passer des choses. L'esprit, vois-tu, va du concret à l'abstrait... ».

Il n'est pas sûr que Gianni ait bien compris la dernière phrase de FREINET. D'ailleurs, il n'écoutait plus ; il regardait de plus en plus fixement l'imprimerie ; il était si absorbé qu'il ne vit pas que FREINET avait approché une chaise pour lui et lui faisait signe de s'asseoir. « Vas-y donc, compose quelque chose... D'ailleurs, me voilà qui pars dans des discours... Faut-il que j'ai été, moi aussi, déformé par les colloques et les congrès pour t'expliquer aussi magistralement les méfaits de la magistralité ! » Et FREINET alla s'asseoir à une autre table qu'il se mit à ranger minutieusement. Cela dura une heure, deux peut-être..., jusqu'à ce que Gianni, les mains noires d'encre, osa interrompre sa tâche : « Je n'y arrive pas bien..., j'ai fait mon nom mais il est à l'envers... ». L'homme se leva, et, emportant sa chaise avec lui, vint s'installer à côté du gosse : « Il faut d'abord, vois-tu, préparer sa table de travail, installer ce dont on va avoir besoin. Les idéalistes ne s'occupent jamais de ces choses. Ils supposent que les enfants savent déjà tout faire, et, comme ils ne leur apprennent pas, ils passent leur temps à leur reprocher de ne rien savoir. Le menuisier, dans son atelier, le savant dans son laboratoire, savent bien que s'ils ne préparent pas leurs outils, rien ne sera possible. Au collège que tu as connu, on n'a cessé de te reprocher de ne pas avoir de méthodes de travail, de ne pas savoir t'organiser, de ne pas construire et reconstruire ton brouillon jusqu'à la perfection... mais, qui a pris le temps de t'apprendre tout cela ? » En s'essuyant les mains pleines d'encre avec son mouchoir, Gianni avait le sentiment de comprendre un peu ce qu'était le matérialisme ; peut-être même aurait-il aimé que FREINET poursuive ses explications. Mais l'homme n'en fit rien, et ils rangèrent l'imprimerie et les caractères. « Que voudrais-tu imprimer ? » demanda-t-il ensuite. Gianni ne s'était pas posé la question. Il voulait essayer, c'est tout. Mais, à y réfléchir, il se dit que ça serait bien de faire une lettre à sa mère, de lui expliquer le pays et l'homme qu'il avait rencontrés ; et il travailla longtemps avant d'apporter à FREINET un texte plein de ratures et de flèches, un texte qu'ils relurent ensemble en feuilletant le dictionnaire ; et la nuit était déjà noire quand il exhiba la feuille imprimée, mais Gianni ne voulait pas se coucher. Les questions se bousculaient dans sa tête : est-ce que l'école ça pourrait être ainsi ? A qui écrirait-on tous les jours ? Et pour dire quoi ? FREINET sut alors qu'il pouvait expliquer, que maintenant Gianni pourrait entendre. Il raconta les sorties dans la campagne, les visites chez les artisans, les textes libres, les échanges avec d'autres écoles, la classe-atelier où chacun s'activait à sa tâche, la réunion du conseil où se discutait l'organisation des journées. Plus de leçons de grammaire, mais une exigence de qualité dans les textes, manifestée par les élèves eux-mêmes, qui suscitait la recherche fébrile de l'expression qui permettrait de se faire comprendre et faisait ressurgir la grammaire comme une nécessité de la communication. Plus de discipline imposée de l'extérieur, mais un ordre authentique, celui du travail organisé. Gianni buvait les paroles du maître. Tout cela maintenant voulait dire quelque chose et, quand il alla se coucher, il était sûr qu'un événement important, essentiel pour lui, s'était passé, un matin de janvier 1920, dans une classe de Bar-sur-Loup.

Le lendemain il se leva tôt, mais FREINET s'était levé avant lui. Ils déjeunèrent en silence, un silence important que l'on hésite à briser de peur que la parole ne vienne ternir le souvenir. Pourtant Gianni voulait parler ; une idée lui était venue au petit matin, une idée forte qu'il ne parvenait pourtant pas à formuler. FREINET le sût-il ? Toujours est-il qu'il rompit le silence : « Tu voulais raconter quelque chose ? » Et Gianni raconta le cours de français et la pièce de théâtre, les bons élèves, ceux qui parlaient bien, paradant dans les premiers rôles, les dessinateurs attelés aux décors, mais désespérément muets, le copain timide corrigeant les fautes d'orthographe, cantonné dans cette tâche qu'il menait à bien sans jamais toucher un pinceau ni prendre la parole, résigné dans son rôle de correcteur... et lui, Gianni, qui ne savait rien faire de tout cela, écarté pour garantir la réussite du projet... FREINET fronça les sourcils, soucieux, visiblement inquiet : et si la classe-atelier, c'était la division du travail..., à chacun selon ses capacités, chacun dans ses capacités et les incapables dans l'inactivité. FREINET connaissait bien le problème : à Montreux, en 1924, il avait rencontré les grands maîtres de « l'école active », cotoyé FERRIÈRE, CLAPARÈDE et BOVET... Il avait souffert, malgré toute l'admiration qu'il leur portait, de les voir mettre la « pédagogie active » au service d'une sélection prématurée plus efficace ; lui, qui ne désespérait jamais d'un enfant, ne pouvait accepter que l'on écarte ainsi certains des tâches formatrices, pour laisser s'exprimer « l'élite » et promouvoir les futurs chefs. L'intérêt d'un groupe, il le comprenait bien, exigeait que personne ne soit utilisé à contre-emploi ; mais, en procédant ainsi, l'on réservait l'apprentissage à ceux qui arrivaient à l'école déjà compétents ou, au moins, sensibilisés ; la réussite d'un projet imposait une logique draconienne et il fallait parfois la payer par l'exclusion de certains... Souvent les discussions, en conseil, avaient évoqué la question et achoppé sur la difficulté : qu'un élève effectue mal la tâche qui lui a été confiée, faut-il l'en décharger pour stimuler le groupe et garantir sa « réussite », ou faut-il l'y maintenir jusqu'à ce qu'il ait effectué l'apprentissage correspondant ?

L'affaire n'est pas simple et Gianni avait mis le doigt sur l'essentiel. FREINET ne répondit pas tout de suite... Il pensait à ces silences insoutenables, à cette élève dont le texte n'était jamais imprimé, à cet autre dont il avait imposé l'impression contre l'avis du groupe. Certes, l'intervention au jour le jour, la négociation, pouvaient contribuer à faire progresser les choses... Mais il savait bien qu'à promouvoir la logique de la production, l'on prend le risque d'évacuer celle de l'apprentissage. Et FREINET expliqua qu'à côté des activités collectives, il y avait, dans sa classe, un programme d'acquisition, des plans de travail individuels, mensuels et hebdomadaires, auxquels chacun devait se tenir contractuellement. Il souligna que ces plans garantissaient la progression de chacun, de façon personnalisée, à son rythme, avec des supports différents selon ses goûts et ses intérêts. A l'entendre, Gianni comprit que le bonhomme avait le souci de l'essentiel, que la classe dans laquelle il s'était ennuyé disparaîtrait peut-être un jour... mais il s'interrogeait : y aura-t-il deux écoles dans l'école, une pour apprendre, une pour produire ? Une qui garantira que chacun sait bien faire l'essentiel, mais où l'on risquera vite de retrouver l'ennui et la routine, et une où l'on s'adonnera à des activités passionnantes mais où chacun risque d'être cantonné dans ce qu'il sait déjà faire, enfermé dans ce que ses parents, son milieu, lui ont déjà appris ? Il ne s'en ouvrit pas à FREINET : l'homme avait mené suffisamment de combats, rappelé contre vents et marées suffisamment d'évidences, pour ne pas l'inquiéter maintenant. Et puis, au fond, Gianni n'était pas très inquiet : si tous les professeurs étaient comme lui, aussi lourds d'attention et de présence, aussi heureux de faire croître l'intelligence dans les gosses, il n'y avait pas grand chose à craindre.

En passant devant le petit mur de pierres sèches pour rejoindre la route, il se retourna une dernière fois ; l'homme avait la main dans la poche de sa veste et regardait, au loin, la ligne de falaises blanches.

3. Gianni en classe de transition

Ils n'avaient pas attendu très longtemps dans le couloir ; juste le temps d'échanger quelques regards inquiets et quelques mots à voix basse. Le père, lui, n'avait rien dit ; mais Gianni avait soufflé à sa mère : « Ç'aurait été bête d'abandonner l'école... » — « Tu n'avais guère le choix de toutes façons. Il va falloir que tu travailles ». A ce moment là, de la porte de droite, la secrétaire leur fit signe d'entrer ; une seconde, les yeux de la mère se plantèrent dans ceux de Gianni... Ce regard là imposait le silence ; Gianni baissa la tête et suivit ses parents dans le bureau.

Ce directeur était un puits de science ; il remonta jusqu'à 1918, au manifeste des « compagnons » pour l'École unique, expliqua le long chemin qui avait mené progressivement jusqu'à la démocratisation, dont il allait profiter..., de la gratuité de l'enseignement secondaire aux courageuses mesures de Jean ZAY alignant les programmes du primaire supérieur sur ceux du premier cycle des lycées, en passant par le plan LANGEVIN-WALLON resté malheureusement lettre morte, et jusqu'à cette réforme de 1963 qui avait définitivement supprimé les classes de fin d'études primaires pour accueillir en sixième tous les élèves. Il parlait de l'égalité des chances avec cette conviction assurée que confèrent la responsabilité d'un grand établissement, le costume trois pièces et l'agrégation de géographie. Avec de la volonté, insista-t-il, chacun peut parvenir à Polytechnique. Il insista sur « chacun » en fixant Gianni dans les yeux : « Chacun, c'est aussi toi ! ». Est-ce parce que cette injonction ressemblait au départ d'une course pour laquelle il ne fallait pas perdre une seconde ? Gianni se leva, récupérant d'une main le cartable avachi contre un pied de la chaise. « Ce n'est pas terminé..., patiente encore quelques instants ». Gianni se rassit et, dès ce moment, le directeur le quitta des yeux. Il partit alors dans de grandes explications à l'adresse de son père et de sa mère qu'il fixait alternativement, quêtant une approbation qui ne manquait jamais de venir sous l'insistance du regard : « L'égalité des chances, ce n'est pas, ce ne peut pas être l'égalité des traitements. Chacun a droit à une scolarité appropriée à ses besoins, avec des méthodes spécifiques, des conditions de travail adaptées et un maître spécialement formé. Gianni allait rentrer en cinquième, certes, et il y effectuerait le programme de cette classe, mais on allait prendre en compte son passé scolaire : il serait dans une classe « de transition » ; deux ou trois professeurs seulement, enseignant chacun plusieurs matières, de manière à suivre plus attentivement son travail ; des méthodes plus actives, un local unique, des camarades en difficulté, comme lui, avec qui il se retrouverait au coude à coude ». Dans le cours de la conversation, il cita même FREINET, soulignant l'importance de sa contribution et précisant que son œuvre inspirait largement le travail de ses collègues des classes de transition. A cette évocation, Gianni se sentit en confiance et il sut que sa mère, devant lui, esquissait un sourire entendu... Décidément ils avaient frappé à la bonne porte. Ce n'est que sur le seuil, au moment où le directeur serrait la main à son père qu'un peu d'inquiétude s'immisça doucement : « J'ai aussi des cinquièmes normales... S'il se comporte bien, nous en rediscuterons à la fin de l'année ». La classe où il allait débarquer n'était donc pas « normale » ; cela le préoccupa une minute... mais, après tout, il avait déjà suffisamment taté des classes « normales » et il n'était pas mécontent d'y échapper.

Le professeur avait cet air un peu dur, avec cet œil un peu noir qui vous donne d'emblée le sentiment d'avoir commis quelque faute. Pourtant, au premier abord, elle avait bien appris sa leçon : l'alignement des rangées avait laissé la place à une disposition rectangulaire des tables ; les étagères au mur pleines de dictionnaires, l'électrophone près du tableau, les dessins affichés, tout cela tranchait avec ce qu'il avait connu jusque-là et augurait du meilleur. Mais il y avait, dans le comportement des élèves quelque chose d'inquiétant, comme un décalage avec les bonnes intentions affichées ; comme si tout cela n'avait aucune importance et que l'essentiel se reflétât dans l'œil noir du professeur. Il retrouvait, multiplié par vingt, le gosse qu'il avait été jadis, enfermé, verrouillé dans son agitation, fidèle jusqu'à l'obstination dans le refus et la provocation. Il entreprit de résister... Histoire de ne pas laisser passer la chance. Ce ne fut pas facile..., il y avait les autres et leur regard assassin chaque fois qu'il levait la main pour demander un renseignement ou se porter volontaire pour une tâche ; les coups de coude et les injures suffisamment ébauchées à son passage pour qu'il n'ait aucun doute sur leurs sentiments, mais suffisamment discrètes pour leur assurer l'impunité. Malgré tout, Gianni résista quelque temps ; chacun d'entre eux, il en était sûr, devait comprendre ; s'il avait pu leur parler individuellement, leur expliquer FREINET et le matérialisme, l'imprimerie et la correspondance scolaire, tout aurait pu s'arranger. Mais, réunis ici, tous ensemble, ils constituaient une force sourde et aveugle, prête au combat, comme dressée à riposter au professeur, au coup par coup, sans la moindre indulgence. En face d'eux, l'œil noir fermait parfois tout le visage et le corps à corps invisible s'engageait... Gianni ne sut jamais qui, de la classe ou du professeur, avait commencé la lutte. Les choses étaient ainsi et chacun semblait accorder qu'elles devaient en être ainsi pour toujours ; c'était dans la logique des choses. On se guettait réciproquement ; à l'attente de la faute répondait celle de la répression et l'attente se faisait parfois si dense que rien ni personne n'aurait pu empêcher le combat. « Une pédagogie appropriée, avait dit le directeur ; un travail au coude à coude avec des camarades en difficulté comme toi »... Au lieu de cela, Gianni découvrait le ghetto, une classe où chacun avait déjà désespéré de l'autre, où l'attente du pire le faisait inéluctablement arriver.

Les élèves, c'est sûr, en restant au niveau le plus bas, respectaient l'image que le professeur avait d'eux... D'une certaine manière, et Gianni le comprit vite, ses camarades croyaient dur comme fer à la parole du maître. On les accusait d'insolence et d'irrespect ! Personne plus qu'eux ne manifestait autant de confiance dans le verdict de l'école : on leur avait dit qu'ils étaient faibles, insupportables, qu'ils n'étaient pas faits pour les études « normales »... ; ceux qui leur avaient dit cela étaient des hommes savants, diplômés, certifiés... ; il n'y avait pas de raison qu'ils se soient trompés. Le professeur qui se plaignait de leur attitude ignorait que celle-ci ne faisait que lui renvoyer l'image qu'il avait d'eux, qu'entretenir le consensus tacite créé par la mise en place de telles classes. Et Gianni comprit mieux alors à quel point l'attente réciproque détermine la nature de l'échange : il y a, dans la manière de s'adresser à quelqu'un, un indice, une légère flexion de la voix, une imperceptible expression du visage, qui suggèrent que l'on attend une bonne réponse ou qu'au contraire, rien de positif ne peut venir ; et cette résistance extrême à accepter qu'un être contredise l'image qu'on se fait de lui ; ce désir impérieux de le ramener à ce qu'on vous en a dit, à ce que l'on croit savoir, à ce que sa situation institutionnelle impose que l'on en pense. Certes, Gianni ignorait alors l'expérience d'*Oak School,* les élèves tirés au sort que l'on avait désignés aux professeurs comme les meilleurs et qui étaient effectivement devenus les meilleurs[1] ; il n'avait pas lu les études savantes des psychologues qui confirment que les copies sont notées différemment selon les informations que l'on possède sur les élèves les ayant rédigées, et que les notes les meilleures sont attribuées à ceux qui ont été désignés auparavant comme les plus performants[2]... Mais il sentait bien à quel point les camarades de sa classe étaient liés par un contrat terriblement pesant aux termes duquel ils étaient rejetés dans la marginalité scolaire. Il avait même vécu, pour sa part, cette forme subtile de mépris qu'est la sollicitude enveloppante du maître... ; lui qui avait tenté de briser le contrat, voulu échapper à la spirale de la provocation et de la répression, il s'était vu renvoyé dans l'échec par cette attitude doucereuse qui se penche sur vous avec la satisfaction ostentatoire de faire le bien, s'intéresse à vous, comme jadis les dames patronesses à leurs pauvres, en vous intimant l'ordre de rester où vous êtes, docile, obéissant, résigné.

Le professeur regagna sa place en promenant sur la classe un regard négligé. En face de Gianni, le type au pull rouge le fixait depuis quelques minutes, comme s'il sentait qu'il allait céder ; Gianni ne put soutenir l'épreuve longtemps... ; il baissa la tête et tritura son stylo quelques secondes ; en passant sa langue sur ses lèvres, il les trouva terriblement sèches, avec un goût de colère et de solitude. Il releva la tête ; tous les regards étaient tournés vers lui. Alors, très vite, en un seul geste, il scella le pacte et tout fut consommé.

4. Gianni et les piagétiens

Il faisait froid et gris, et Gianni s'était déjà perdu plusieurs fois dans cette immense bâtisse en béton. De couloirs étroits en escaliers minuscules, il avait bien dû parcourir un kilomètre. Le car l'avait laissé

1. Cf. R. Rosenthal et L. Jacobson, *Pygmalion à l'école,* Casterman, Paris, 1973.
2. G. Noizet et J.P. Caverni, *Psychologie de l'évaluation scolaire,* P.U.F., Paris, 1978.

sur la route, il y avait maintenant presque une heure, et le chauffeur l'avait regardé descendre avec étonnement : « Tu vas au couvent ? Enfin, drôle de couvent ! Il y a belle lurette qu'il n'y a plus de moines ! » Et, en poussant le bouton pour refermer la porte, il avait maugréé : « Tous des compliqués là-bas, comme leur baraque !... Qui sait comment il va en ressortir, le gamin ? »

Gianni perçut quelques bruits de voix et ralentit le pas. Il poussa une petite porte rouge et l'orateur s'interrompit. C'était un jeune homme très comme il faut, certainement un peu timide, mais suffisamment rassuré par la main du maître que l'on sentait posée sur son épaule ; il maniait la maladresse avec élégance... Il hésita une seconde, le temps d'esquisser un sourire et de vérifier le parfait ajustement de son paquet de feuilles. Mais la présence de Gianni ne parut pas le surprendre ; au contraire, les participants remarquèrent qu'il se remettait à parler un peu plus fort et que son visage s'animait de manière inhabituelle : « A l'âge de dix ans, expliqua-t-il, PIAGET envoya un article à un journal d'histoire naturelle de Neuchâtel, où il consignait ses remarques sur un moineau albinos aperçu dans un jardin public. L'article fut publié et PIAGET se lia ainsi d'amitié avec le conservateur du musée de sa ville qu'il aida d'abord dans l'étiquetage des mollusques d'eau douce... Il manifesta une telle passion pour les fossiles qu'il devint vite une personnalité scientifique dans ce domaine, écrivant des articles dans des revues internationales, assumant à Neuchâtel, dès l'âge de seize ans, la responsabilité d'un département du Musée d'Histoire naturelle ». Gianni connaissait l'anecdote, mais l'image du gamin de douze ans s'échappant de chez lui pour s'enfermer dans un musée avec un vieux monsieur au col en celluloïd et au binocle battant sur le costume noir le fascinait. Il fallait qu'il soit diablement passionné, le jeune PIAGET ! Le conférencier continuait son exposé, insistait sur l'hésitation entre la science et la philosophie qui avait marqué le début de la carrière universitaire de PIAGET, l'entrée en psychologie où il crut concilier ses deux passions, et jusqu'à la formulation de la question à laquelle il tenterait de répondre dans tous ses travaux : comment nous vient l'intelligence ?

Gianni écoutait d'une oreille attentive, perdant souvent quelques bribes ou quelques mots, laissant échapper parfois des pans entiers du discours ; mais il s'accrochait désespérément, et dès que le jeune homme évoquait une expérience, décrivait des enfants comptant des boutons et des bonbons, il fermait les yeux pour mieux comprendre : soient deux rangées, comprenant l'une dix bonbons et l'autre dix boutons et occupant le même espace ; si le psychologue enlève des bonbons tout en respectant l'égalité des rangées, les enfants de cinq ans conclueront quand même à l'égalité des objets[1]. Gianni rouvrit les yeux tout à coup... Est-ce donc que, pour ces gosses-là, les bonbons ne se mangent pas, ou qu'ils

1. Cf. *La psychologie de l'intelligence,* Armand Colin, Paris, 1979.

mangent aussi les boutons ? Ou que PIAGET, dans sa grande architecture, ne se souciait guère de la différence, pourtant essentielle pour un gosse de cinq ans, entre un bonbon et un bouton ? Les enfants de PIAGET ne seraient-ils que des mathématiciens en herbe, de purs esprits, indifférents à la nature des choses, préoccupés seulement des figures géométriques qu'elles dessinent. Bien sûr, Gianni n'a rien dit ; mais la question, tout au long de la journée s'est faite de plus en plus insistante.

Les interventions se succédaient : mathématiciens, biologistes, linguistes, se découvraient tour à tour avec PIAGET des points communs, dégageaient des structures, combinaient des formes, dessinaient des schémas, où ils reconnaissaient toujours plus ou moins des concepts piagétiens. Le soir tomba très vite et dans la demi-obscurité de la salle, Gianni revoyait de plus en plus nettement le gosse étiquetant ses mollusques. Derrière chaque expérience relatée, il l'imaginait, classant minutieusement de petits objets dans une vitrine, avec ce souci du définitif, ce sentiment de construire, à l'abri du désordre et du désir, une œuvre universelle. Il avait déjà vu de ces squelettes reconstitués avec des petits morceaux d'os reliés par du fil de fer... et il voyait PIAGET reconstruire ainsi obstinément, le squelette de la connaissance. Gianni n'aurait pas bien su dire pourquoi, mais il comprenait qu'il y avait, chez ce type-là, l'obsession du musée, de son atmosphère feutrée, immuable, intemporelle.

Les savants, dans la salle, parlaient maintenant d'invariance et de structure ; cela devenait de plus en plus compliqué, et les participants commençaient à s'ébrouer. A ce léger bruissement de feuilles et de vêtements, à ces regards perdus dans le plafond, on devinait que l'attention était dissoute. Il y eut alors des instants qui parurent interminables ; l'ennui était épais, et il fallut l'intervention d'un gaillard à cheveux longs pour réveiller tout le monde en sursaut : « Tout cela est bien beau, expliqua-t-il, mais ignore tout à fait le poids de l'affectivité... Il ne suffit pas d'avoir de beaux cadres, encore faut-il qu'une dynamique leur donne la vie ! Que faisait-on du besoin et du désir, du souffle qui anime l'intelligence, de la volonté de comprendre, de cet inachèvement, de cette insatisfaction qui nous distinguent des machines ? ... » Comme si chacun n'attendait que ce signal, les interpellations fusèrent : et les différences entre les personnalités, comment les expliquer ? Peut-on nier que certains, grâce à des expériences particulières, soient capables d'opérations intellectuelles, de démarches créatrices, que d'autres ignorent ? Tous les enfants évoluent-ils comme les quelques individualités étudiées dans les laboratoires de Genève ? Les milieux sociaux, les cultures et les civilisations n'ont-ils donc aucune influence sur leur développement ? On cita pêle-mêle des noms que Gianni oublia aussitôt, des expériences en Australie, en Algérie[1]... Le jeune homme, à qui, visiblement, s'adressaient toutes ces questions, hochait la tête avec intérêt ; il comprenait bien tout

1. Cf. David COHEN, *Faut-il brûler Piaget ?,* Retz, Paris, 1981.

cela ; c'étaient certes des choses importantes, qui avaient donné lieu à des travaux fort pertinents, mais ce n'était pas le problème. « Il faut distinguer, disait-il, le sujet individuel et tous les aléas de son histoire personnelle, du sujet épistémique qui représente le noyau cognitif commun à tous les sujets »[1]. Bien sûr, Gianni ignorait tout du sujet épistémique, et pourtant il avait là le sentiment de comprendre : comment reprocher à PIAGET de ne pas tenir compte de ce qu'il avait délibérément décidé d'ignorer ? Toute sa recherche, il croyait l'avoir compris, visait à découvrir ce qui ne change pas, et Gianni savait bien qu'en procédant ainsi, l'on ne pouvait trouver que ce que l'on cherchait. Comme si l'on reprochait au géologue de ne pas tenir compte de l'influence de Charlemagne ! La démarche définit l'objet dont elle s'empare, et ce qu'elle trouve n'a que la légitimité qu'elle lui a donnée... Le jeune homme disait tout cela avec des mots savants et, de toute évidence, ne parvenait guère à convaincre. La salle était sceptique, traquant le conférencier dans ses retranchements. A l'agitation qui se développa alors, Gianni eut l'impression que le débat devenait politique et que, derrière l'apparente sérénité du chercheur classant les mollusques et étiquetant les enfants, se cachaient d'autres enjeux ; comme si, en procédant ainsi, il avait aussi choisi un camp et que les militants, en face, ceux pour qui l'essentiel était de saisir et de stimuler partout le jaillissement de la vie, se sentaient trahis. PIAGET, c'était donc cela ? ... Un grand bonhomme sérieux, qui s'était tenu jusque-là dans une visible réserve, suggéra que l'on suspendît la séance : il restait à examiner les propositions pédagogiques du maître et l'on ne pouvait trancher sans avoir procédé, sur ce point, à une analyse objective qu'il se proposait d'engager le lendemain.

La deuxième journée commença mal : un étudiant besogneux présenta la conception piagétienne du développement de l'enfant, les différents stades de l'évolution de la pensée, de l'égocentrisme initial où tout est ramené à la personne, interprété en fonction de lui-même, jusqu'au stade des opérations formelles où la pensée, affranchie du concret est susceptible d'effectuer des opérations abstraites[2]. Tout cela traînait en longueur et en technicité inutile... et les participants furent moins patients que la veille. Ils laissèrent passer le couplet habituel sur le double processus d'assimilation, par lequel l'enfant s'approprie le réel, et d'accomodation, par lequel il reconstruit ses propres structures mentales... et, bouillant d'impatience, jetèrent sur le tapis quelques citations provocatrices : « le principe fondamental de l'éducation réside dans les méthodes actives : comprendre, c'est inventer, ou reconstruire par réinvention »[3]. PIAGET se prononce donc contre l'enseignement

1. Cf. J. PIAGET, *Le structuralisme*, P.U.F., 1970.

2. Lire, à ce sujet, l'ouvrage de présentation de Jean-Marie DOLLE : *Pour comprendre Jean Piaget*, Privat, Toulouse, 1977.

3. J. PIAGET, *Où va l'éducation ?*, Gonthier, Paris, 1972 et *Psychologie et pédagogie*, Gonthier, Paris, 1969.

traditionnel, le cours magistral et la répétition, pour la découverte par l'expérience. Visiblement, les praticiens étaient venus ici pour voir leurs thèses avalisées par l'autorité et le prestige du maître. Et c'eût été facile de les satisfaire, de citer articles et manifestes où sont réaffirmés ces principes... Pourtant, le jeune homme hésita... La pédagogie, ça n'était pas vraiment son affaire. Ce qu'il pouvait faire, c'était décrire la « méthode clinique » du maître, celle avec laquelle il interrogeait les enfants à partir d'un matériau qu'il leur proposait, leur demandant de s'expliquer, de justifier leurs dires. Gianni fut pris d'une inquiétude : si les positions pédagogiques de PIAGET n'étaient qu'un décalque de sa propre méthode de travail ? Au fond, cet homme ne pensait-il pas que l'éducation consiste seulement à laisser émerger des capacités dont le développement est inéluctable ? Quel paradoxe alors que l'immense écho rencontré chez les éducateurs par les travaux d'un homme qui n'accorde guère d'influence à la pédagogie sur la croissance de l'intelligence !

Le brouhaha continua encore quelques minutes, mais, à droite, à côté de la porte, un vieil homme s'était mis à parler. Doucement, sans éclat, il expliqua que les derniers textes de PIAGET, les derniers entretiens qu'il lui avait accordés, témoignaient d'une inquiétude[1] : n'avait-il pas sous-estimé la part proprement active de l'enseignant ? N'y avait-il pas des dispositifs pédagogiques à inventer, des méthodes à trouver, pour intervenir sur le développement cognitif, favoriser la compréhension et solliciter l'intelligence ? Sans revenir à l'enseignement répétitif dont ses travaux avaient montré la vacuité, ne faudrait-il pas imaginer des situations d'apprentissage qui créent les conditions optimales d'appropriation du savoir ? Tout le monde s'était tu. Le vieil homme, les mains posées sur sa serviette de cuir, cita enfin la dernière phrase entendue du maître : « Nous ne sommes qu'au début de cette affaire ». Au tout début, pensa Gianni en tentant de retrouver la sortie dans le labyrinthe de couloirs et d'escaliers.

5. Gianni visite Summerhill

L'Angleterre, après tout, n'était pas si loin et Summerhill, à ce que Gianni avait entendu dire, était si différent de ce qu'il avait connu jusque là, qu'il allait s'offrir, finalement, une autre planète, à peu de frais. De prime abord, pourtant, l'affaire n'était pas engageante : une vieille bâtisse de briques rouges au fond d'un parc si mal entretenu que certains endroits évoquèrent même à Gianni ces décharges sauvages que ses compatriotes improvisaient autour des grandes villes. Au passage, il avait noté avec curiosité un vieux wagon de chemin de fer apparemment recon-

1. Cf. en particulier, l'intervention de J. PIAGET au XXVe Symposium d'Épistémologie génétique.

verti en dortoir et il s'était arrêté pour entrouvrir doucement la porte d'une cabane en planches assez rudimentaire... Là, il avait aperçu un tableau noir et quelques chaises éparpillées ; sur une petite table, au-dessous de la fenêtre, une pile de vieux papiers et quelques crayons, un livre de mathématiques et une tasse ébréchée où devait traîner un fond de thé froid ; l'ensemble dégageait une impression bizarre... Gianni n'aurait pas su dire pourquoi, mais il se sentit d'un coup comme précipité dans le décor d'un de ces films de Charlot qu'il revoyait toujours avec autant de plaisir ; le carreau cassé, la paille qui jaillissait de la chaise éventrée, et le vieux poêle rond appelaient immanquablement la canne et le chapeau melon ; cette pauvreté miraculeusement éclairée de tendresse où chaque objet semblait réinventé, où les choses les plus banales, sous l'œil du petit homme qui fronçait les sourcils et s'en frottait les mains d'avance, se muaient en trouvailles extraordinaires et disparaissaient en éclats de rire. Comme si l'on avait, ici, abandonné tout désir de conformité, renoncé à ce que le monde soit ce qu'il doit être, pour laisser le vagabond et ses sales gosses en faire leur terrain d'aventures. En refermant la porte de la cabane, Gianni eut le sentiment que quelque chose était suspendue, que les contraintes des hommes, les « il faut » et les « tu dois », les « chaque chose à sa place », les « tiens-toi bien », et tous les conseils assommants des adultes raisonnables, n'avaient pas cours. Toutes ces apparences qu'il fallait maintenir pour faire comme tout le monde, pour que tout soit bien net et propre avaient laissé la place à cet univers hétéroclite où l'on s'amusait d'un vieil objet trouvé par hasard, sans se soucier de la règle qui en fixait la place et l'usage.

Gianni, en se dirigeant vers la grande bâtisse de briques rouges, repéra encore un autre wagon et plusieurs cabanes en planches comme celle dans laquelle il était entré. A une ou deux reprises, il eut l'impression qu'on l'appelait et s'arrêta un instant ; mais ce n'étaient que des cris de gosses qui couraient dans les bois ; il les entrevoyait une seconde, mais ils disparaissaient aussitôt sans s'intéresser à lui. N'avait-on pas été prévenu de son arrivée ? Personne, visiblement, n'était là pour l'accueillir. Devant la porte du bâtiment il hésita avant de sonner puis, finalement, se décida à tirer sur la chaîne qui déclencha à l'intérieur un bruit de cloche plutôt étouffé. Personne ne vint. Il sonna à nouveau avant de se décider à passer la porte. Son inquiétude grandissait, mais une extrême curiosité, mêlée à un étrange sentiment de sécurité, le poussèrent à faire le pas. Le hall était vide ; c'était une grande pièce blanche peinte à la chaux, et décorée, à même le mur, de peintures bizarres qui semblaient avoir été réalisées par des enfants de deux ou trois ans. Gianni resta là, dans ce hall, avec la seule compagnie d'un vieux fauteuil qui exhibait sans honte ses ressorts, pendant près d'un quart d'heure. Enfin, une jeune femme en peignoir et en sandales, qui semblait sortir de son lit, fit son apparition ; elle lui dit quelques mots en anglais qu'il ne comprit pas, et, le prenant par le bras, l'entraîna dans une salle voisine... Deux hommes et une femme attendaient là, attablés en silence devant des tasses de café. La jeune femme en peignoir fit signe à Gianni de s'asseoir et l'abandonna ainsi, avec des gens qui ne jetèrent qu'un coup d'œil indifférent sur lui, ne manifestant aucune trace de surprise, comme s'il venait ici depuis des années et qu'il fût tout naturel qu'il soit là, un pensionnaire comme un autre. Mais, très vite, une fille les rejoignit. On avait entendu ses sabots claquer dans l'escalier et, l'instant suivant, vu la porte s'ouvrir brutalement... Patricia devait avoir quatorze ou quinze ans ; elle portait un grand pull-over noir qui lui descendait presque jusqu'aux genoux, sur un pantalon de toile beige. Le nez retroussé, les yeux sombres sous les paupières plissées, les cheveux noirs que l'on n'avait pas dû peigner depuis plusieurs jours, tout cela conférait à son visage une insolence singulière à laquelle Gianni fut immédiatement sensible. Cette fille-là, pensa-t-il, va me tirer la langue avant de parler... et cette liberté n'était pas pour lui déplaire. Mais Patricia empoigna le dossier d'une chaise sur laquelle elle s'assit à califourchon : « Comme je parle français, je vais te conduire dans l'école. Tu verras, c'est pas compliqué ; il n'y a pas grand chose à voir... D'ailleurs, ici, c'est pas vraiment une école, c'est plutôt une maison, une manière de vivre, un endroit où l'on est bien ; on peut faire beaucoup de choses ici..., pas seulement suivre des cours ».

La visite emporta Gianni dans un tourbillon indescriptible ; sans qu'il ait eu le temps de dire quoi que ce soit, la fille le prit par la main et l'entraîna dans la maison. Ils passèrent dans la cuisine étrangement vide et le réfectoire meublé de vieilles tables assez bancales ; ils coururent à travers l'atelier d'art où un seul gamin, assis par terre, malaxait de l'argile sans avoir visiblement de projet bien précis ; et, au fond d'un couloir sombre, arrivèrent dans la pièce où se tenaient, tous les samedis, les assemblées générales... Patricia traduisit un à un tous les papiers épinglés sur les murs : « huit novembre, il est interdit de se cacher derrière la chaudière »..., « Personne n'est obligé de dire bonjour le matin et personne ne doit être fâché si on ne lui dit pas bonjour »..., « Le bruit, comme le jeu, sont une forme naturelle d'expression ; ceux qui veulent du calme peuvent se retirer dans le parc, ou aller travailler dans un bungalow »... « On a arraché huit plants de patates plantés par Neill. Neill demande que la question du potager soit débattue à la prochaine assemblée de l'école »...

Sans que Gianni ait posé la moindre question, Patricia commenta les affiches : « Les assemblées ont lieu tous les samedis. D'abord, il y a les adultes qui se plaignent toujours parce qu'on a pris du matériel et qu'on ne l'a pas remis en place, ou qu'on a volé une planche, ou encore qu'on a jeté de la confiture dans le couloir... Mais on discute ferme et on vote, et ce n'est pas toujours Neill qui a le dernier mot. Et puis, il y a le rapport du tribunal, qui est chargé de l'application du règlement et des amendes pendant la semaine ; le tribunal est désigné chaque semaine par l'assemblée générale. Et surtout, on discute des règles de vie dans l'école... Cette semaine, ça a été très dur sur les sorties au café du village où il y a eu une bagarre au couteau ; finalement, on a interdit le café ». Gianni tentait de suivre, mais tout cela allait trop vite pour lui : le comité de cantine, le service du courrier, les amendes et les récompenses, le tribunal, les enquêtes, les votes... Tout ici semblait être soumis à discussion jusqu'aux questions les plus triviales. Et Patricia expliqua sans faire d'histoires à quel point il avait été difficile de faire voter une règle imposant aux garçons de lever le siège des toilettes avant d'uriner[1]. Gianni ne sut s'il devait baisser pudiquement les yeux, comme l'aurait voulu sa mère, ou esquisser un rire entendu, comme l'auraient fait ses anciens camarades de classe... Mais il sentit qu'ici ces deux attitudes auraient été déplacées : ces choses-là étaient dites de façon si naturelle, avec cette simplicité dans la voix et ce regard droit qui faisaient prendre cela au sérieux et désamorçaient toute réaction pudibonde ou grivoise. D'ailleurs, Patricia, en reprenant le long couloir sombre, poursuivit tranquillement ses explications : « Ici, ce qui concerne la sexualité n'est jamais tabou ; on en parle entre nous et avec les adultes. Il n'est pas rare, quand il fait chaud, qu'un professeur se mette nu avec ses élèves pour creuser une tranchée dans le parc. Neill dit que c'est le secret qui crée une attitude malsaine à l'égard de ces choses ». Gianni aurait voulu poser des tas de questions, mais – était-ce l'invocation de la parole de Neill qui semblait mettre un point final à l'exposé, ou le fait que Patricia marchait devant lui en discourant ? – en tout cas il ne dit rien et, pour la première fois depuis près d'une heure, il y eut un moment de silence.

Le silence se poursuivit dans le parc. Voilà déjà trois fois que Patricia citait le nom de Neill et, chaque fois, Gianni avait senti comme une vibration particulière dans sa voix. Oh, certes, apparemment, elle citait ce nom comme tous les autres, avec la volonté manifeste de ne pas lui faire un sort particulier, peut-être même avec le soupçon de négligence de celle qui tient à manifester son détachement... Mais Gianni n'était pas dupe ; il demanda : « Et Neill, on peut le voir ? » Patricia se retourna vivement vers lui : « Tu sais, c'est pas pour ce que j'en ai dit... Il a beau avoir écrit des livres, il n'a pas beaucoup d'importance ici. Et puis, de toutes façons, aujourd'hui il n'est pas là ! » La voix était cagégorique et ne supportait pas l'insistance. D'ailleurs, ils arrivaient à une des cabanes en planches, et Patricia reprenait ses explications : « A Summerhill, les cours ne sont pas obligatoires ; chacun décide s'il va en classe et quels enseignements il suit. Moi, par exemple, il y a sept ans que je suis ici et jusqu'à l'année dernière, je ne suis jamais allée en classe. L'an dernier, parce que je l'ai voulu, j'ai fait en six mois le programme de quatre

1. Toutes les anecdotes citées ici sont authentiques ; nous les avons extraites de *Libres enfants de Summerhill* d'A.S. Neill (Maspero, Paris, 1972), et de *Cinquante ans de liberté avec Neill*, de R. Hemmings (Hachette, Paris, 1981).

années d'enseignement, je travaillais huit ou dix heures par jour, mais c'est moi qui l'avait décidé ». Elle s'arrêta et, à un léger rengorgement, Gianni perçut qu'elle était fière de son effet. Il aurait voulu demander ce qui se passait pour ceux qui ne décidaient jamais d'aller en classe, quel travail ils trouvaient à la sortie de l'école, mais, de peur de briser un lien qu'il sentait encore fragile, il préféra s'en tenir à une question moins incisive : « Pourquoi as-tu décidé, un beau jour, d'aller en classe ? C'est venu comme ça ? » Patricia ébaucha un mouvement de tête qui manifestait son agacement... « Oui, c'est venu comme ça, et alors, ça t'étonne ? »

Ils étaient maintenant debout au fond de l'une des cabanes où un professeur de physique faisait un cours sur la chute des corps. Il expliquait au tableau, avec beaucoup de flèches et de conviction, à une dizaine d'élèves, comment l'attraction terrestre... Mais Gianni ne suivait pas l'explication ; il était frappé par l'aspect tout à fait incongru de ce cours, dans un tel cadre, après tout ce qu'il avait entendu... Rien, au fond, ne différait ici des cours les plus ennuyeux auxquels il avait assisté. Le professeur ne prenait même pas la peine d'esquisser la moindre expérience ; il parlait comme un livre, comme un de ces vieux livres cornés qu'il avait laissés derrière lui au cours de sa scolarité. Les élèves, eux, écoutaient attentivement et trois d'entre eux prenaient même des notes avec fébrilité. Un instant, une idée lui vint... Il n'était pas étonnant que Patricia ait attendu sept ans pour décider d'aller en classe... Lui-même aurait certainement attendu beaucoup plus. Il avait bien entendu parler de l'aversion de Neill pour les « méthodes nouvelles d'enseignement » ; il n'imaginait pas cependant que les classes, à Summerhill, étaient à ce point conformes à celles de toutes les autres écoles. Ainsi donc, ici, on a choisi d'attendre que l'enfant désire apprendre, qu'il en manifeste la volonté et en fasse lui-même la démarche, plutôt que de chercher à rendre cet enseignement désirable. C'est, pensa-t-il, un choix légitime : on crée un univers où vivre l'enfance sans entraves, où l'affection, la compréhension, la discussion des règles de vie collective permettent d'être pleinement heureux et, au moment choisi par chacun, on lui procure le savoir, vite, à l'économie de temps et de moyens, parce qu'il faut bien le faire, mais qu'il n'est pas nécessaire de le faire bien. Au fond, Patricia avait raison ; Summerhill n'était pas une école, et Neill ne devait guère s'intéresser à l'enseignement. Alors que le cadre tout entier était construit à la mesure du gosse, les cours subsistaient, comme une mauvaise pilule que l'on choisissait simplement d'avaler un peu plus tôt ou un peu plus tard.

Avant de quitter Patricia, au bord de la petite route qui longe la propriété, Gianni jeta un dernier coup d'œil sur Summerhill... La nuit était tombée et, çà et là dans le parc, on distinguait les lumières allumées dans les wagons et les cabanes. La grande bâtisse rouge, cependant, restait encore éteinte et faisait comme une masse noire derrière tout cela ; mais, tout à coup, au premier étage, une fenêtre s'éclaira, et une silhouette grande et mince, légèrement voûtée, apparut derrière les rideaux. Était-ce parce que Gianni était déjà amoureux de Patricia qu'il saisit, à la seconde près, le regard qu'elle lança vers la fenêtre ? La jalousie aiguise la lucidité, et, en cet instant, elle lui découvrit d'un coup l'essentiel de Summerhill. Toutes les questions restées sans réponse, les hésitations indéchiffrables et les silences inquiets s'emboîtaient sous ses yeux comme les pièces d'un puzzle... Si tout s'arrangeait toujours, si les conflits étaient chaque fois résolus sans violence, si Patricia avait décidé de se mettre à l'étude, c'est parce qu'il y avait, là-haut, derrière ces rideaux, un homme exceptionnel, un de ces hommes pour l'estime duquel, il le savait bien, on fait n'importe quoi ; un de ces hommes pour lesquels les qualités personnelles, le rayonnement tranquille et sûr, dépassent de loin les vertus intellectuelles, les théories philosophiques ou psychanalytiques et tous les écrits du monde. Alors, si Summerhill avait sauvé Patricia du silence et du désespoir, si tant d'autres avec elle y avaient trouvé la paix et le goût du savoir, c'était, il en était sûr, grâce à lui, parce que Patricia et les autres s'étaient un jour identifiés à lui et que cela leur avait donné la force de grandir[1]. La confiance que cet homme avait en eux, l'image de l'enfance et de l'homme qu'il portait et qui inspirait tous ses propos et toutes ses décisions, avaient cette force de contagion dont il avait pu mesurer les effets et dont on lui avait caché la cause.

Patricia s'impatientait ; elle fit à Gianni deux petits baisers secs et partit en courant. La force qui l'attirait là-bas devait être puissante... Mais Gianni se dit que cette force les séparait et que ce qui attachait Patricia décidait aussi de son exclusion. Il n'est pas certain que Gianni eût aimé Neill ; trop d'histoire les séparait. Et puis, il avait trop bourlingué pour s'attacher ainsi durablement, à un seul homme... Certes, il aurait pu, quelque temps, se laisser happer par la séduction, mais, à la longue, il aurait dû abdiquer une trop grande part de lui-même... Décidément, Summerhill était bien une autre planète.

6. Gianni séduit par Rogers

Gianni n'aurait jamais pensé à fréquenter l'aumônerie. Depuis longtemps pourtant, il avait repéré ce grand type frisé qui arpentait parfois les couloirs à la recherche d'un gars ou d'une fille, interrogeant les uns et les autres avec ce tutoiement un peu gêné qui marquait sa difficulté à choisir son camp. Au premier contact, on voyait bien que ce type n'était pas de ceux dont le tutoiement vous cloue sur place et creuse à jamais la distance ; il n'était pas, non plus, de ceux qui vous vouvoient avec l'air de ne pas y toucher, vous enveloppant d'un regard cotonneux dans lequel vous

1. Cf. B. Bettelheim, in *Pour ou contre Summerhill*, Payot, Paris, 1975.

étiez figé pour longtemps. Lui, visiblement, tentait de joindre le respect et la proximité, avec cette maladresse inquiète qui le faisait se retourner plusieurs fois après chaque rencontre pour voir, si, par hasard, son interlocuteur n'aurait pas oublié quelque chose. Or ce jour-là, précisément, c'est à Gianni qu'il venait de s'adresser ; il cherchait quelques élèves de troisième avec qui il avait pris rendez-vous la semaine dernière ; il expliqua que la salle qu'il leur avait indiquée n'était pas libre et que, finalement, ils n'avaient qu'à se réunir chez lui... ; de toutes façons, cela serait plus pratique car ils seraient moins dérangés. Gianni le laissa parler, l'écoutant distraitement avant d'ébaucher un quelconque « j'sais pas » qui aurait dû, en bonne logique, décourager définitivement le bonhomme. Mais, au contraire, celui-ci emboîta le pas à Gianni ; le cartable serré sur son imperméable de nylon, la tête penchée sur son interlocuteur muet qui, maintenant, pressait le pas, il l'accompagna jusqu'au portail. Là, le groupe les attendait autour d'une mobylette, et Gianni fut happé en un instant. Personne ne vit ni n'entendit les quelques signes de protestation qu'il esquissa ; on lui serra les mains avec cette chaleur un peu contenue qui coupe court à toute résistance, et il se trouva, quelques minutes plus tard, assis par terre dans une petite pièce décorée d'étranges découpages colorés sous lesquels on pouvait lire quelques-unes de ces sentences un peu obscures qui ont le goût de l'essentiel : « Être homme, c'est être responsable », « C'est en étant aux autres que je deviens moi-même », « La violence est la marque de l'impuissance »...

Autour de lui on avait commencé à parler de l'élection des délégués de classe et on en était maintenant aux relations avec les professeurs : « Celui-là, tu comprends, c'est la peur qui le rend agressif ; il ne supporte pas l'idée que l'on échappe à son pouvoir. S'il n'arrête pas de parler, c'est parce qu'il craint plus que tout notre parole à nous. On l'inquiète parce qu'on est trop différent, et qu'accepter cette différence, ce serait remettre trop de choses en question ». La discussion se poursuivit longtemps sur ce sujet ; chacun rappelait un événement, citait une anecdote, tentait une interprétation ; on parlait de blocage et de conflit, on espérait une prise de conscience, on évoquait un dépassement où l'écoute réciproque permettrait la réconciliation et rendrait possible le travail collectif.

L'aumônier intervenait peu, demandant simplement de temps en temps à l'un ou à l'autre de préciser sa pensée, reprenant parfois les propos de quelqu'un, en les tournant d'une autre manière : « Alors, si j'essaye de comprendre ce que tu veux dire, ce serait l'inquiétude devant l'émergence de l'altérité qui expliquerait l'incapacité à faire partager le savoir. En se coupant d'autrui, on perdrait toute chance de le faire grandir, on le figerait dans une image... Au contraire, tu sembles dire que l'important, c'est d'abord d'accepter l'autre tel qu'il est, sans le juger, de l'écouter avec confiance pour qu'il révèle toutes les richesses dont il est porteur et de le soutenir suffisamment pour qu'il se mette lui-même en route ». Certes, tout cela était encore un peu flou, mais les autres suivaient avec une telle attention que le discours semblait pénétrer le groupe et faire corps avec lui. A tel point que Gianni se prit à intervenir et, comme malgré lui, à prolonger le propos : « Un éducateur qui me demanderait de renoncer à être moi-même, d'abdiquer ce que je suis pour devenir simplement ce qu'il est ne peut engendrer que le refus ou la révolte. Peu importe qu'il tire son pouvoir de la contrainte ou de la fascination si, de toutes façons, je dois me soumettre ». L'aumônier l'avait écouté avec la même attention intense qu'il manifestait depuis le début envers chacun : « Ce que tu suggères, reprit-il, c'est qu'il faut construire une forme de relation où l'éducateur, tout en étant totalement lui-même, soit aussi totalement respectueux de l'autre[1]... » Il laissa sa phrase en suspens et c'est Gianni qui la poursuivit : « ... de manière à ce que chacun des deux partenaires s'appuie à la fois sur la confiance mise en lui et sur l'exemple fourni par l'autre pour exister par lui-même ». Le silence se fit ; non pas un silence vide et inquiétant, suspendu à la parole qui l'impose, mais un silence partagé et plein de promesses, riche de l'espérance d'une transformation d'un monde dont on viendrait, tout à coup, d'entrevoir la clé.

Gianni revint souvent ici ; il y traîna des heures entières, parfois seul, quelquefois avec des copains, souvent avec l'aumônier. Il avait pris l'habitude de parler librement de ces choses qu'un adolescent confie peu, de ses parents et de sa difficulté à communiquer avec eux, de ses amours et de ses nuits blanches, de la tristesse et de la solitude qu'il trimbalait à l'école. Ici, il ne craignait pas d'être jugé, renvoyé à son inexpérience et aux conventions sociales. On ne lui donnait guère de conseils et l'on ne prenait jamais de ces décisions sentencieuses que l'on sait inapplicables... L'on parlait sans crainte, avec la certitude d'être écouté et compris, et l'on en sortait différent ; un peu moins amer, un peu plus serein. C'est à cette époque que Gianni commença à tenir son journal, comme pour prolonger ces moments et se sentir exister au-delà de ces quelques murs où il était maintenant tout à fait chez lui. Il ne savait pas encore qu'il y avait quelque complaisance narcissique dans cette tendresse vis-à-vis de lui-même ; à contempler ainsi si souvent son intériorité, il finissait par ne tolérer qu'avec difficulté les contingences imposées par cette vie quotidienne qui lui apparaissait de plus en plus factice. Il ne supportait plus les repas en famille et s'y cantonnait dans un mutisme désapprobateur ; la cour de récréation, les copains et le chahut lui pesaient et il préférait l'isolement dans quelque coin retiré où il relisait les dernières pages de son journal. Pendant les cours, il ne songeait plus qu'à ce qu'il allait dire, tout à l'heure, à cinq heures, à l'aumônerie ; il retournait dix fois, cent fois les mêmes formules, inquiet de ne pas capter l'attention, de décevoir leur attente. La vraie vie, sa vie, se réduisait maintenant à ces quelques

1. La formule est de D. HAMELINE, *La liberté d'apprendre, situation II*, Éditions ouvrières, Paris, 1977 (p. 43).

moments de fraternité idéale où il sentait battre le cœur du groupe, où tout le reste, tout à coup, disparaissait, réduit à n'être plus qu'objet d'un discours qui l'enveloppait chaudement.

C'est à l'occasion d'une discussion sur l'école que l'aumônier avait, pour la première fois, parlé de ROGERS... ; incidemment, et comme par inadvertance, il avait évoqué l'hypothèse que le type de relations qui s'était établi ici pourrait aussi fonder des rapports pédagogiques d'un type nouveau. Gianni n'avait pas relevé, craignant d'être importun ; s'il n'en disait pas plus, c'est que l'affaire n'était pas mûre... mais, à ses quelques secondes d'absence, l'aumônier dut sentir qu'il avait éveillé l'intérêt. Il le retint une minute à la fin de la réunion :« Jette un coup d'œil là-dessus, lui dit-il, c'est intéressant... ». Le livre était épais et avait l'air sérieux ; son titre avait un goût un peu provocateur, *La liberté d'apprendre,* souligné par un sous titre quelque peu mystérieux : « Justification d'un enseignement non-directif »[1]. L'association du terme « enseignement » et de l'adjectif « non-directif » laissa Gianni songeur... On pouvait donc concevoir une classe où le maître abandonne le pouvoir, où il ne cherche pas à reprendre en fascination ce qu'il a abandonné en contrainte, où il y ait à la fois apprentissage et liberté ! Avant même d'ouvrir le livre, Gianni s'interrogea : La « liberté d'apprendre » était-elle aussi la « liberté de ne pas apprendre » ? Un instant, un soupçon d'inquiétude effleura son esprit, mais il le chassa vite et, le soir même, il négligeait son journal pour se plonger dans l'ouvrage. Les auteurs expliquaient que la classe traditionnelle est un univers absurde où le maître détient tous les pouvoirs, où tout élève est un adversaire potentiel qui doit d'abord être écrasé pour ne pas menacer le bon fonctionnement de la distribution du savoir. En face de cela, ils proposaient de définir le maître comme un « facilitateur » à l'écoute de ce qui se vit dans le groupe, attentif à fournir l'aide qui lui permettra de se comprendre, disposé à ne dispenser le savoir qu'à condition que les élèves eux-mêmes l'en pressent. Gianni ignorait alors ce qu'était vraiment la philosophie, mais il eut le sentiment de comprendre ce qui se passait dans les classes que les auteurs décrivaient si minutieusement : l'on se centrait d'abord sur le vécu du groupe, découvrant les obstacles et les pesanteurs relationnelles qui le paralysaient... ; pour aller plus loin, il faisait ensuite lui-même appel aux lumières du maître qui prolongeait ainsi tout naturellement l'expérience commune en apportant les connaissances qui répondaient à une attente manifeste. Chacun des élèves, ainsi stimulé, se mettait alors au travail, recherchant les éléments qui pouvaient lui être utiles pour mieux comprendre ce qu'il était en train de vivre. Tout cela semblait se dérouler dans une parfaite continuité, sans ruptures graves, ni conflits insur-

1. D. HAMELINE et M.J. DARDELIN, Les Éditions Ouvrières, Paris, 1967, (l'ouvrage se propose de rendre compte d'expériences pédagogiques réalisées de 1962 à 1967, avec des classes de terminale, selon les principes « non directifs » proposés par C. ROGERS).

montables, jusqu'au départ du maître, contraint, pour des raisons matérielles, à abandonner une classe qui décidait de continuer sans lui l'expérience entreprise.

Gianni resta longtemps à réfléchir dans son lit, le livre ouvert, posé à côté de lui. Il voyait bien ce qui s'était passé dans ces classes ; il sentait bien que leur expérience était exemplaire... mais il tentait vainement d'appliquer leur principe à l'enseignement des mathématiques ou de la géographie. Il comprenait qu'à se centrer ainsi sur les relations, on puisse naturellement en arriver à ce que le livre nommait la philosophie, mais il n'imaginait pas comment le même chemin pouvait conduire au théorème de PYTHAGORE. Ou alors, supposait-on que tous les élèves désirent apprendre, qu'ils ont une telle soif de connaissances que, livrés à eux-mêmes, leurs penchants les poussent spontanément vers les savoirs les plus élaborés ? Gianni savait bien qu'il n'en était rien. Un jour, peut-être, cela serait vrai... mais, pour le moment, l'école leur avait ôté le goût du savoir, à lui et à bien d'autres. En rapportant le livre à l'aumônier, il ne dit rien de ses interrogations ; il craignait de le décevoir et, peut-être, de compromettre leurs instants de bonheur complice. L'aumônier ne l'interrogea pas : « On en parlera à l'occasion. Mais, puisque ces questions t'intéressent, je t'amène, demain, à Paris. Il y a un colloque, et ROGERS sera là... ». Il s'arrêta, conscient d'avoir dit l'essentiel, le visage et la voix tendus par l'espérance d'une révélation à venir. Gianni en fut attendri.

Il y avait au moins cinq cents personnes, serrées dans une salle trop petite, qui écoutaient avec attention les propos d'un petit homme un peu chauve, d'une apparence assez ordinaire, et que l'on aurait vu volontiers derrière le guichet d'une banque. Il parlait en anglais, mais, grâce à la traduction simultanée, chacun pouvait hocher la tête au bon moment pour manifester son assentiment. Le conférencier parlait pédagogie ; il disait que personne n'a jamais véritablement appris quoi que ce soit à autrui et que le seul apprentissage qui influence véritablement quelqu'un est celui qu'il effectue lui-même, à son initiative[1]. Il expliquait que la qualité des relations entre le maître et les élèves pouvait seule faciliter cette initiative, que le maître devait, par son attitude, valoriser l'élève, l'écouter, lui permettre de se comprendre, mais sans renoncer à être lui-même. A l'écouter, Gianni comprenait bien des choses qu'il avait pressenties jusque-là..., que seul le savoir que l'on a soi-même reconstruit est véritablement appris ; que le jugement extérieur porté sur moi ne me fait jamais changer d'avis et me crispe, au contraire, sur mes positions ; que la seule influence éducative réelle est exercée par celui qui cherche

1. Cf. C. ROGERS, *Liberté pour apprendre ?*, Dunod, Paris, 1973 (en particulier, p. 152).

d'abord à me comprendre et se propose de partir de ce que je suis. Il y avait là, pensait-il, des principes essentiels, incontournables. Et Gianni se débattait intérieurement : cet homme avait raison, il en était sûr ; ce qu'il disait expliquait bien des choses et beaucoup de ses rencontres passées lui revenaient en mémoire. Mais, pourtant, il y avait, il le sentait, un oubli quelque part ; un oubli qui ne tourmentait guère tous les autres participants, un oubli qu'il n'aurait pas su nommer, mais que lui, Gianni, incarnait en quelque sorte dans cette salle. Dans le bruissement des débats sur la psychologie de l'apprentissage, dans les polémiques sur la portée politique de ces thèses, dans les conflits et les appréciations sur la personne même de ROGERS[1], il se sentait à la fois terriblement impliqué et terriblement absent : terriblement impliqué parce que ce que l'on disait des conditions de l'apprentissage, il l'avait éprouvé mille fois ; et terriblement absent parce que l'on n'évoquait jamais ce qu'il convenait d'apprendre et, qu'à les entendre, toute la culture se réduisait à la psychologie. Rien d'étonnant alors à ce que cette valorisation du processus au détriment du contenu de l'apprentissage trouve son expression privilégiée dans ces lieux marginaux où l'on a renoncé à la transmission pour se consacrer à l'écoute. Rien d'étonnant à ce que tous les étudiants en psychologie, les médecins et les aumôniers, s'enthousiasment pour une pensée qui leur fournissait l'idéologie susceptible de rendre compte des pratiques qu'ils avaient mises en place. Pour eux, cela ne faisait aucun doute, écouter suffit à aider... L'objet culturel, le savoir, cela ne compte guère. Mais Gianni, qui savait à quel point il est difficile de vivre sans quelques-uns de ces outils que donne la culture, Gianni qui avait dû se battre pour conquérir ces quelques armes que tous ceux-là semblaient avoir trouvé dans leurs berceaux, Gianni s'inquiétait. Il les comprenait bien ; il partageait leur refus d'une conception du savoir qui n'aurait qu'à se déverser dans l'élève ; il croyait comme eux, que l'attention à l'autre et l'authenticité ne s'excluent pas, qu'elles sont les conditions de réussite de la relation éducative... mais il pressentait déjà que le jour viendrait où tous ceux-là feraient le lit de leurs adversaires, de ceux qui auraient alors beau jeu de dénoncer leur excès pour asseoir leur propre immobilisme.

Il faisait nuit depuis longtemps quand l'aumônier déposa Gianni devant chez lui. Avant de fermer la portière de la 2 CV, Gianni s'était retourné une dernière fois vers celui qu'il ne reverrait guère plus. Il aurait voulu expliquer pourquoi il en était ainsi, pourquoi cette rupture si difficile était le seul moyen de rester fidèle à ce qu'il avait découvert. Mais il hésita et, sans qu'il sache au juste pourquoi, il lança avec quelque grandiloquence : « Vous avez jeté quelques pierres dans mon jardin de ruines ». La phrase lui était venue comme çà, et il en eut honte tout de suite. Il claqua la portière de la voiture et s'enfonça dans la nuit.

1. Nous nous sommes inspiré, pour la description de ce colloque, du colloque de 1966 à Paris, décrit par A. de PERETTI (*Pensée et vérité de* Carl ROGERS, Privat, Toulouse, 1974, en particulier p. 114 et suivantes).

7. Les 10 % de Gianni

Il régnait depuis quelques jours une ambiance tout à fait particulière dans le Centre de Documentation. C'était une grande salle d'étude reconvertie, où quelques livres baillaient dans de longs rayonnages. Le documentaliste avait un petit bureau à l'entrée, et il y accueillait chacun avec ce calme et cette rigueur un peu tendre qui forçaient à baisser la voix. Ils étaient aujourd'hui huit ou neuf dans le bureau, debout, assis par terre ou au coin de la table, à fixer un grand tableau de papier aux nombreuses colonnes encore vides. Gianni était le seul élève de troisième dans ce groupe, essentiellement constitué de terminales, et qui était là depuis plus d'une heure. D'abord, ils avaient épluché les textes, la circulaire du 27 mars 1973, et l'arrêté du 13 juillet : « J'ai décidé de mettre, à compter de la rentrée 1973, 10 % de l'horaire annuel à la disposition des établissements d'enseignement secondaire... Il ne sera pas donné de directives spécifiques pour l'utilisation de ces 10 % car, pour sauvegarder l'esprit d'une telle mesure, il est essentiel que ses modalités d'application soient définies à l'échelon du seul établissement... On ne se limitera pas nécessairement aux structures habituelles, divisions ou classes. L'accent mis sur la convergence des disciplines est intentionnel, il privilégie le décloisonnement[1] ». Dix pour cent, c'était beaucoup..., une semaine par trimestre, une semaine sans emploi du temps, sans contrôles ou interrogations écrites, une semaine d'activités et de création, de sorties et d'enquêtes, une semaine où l'on ne serait pas cloué à son banc six ou sept heures par jour, une semaine où l'on pourrait enfin vivre un peu à l'école. Le documentaliste, en reprenant ses notes, avait rendu compte des longs et difficiles débats du conseil d'établissement ; minutieusement, il avait expliqué les interventions des uns et des autres, avec cette honnêteté qui contraint au respect des positions de l'adversaire ; il avait lu la lettre ouverte, signée de six professeurs, et qui, distribuée quelques jours plus tôt, cristallisait les oppositions : « Les examens sont une réalité, y disait-on, et les enfants y seront affrontés un jour ou l'autre. Si nous ne voulons plus préparer les enfants aux examens existants, il faut le dire clairement... ; à ce moment-là, nous pourrons pratiquer une pédagogie nouvelle, abandonner les leçons et les exercices, pour s'adonner aux voyages et à l'expression corporelle ».

Dans tout autre lieu, un tel discours aurait provoqué sifflements et quolibets, mais ici il provoquait à l'intelligence : les élèves avaient souligné qu'une telle position négligeait tout ce qui, dans des activités de

1. Extraits de la circulaire du 27 mars 1973 et de l'arrêté du 13 juillet signés de M. Joseph FONTANET, alors ministre de l'Éducation nationale.

ce type, pouvait débloquer l'affectivité, réconcilier avec l'école et se répercuter positivement sur les résultats scolaires ; en faisant appel à leur expérience, ils avaient montré à quel point il est vain de confondre le nombre d'heures de cours et le niveau atteint dans une matière[1]. Ils avaient évoqué ces longues périodes où le savoir glissait sur eux sans pénétrer, suivies de ces brefs moments où, à la faveur d'un climat de confiance, d'un mot adéquat, d'une métaphore opportune, tout était rattrapé. Sous cet angle, les 10 % c'était l'occasion ou jamais, l'occasion de perdre du temps pour en gagner ! D'autres firent remarquer que, au demeurant, permettre à des élèves de tâtonner ensemble, de construire quelque chose en commun, ne pouvait que mieux les armer en face d'une difficulté et même, – pourquoi pas ? – leur permettre d'affronter plus sérieusement la copie d'examen. Le documentaliste écoutait en prenant des notes. Quand on se tourna vers lui, il leva la tête et avança, avec cette modestie sereine qui donnait toujours à son auditoire le sentiment de se reconnaître et de se dépasser dans ses propos, que ce qui se tramait derrière tout cela c'était une vieille et fausse opposition entre le travail, efficace mais ennuyeux, et le loisir, intéressant mais improductif. Il montra que cette opposition n'avait pas de fondement psychologique puisque le petit enfant était capable de dépenser une énergie considérable dans une activité dont on ne pouvait jamais dire avec certitude si elle était un travail ou un jeu. Il souligna que cette alternative factice devait, vraisemblablement, trouver son explication dans la division sociale du travail et en refléter une autre, plus ancrée dans les mentalités, celle du producteur et du consommateur ; et il conclut que, effectivement, militer pour les 10 %, c'était aussi et surtout refuser une idéologie du travail qui serait, par nature, punition, obligation, contrainte.

Gianni n'était guère intervenu jusque là ; dans le groupe, il était le plus jeune et même si, au hasard de son histoire, il avait déjà rencontré bien des thèmes que l'on développait ici, il restait impressionné par l'aisance et l'aplomb des élèves de terminale. En réalité, il brûlait d'impatience... Puisque les professeurs rechignaient, puisque les moins hostiles se réfugiaient derrière les difficultés d'organisation, puisqu'il y avait ici un groupe décidé à prendre les choses en main, il fallait retrousser ses manches et construire un projet suffisamment crédible pour emporter l'adhésion. Ils y travaillèrent pendant trois semaines, oubliant de manger, ne quittant l'école qu'à la nuit tombée, revenant le samedi après-midi. Ils dépouillèrent des dizaines de guides et de catalogues, téléphonèrent à des dizaines d'entreprises et de musées, écrivirent à des élus et à des journalistes, rencontrèrent les animateurs de la M.J.C. et ceux du Centre social... Il fallait occuper six cents élèves pendant une semaine, six cents élèves à qui l'on devait proposer des activités qui

1. Ce fait, que chacun peut repérer empiriquement, a été confirmé par les travaux de M. Cherkaoui : *Les paradoxes de la réussite scolaire*, P.U.F., Paris, 1979.

soient occasion de découverte et d'enrichissement ! Sur le tableau de papier du Centre de documentation, les colonnes se remplissaient peu à peu : à une journée de travail avec des comédiens, s'ajoutaient une sortie mycologique et une conférence sur la peinture flamande. Quand le tableau fut rempli et que près de cent activités furent programmées, l'équipe au complet ajusta son plan de bataille : édition du projet sous forme d'une plaquette, distribution de celui-ci à tous les élèves et à tous les professeurs, demande de rendez-vous au chef d'établissement, coups de téléphone aux responsables des associations de parents d'élèves... Le processus engagé, chacun fut absorbé dans la spirale : il fallait convaincre, et aucun moment ne devait être perdu ; il fallait informer et l'on ne cessait de courir d'un étage à l'autre, rapportant telle réaction, faisant part d'un espoir ou d'une déception. Les jours qui précédèrent le conseil d'établissement fatidique, le téléphone, chez Gianni, ne cessa pas de sonner. Son père, d'abord circonspect, était maintenant terriblement agacé, et le plaisir incontestable que prenait Gianni à toute cette agitation faisait monter en lui une colère qu'il réprimait avec peine. L'affaire, pourtant, était loin d'être finie ; après l'accord du conseil, il fallut démarcher, un à un, les professeurs pour que chacune des activités ait un responsable ; on fit appel aux parents pour boucher les trous et, devant l'insuffisance de l'encadrement, l'on se résigna à réduire la semaine à trois jours.

Le matin décisif, il faisait froid et il pleuvait. Pourtant, dès sept heures, Gianni attendait à la porte du collège. Il avait une pile de tracts rédigés à la hâte la veille au soir ; sur chacun d'eux des indications techniques sur la manière de s'inscrire aux activités et un avertissement qui résonnait longtemps dans la tête des gamins qui s'arrachaient le papier : « Ces journées sont l'occasion de prouver qu'une autre école est possible ! Aidez-nous à ce qu'elles soient une complète réussite. Pensez à la façon dont on pourrait utiliser notre échec... Nous avons besoin de vous ! L'École, c'est vous ! A vous de jouer ! » Au deuxième étage, à côté de la salle des professeurs, on avait aménagé une classe où chaque gamin devait venir composer son programme et recueillir les informations le concernant. C'était une bousculade indescriptible. Dans le couloir, quelques professeurs désapprobateurs observaient le spectacle, cachant mal leur satisfaction de voir ainsi les organisateurs débordés. Ceux-là, pensa Gianni en rejoignant le « comité d'organisation », font le plein d'arguments pour le prochain round. Malgré tout, petit à petit, chaque activité parvint à démarrer et, vers dix heures, il ne restait plus que trois élèves à qui l'on proposait désespérément de s'inscrire dans la seule activité qui disposait encore de places, une projection de diapositives sur la dérive des continents... Mais ils s'obstinaient à exiger la visite d'un studio de cinéma, qui était déjà partie depuis trois quarts d'heure. Finalement on transigea, et Gianni les accompagna jusqu'à l'atelier-photo, déjà surchargé mais qui consentit néanmoins à les accepter.

Contrairement aux prévisions des prophètes de malheur, l'école, dès lors, sembla plutôt s'engourdir. Pas de cris, ni de cavalcades dans les escaliers, pas d'élèves se battant dans les couloirs ni de projectiles qui jaillissaient des fenêtres. Un calme étrange, inhabituel en ce lieu, se fit progressivement. La sonnerie qui d'ordinaire, précipitait dans la cour une meute excitée, résonnait sans déclencher de réactions ; à midi et quart, quelques petits groupes descendirent en discutant et se dispersèrent dans le calme. Le soir, un peu partout dans les classes, l'on resta à discuter, à finir une maquette, à répéter encore une fois une pièce de théâtre, à visionner les séquences d'un film, et Gianni ne rentra que fort tard, après avoir éteint la lumière partout et vérifié une dernière fois la liste des activités du lendemain. Il se coucha sans manger mais, malgré ou à cause de la fatigue, ne parvint pas à s'endormir. Il avait tenu l'école entre ses mains ; pendant quelques heures encore, elle allait être à eux... Il tenta de se laisser envahir par ce qu'il craignait de nommer le bonheur mais, très vite, se remit à compter les salles qui seraient disponibles, mercredi matin, pour les ateliers sur la presse[1].

De l'avis général, l'opération avait été une réussite. Certes, les grincheux habituels n'avaient pas manqué de faire remarquer que la quantité de travail fournie par le « comité d'organisation » l'invalidait partiellement et signalait, à son insu, qu'elle n'était guère reproductible. Mais la preuve avait été faite que les 10 % pouvaient exister, qu'ils devaient exister, non parce qu'un décret venant du Ministère les avait suggérés, mais parce que les élèves, à la base, les avaient voulus et les avaient rendus possibles. Et pourtant – était-ce la nostalgie ou le pressentiment ? – la réunion de bilan convoquée par le documentaliste était quelque peu morose : il y avait bien là cinquante personnes, une vingtaine de professeurs et les délégués de classe, le directeur et le surveillant général et deux représentants des parents d'élèves. La parole était aux professeurs et, les uns après les autres, ils soumettaient l'auditoire à ce genre de chaud et froid dont Gianni avait maintenant l'habitude : « Certes, cela était intéressant et les élèves avaient témoigné d'un grand sens de la responsabilité, mais il faudrait plus se soucier dorénavant d'inscrire les activités proposées dans les programmes scolaires »..., « Certes, il y avait eu des apprentissages réalisés, mais faute de s'inscrire dans un projet global, de n'être ni préparées ni exploitées systématiquement en cours, les activités n'avaient permis qu'une sensibilisation somme toute assez sommaire »... Au fur et à mesure des interventions, Gianni pressentait ce qui se jouait là : la fête de ces trois journées,

1. Pour la description de ces 10 %, nous nous sommes appuyé, outre nos souvenirs personnels, sur l'article de Jacek Rzewuski « 10 % de liberté, qu'en avons-nous fait ? », *Entre Nous*, n° 42, mars 1974.

échappant à toutes les contraintes scolaires, s'éloignait à jamais, rejetée par une institution qui ne pouvait tolérer longtemps un projet si différent du sien. Et il comprenait, Gianni, que ces professeurs avaient raison, qu'ils cherchaient légitimement à exercer leur mission et que s'envolait le rêve d'une école festive[1]. On allait scolariser la fête, la réduire à un simple support, à quelques simulacres où elle perdrait tout son sens. L'évolution était inéluctable et ne tarderait pas à trouver les formes institutionnelles susceptibles de la consacrer ; à l'horizon se profilaient les « projets d'actions éducatives »[2] qui tenteraient d'associer la liberté d'initiative et la contrainte des programmes ; il entrevoyait cette kyrielle de propositions généreuses qui chercheraient à concilier des projets mobilisateurs et des apprentissages repérables... Les professeurs poursuivaient leur péroraison ; les élèves du « comité » échangeaient quelques regards mélancoliques. On commençait à somnoler et, pourtant, le documentaliste, attentif, prenait des notes.

Plus tard, à la sortie, dans le petit bureau où l'effervescence des dernières semaines avait laissé la place à la nostalgie, il avait, comme à son habitude, résumé l'essentiel : « Le danger est que l'école, faute de pouvoir rénover l'ensemble de ses méthodes d'enseignement, se clive en un double réseau : d'un côté, des propositions alléchantes chargées de répondre à une demande affective des élèves, mais qui, en raison même de l'investissement dont elles seront l'objet, ne toléreront guère la programmation des apprentissages et encore moins l'évaluation des acquisitions. De l'autre côté, un enseignement traditionnel qui se trouvera surinvesti de sa mission didactique et fera de la contrainte et de l'ennui les critères de sa validité. D'un côté, ce qui motive et passionne, mais ne saurait se soumettre aux programmes sans risquer de trahir la confiance d'élèves qui verraient alors leurs intérêts réduits à de simples prétextes. D'un autre côté, la présentation d'objets culturels, imposés arbitrairement, avec le sérieux convenu et la volonté d'ignorer la motivation jugée toujours superficielle... Et, à terme, le risque d'une fuite en avant vers la simple juxtaposition des contraires, le conflit où chacun ne cherchera plus qu'à puiser dans les insuffisances de l'adversaire les justifications de ses propres pratiques. » Gianni resta longtemps, au coin de la rue, avec cet homme étrange qui, après les avoir soutenus de toute sa compétence, pointait avec autant d'acuité les risques de leur entreprise. Il le lui fit remarquer timidement ; le petit homme s'étonna, rappela que la grande affaire, il l'avait soulignée dès le premier jour, était de parvenir à associer

1. Cf. Daniel HAMELINE, *Le domestique et l'affranchi*, Éditions ouvrières, Paris 1977, (pp. 167 et suivantes).

2. Les P.A.E. instaurés par la circulaire du 24-8-1981, donnent aux établissements scolaires la possibilité et les moyens financiers pour mettre en place des activités susceptibles d'apporter un éclairage interdisciplinaire et une dimension expérimentale aux programmes scolaires.

l'apprentissage et l'intérêt, et de ne surtout pas spécialiser les êtres et les structures, les moments et les lieux, dans une seule de ces fonctions qui seraient alors rendues toutes deux impossibles. Quand il parla de médiation, Gianni sentit bien qu'il y avait là une clé, mais il n'en voyait pas encore les contours. Il se promit de reprendre la discussion.

Mais on ne tient pas toujours ses promesses ; surtout quand la banalité quotidienne vous englue jusqu'à vous faire oublier l'essentiel. Quand il retourna, plusieurs mois plus tard, au Centre de documentation, le documentaliste était parti ; son successeur, une femme compétente et formée spécialement à cette tâche, ne fut pas mécontente de lui annoncer qu'il avait repris ses études de philosophie. On était assuré que là, au moins pour quelque temps, il ne sombrerait pas dans l'agitation stérile.

8. Gianni poursuivi par les sociologues

Gianni, qui était depuis longtemps un fidèle lecteur de Tintin, savait que les policiers allaient toujours par deux ; mais, en cet hiver un peu triste où il désespérait de l'école et traînait son ennui dans un petit café oublié au fond d'une ruelle sombre, il découvrit que d'autres individus aussi allaient toujours par deux.

La patronne du bistrot fermait tous les jours à trois heures ; après deux heures de presse, elle tirait la targette, mettait un torchon propre en guise de nappe au bout d'une des trois tables et s'installait là, devant un plat unique confectionné à la hâte la veille au soir. Gianni, souvent, restait à côté d'elle, assis près du poêle, à la regarder manger. Mais aujourd'hui, il n'était pas seul ; à l'autre bout de sa table, deux étudiants avaient continué à travailler, devant des piles de papier et de livres. Ils n'étaient pas très jeunes pour des étudiants ; vêtus de costumes de velours sous lesquels ils portaient tous les deux un pull-over à col roulé, ils discutaient sans jamais élever la voix. L'un et l'autre s'exprimaient avec sûreté en détachant les syllabes et, quoique Gianni n'écouta pas leur conversation, il avait noté cette fermeté dans le ton qui donnait à leurs propos l'allure d'une démonstration mathématique. C'est en se levant pour débarrasser son assiette que la patronne leur adressa la parole : « Vous devriez causer avec lui ; il en connaît long sur votre sujet ». Le plus grand des deux avait relevé la tête pendant que l'autre corrigeait minutieusement quelque chiffre sur le grand tableau qu'ils étudiaient ensemble : « Vraiment ?... Alors il pourrait nous donner son avis là-dessus ? ». Gianni, pris de court, fit un léger signe de tête pour manifester son refus, mais la patronne, en revenant chercher son verre et ses couverts, repartit à l'assaut : « Parce que l'échec scolaire, en dehors de vos statistiques, vous n'en connaissez pas grand chose. D'ailleurs, c'est drôle que vous travailliez là-dessus, vous qui avez toujours été de si bons élèves... Et je suis sûre que vous allez encore être très brillants, le jour de votre thèse. Alors faudrait l'écouter un peu parce que, au fond, c'est grâce à lui, tout ça... ». Les étudiants, visiblement, connaissaient la patronne et prenaient plaisir à son franc-parler ; ils eurent un sourire complice qui témoignait de leur satisfaction... Ils venaient ici goûter ce qu'ils prenaient pour le peuple et l'agressivité bon enfant dont ils étaient victimes semblait les réconforter. Ils ne se mettaient jamais en colère et se tiraient de toute situation difficile par un mot d'humour auquel la patronne répondait, en essuyant ses tasses, par un petit haussement d'épaules. « Tu sais, c'est un peu notre psychanalyste », dit le plus petit à l'adresse de Gianni, « et notre mauvaise conscience, on ne peut pas s'en passer », reprit l'autre.

La discussion s'était engagée très vite. Enfin, pour le moment, c'était plutôt un monologue et, même si les deux étudiants se passaient régulièrement le relais, leur discours se poursuivait avec une telle rigueur que toute intervention aurait été inutile. L'école, expliquèrent-ils, est un « appareil idéologique d'État »[1], qui contribue à pérenniser l'organisation de la société capitaliste, la division en classes et l'oppression du prolétariat ; son objectif est de préparer au pouvoir les fils de la bourgeoisie et d'enseigner aux autres la résignation. On prétend apprendre aux enfants un savoir universel, lire, écrire et compter ; en réalité, on apprend aux uns à commander et à manier les justifications idéologiques de leurs privilèges ; on apprend aux autres à obéir et à intérioriser la servitude au point de la considérer comme naturelle. « L'égalité des chances » permet aux favorisés, à ceux qui disposent des conditions matérielles et culturelles de la réussite, de s'attribuer les meilleures places avec la bonne conscience que procure le sentiment d'être le plus « méritant ». Au besoin, et si l'invocation des mérites ne suffit pas, on fera appel à la théorie des dons, découvrant avec naïveté que la distribution de ceux-ci recouvre celle de l'argent et des responsabilités sociales. Proclamer que chacun peut réussir, ouvrir largement les portes de l'enseignement secondaire, valoriser le travail et l'effort, tout cela ne sert à rien puisque ce qui structure l'école, c'est sa fonction d'appareil idéologique. Avoir fait entrer à l'école les enfants du prolétariat, qui ne disposent d'aucun des outils permettant d'y réussir, a ainsi eu pour effet de légaliser leur exclusion des responsabilités sociales, d'éteindre leurs velléités révolutionnaires, puisqu'ils sont persuadés, en sortant, « qu'ils ont eu leur chance et que, après tout, c'est de leur faute s'ils ne l'ont pas saisie ».

Gianni avait écouté avec une extrême attention et le sentiment qu'il aurait dû commencer par là ; les hasards de son histoire personnelle l'avaient égaré quelque temps sur les chemins de l'utopie. On venait le rappeler à la réalité, et avec quel brio ! La démonstration était inattaqua-

1. L'expression est de Louis ALTHUSSER, dans un article célèbre : « Idéologie et appareils idéologiques d'État : sur la reproduction des conditions de la production », *La Pensée*, Juin 1970.

ble... Et dire qu'il avait imaginé de devenir professeur ! Il suffisait d'écouter ces sociologues pour comprendre qu'il s'était bercé d'illusions. D'ailleurs, il aurait beau faire et apprendre, il ne parlerait jamais comme eux. Mais il ne put guère s'adonner longtemps à ces réflexions amères et il succomba très vite sous une avalanche de chiffres. De grands savants, toujours par couples[1], avaient établi avec certitude qu'un fils de cadre avait dix fois plus de chances d'entrer dans l'enseignement supérieur qu'un fils d'ouvrier agricole[2] ; que, dès la fin de l'école primaire, les bons élèves étaient quatre fois plus nombreux parmi les enfants des professions libérales que parmi les enfants d'ouvriers... Les tableaux succédaient aux courbes, renforçant à chaque page la pression de l'inéluctable. Gianni tentait de suivre, mais son attention s'engourdit vite et son regard se déplaça doucement des livres et des papiers vers le visage et les mains de ses interlocuteurs. Il y avait en eux quelque chose qui le fascinait : tout cela était en parfaite harmonie et semblait réglé comme un ballet, complètement détaché des êtres qui parlaient et du contenu de leur discours..., juste le contraire de son père, toujours tout entier dans ce qu'il disait, collant avec les mots au point que ceux-ci, parfois, lui explosaient dans la bouche. Le détachement, ici, était érigé en art de vivre et garantissait contre toute agressivité importune. Ceux-là, se dit Gianni, peuvent se payer de la distance et soigner l'esthétique.

Petit à petit, la discordance s'immisca cependant entre ses deux interlocuteurs. Question de sensibilité, sans doute. Le plus grand parlait résolument économie, milieu géographique, structure des emplois, filières scolaires ; selon lui, les conditions de salaire et d'habitat, le coût de la culture et celui de la scolarité étaient absolument déterminants. Le second, en revanche, soulignait que les choses se faisaient de façon moins mécanique et plus diffuse, que la présence de quelques cas d'enfants ayant échappé à leur destin suggérait la présence de facteurs moins directement discernables ; il mit en avant le fait que la demande de scolarisation différait selon les milieux sociaux et que, dans le cas d'élèves « moyens », les parents cadres supérieurs imposent la poursuite des études, alors que seulement un tiers des parents ouvriers l'envisagent. Gianni écouta leurs arguments avec quelque intérêt ; un peu de rivalité les opposait maintenant et, tout en s'attachant à garder le recul nécessaire, ils échangèrent quelques propos un peu plus secs : « C'est un fait incontestable, une théorie validée par des recherches expérimentales »..., « L'on ne peut se contenter de ce qui est quantifiable ; certaines

1. Cf. P. Bourdieu et J.C. Passeron, *Les Héritiers*, Paris, Éditions de Minuit, 1964, et la *Reproduction*, Paris, Éditions de Minuit, 1973 C. Baudelot et R. Establet, *l'École capitaliste en France*, Paris, Maspero ; A. Girard et H. Bastide, la stratification sociale et la démocratisation de l'enseignement, in *« Population » et l'enseignement* (I.N.E.D.), P.U.F., Paris, 1970 ; S. Bowles et H. Gintis, *Schooling in Capitalist America*, Basic Books, New-York, 1976.

2. 9, 3 exactement, pour l'année 1971-1972 ; les chiffres n'ont malheureusement guère évolué depuis.

choses échappent à la mesure, il nous faut néanmoins les prendre en compte »..., « L'économique, quoiqu'on en dise, reste la détermination en dernière instance »..., « Certaines attitudes retentissent sur l'économique et peuvent contribuer à le modifier ». Le débat devint confus ; Gianni sentait vaguement que ce qui se jouait, c'était, à l'horizon, la nature de leur « révolution » : l'un voulait s'emparer du pouvoir économique, l'autre s'attaquer aux mentalités... Mais l'un et l'autre convinrent que le changement ne pouvait être que radical.

Sur ce consensus, ils commandèrent un chocolat et la démonstration put reprendre : l'École, en tant que telle, ne disposait d'aucune autonomie, elle reproduisait les rapports sociaux et les enseignants, en son sein, pauvres acteurs sans pouvoir, jouaient un rôle qui leur était imposé. L'on ne pouvait rien changer avant de tout changer. Gianni baissa la tête mais l'abattement, en lui, céda le pas au souvenir ; des images dansaient devant ses yeux, images de solitude et d'exclusion ; des mots retentissaient à ses oreilles, paroles de rupture et de mépris... On les excusait à trop bon compte, tous ceux-là qui n'avaient jamais raté une occasion de lui faire sentir qu'il n'était pas des leurs ! Car, depuis le début, il avait su repérer avec qui, dans la classe, le maître entretenait ces rapports complices auprès desquels les résultats scolaires eux-mêmes pesaient bien peu. Il savait percevoir toute cette gymnastique des corps, des langages et des regards, ces clins d'œil qui s'échangeaient sur un mot, un vêtement, une manière de marcher ou de s'asseoir et qui clivaient la classe entre les élus et les autres. Il connaissait bien ceux d'en face : les « brillants » dont l'humour avalise le pouvoir qu'ils contestent et qui agressent le professeur avec une connivence entendue qui leur permet de se réconcilier avec lui à la sortie ; les « bons élèves » qui savent capter l'attention, se faire interroger dix fois dans l'heure, apitoyer le maître sur leurs difficultés et se faire louer pour leurs efforts ; les « cancres », qui savent transformer leur nullité en séduction, attirer sur eux tous les regards et s'en tirer par une pirouette. Il y avait eux... et puis les autres : ceux qui entrent dans la classe avec le sentiment diffus d'être sur le terrain de l'adversaire ; ceux qui pataugent pendant que le maître parle et paniquent dès que ses yeux arrivent sur eux ; ceux qui agressent sans réfléchir, avec cette immédiateté irresponsable qu'attire le sentiment de n'être pas reconnu ; ceux qui sont pris dans la logique de l'échec, réduits à la provocation et au chahut stérile pour exister quelque part ; ceux qui sont incapables de faire montre de cette faculté tant prisée à l'école, où la virtuosité du résultat abolit, en un instant, le labeur de sa préparation.

Car Gianni avait compris que ses maîtres n'aimaient pas le travail ou plutôt qu'ils n'aimaient que ceux qui étaient capables de cette « dénégation esthétique »[1] au nom de laquelle les produits « scolaires » se

1. L'expression est de P. Bourdieu, dans *La distinction*, Éditions de Minuit, Paris, 1979 (p. 222).

trouvent dévalorisés sur le marché de l'école. En valorisant ce qu'ils nommaient « l'aisance », « la facilité d'élocution », « la compréhension en profondeur », ils méprisaient ceux qui, comme lui et les siens, avaient avec le travail une empoignade quotidienne qui laissait des traces et des rancœurs. Gianni avait dû affronter souvent cette incompréhension, cette surprise devant la différence qui, bien vite, cédait la place au rejet ; il avait mesuré à quel point les petits groupes, loin de neutraliser ces phénomènes, les réactivaient le plus souvent : il s'y sentait une meilleure cible et n'avait plus la possibilité de se fondre dans la masse... Quand la relation personnelle avec le maître prenait le pas sur le rapport didactique, l'exclusion se faisait angoisse[1].

Près de lui, la démonstration se poursuivait, le fatalisme tranquille des étudiants distribuait les excuses et renvoyait au grand soir la moindre perspective de transformation. Pourtant, Gianni ne pouvait pas croire que rien n'était possible... Leurs statistiques, après tout, ne décrivaient les choses qu'une fois que celles-ci avaient été accomplies. Pourquoi supposaient-ils qu'aucun maître, jamais, ne tenterait de casser le jeu ? Les lois dont ils parlaient auraient dû s'imposer avec plus de modestie ; elles étaient, tout au plus, descriptives de ce qui se passait dans une situation où les personnes, inconscientes ou résignées, avaient renoncé à avoir le moindre poids sur les choses ; elles donnaient à voir le passé, c'est certain, mais on ne voyait pas pourquoi elles prétendaient régenter l'avenir. D'ailleurs, les deux étudiants qui péroraient toujours ne semblaient pas avoir, dans de telles conditions, un si mauvais avenir... Et, après tout, peut-être avaient-ils raison de ne pas tenir à le changer ?

9. Gianni dans la ligne de tir des objectifs

Passé le premier moment de surprise, Gianni comprit vite que cet outil-là pouvait être un efficace contre-poison. A ces cours interchangeables où il tentait à grand peine de deviner ce que l'on attendait de lui, à ces situations molles où aucune arête vive n'émergeait jamais, le maître avait substitué la clarté et la rigueur. Aujourd'hui, il avait écrit dès le début de l'heure, tout en haut du tableau, à côté du mot « objectif » : « A l'issue de la séquence, vous serez capables d'identifier le pronom relatif dans la proposition subordonnée relative ». Sous l'objectif, une grande

1. Il est en effet établi que la baisse des effectifs, dans l'état actuel de la situation pédagogique, n'entraîne pas de facto une augmentation du niveau des élèves (cf. A. de Peretti, « Taille de la classe, résultats des élèves et vie scolaire », in *École et socialisme*, n° 29, décembre 1983) ; par ailleurs il apparaît qu'une diminution de la taille des classes bénéficierait plutôt aux enfants des milieux favorisés (cf. M. Cherkaoui, *Les paradoxes de la réussite scolaire*, P.U.F., Paris, 1979).

flèche verticale conduisait, tout en bas du tableau, à l'évaluation : « Relever les dix pronoms relatifs contenus dans un texte ; indiquer, pour chacun d'eux, son antécédent et sa fonction. L'épreuve est individuelle et écrite ; elle dure quinze minutes et la consultation d'aucun document n'est autorisée. Une seule erreur commise entraînera la reprise de l'apprentissage ». Comme chaque fois, le maître distribua ensuite l'épreuve d'évaluation finale et chacun se mit au travail. Évidemment, effectuer l'évaluation, comme cela, à chaud, en début de cours, avant même d'avoir engagé l'apprentissage, pouvait paraître curieux ; mais Gianni s'était vite habitué à l'exercice : il savait qu'avec un « sans faute », il irait au Centre de documentation poursuivre la préparation d'un exposé ; il savait surtout que, tout à l'heure, à la fin du cours, il reprendrait cette évaluation, qui aurait attendu une heure et demie au bord de sa table, et pourrait observer ses progrès... à l'écart entre ses nouvelles réponses et les anciennes ; il mesurerait l'ampleur de l'apprentissage et le temps passé serait alors marqué d'un peu d'histoire : les acquisitions, ici, étaient repérables et cela mobilisait son énergie.

Trois élèves aujourd'hui avaient été dispensés de cours, le test initial ayant prouvé leur maîtrise de l'objectif. Ils quittèrent la classe avec un peu de regret, et le devoir d'être, ailleurs, à la hauteur de la confiance qui leur était manifestée ici. Gianni, qui n'avait jamais su ce qu'était un pronom relatif, resta avec les autres... ceux qui, comme lui, avaient tout à apprendre et quelques-uns qui savaient déjà, mais dont l'inquiétude avait un peu faussé, délibérément ou non, le résultat du test. Il chercha quelques secondes, à identifier ces derniers, mais fut interrompu par la voix du professeur qui, debout à côté du tableau, annonçait : « Pour atteindre l'objectif que nous nous sommes fixés, il y a trois pré-requis indispensables : vous devez maîtriser la définition du pronom, connaître les différentes fonctions, verbales et nominales, dans la phrase et savoir repérer une proposition subordonnée. Voici une fiche qui vous interroge sur chacun de ces trois pré-requis et, selon les résultats que vous y obtiendrez, vous viendrez chercher les documents de travail correspondants. S'il s'avérait que vous maîtrisiez parfaitement ces notions – ce qui serait normal puisqu'elles ont fait l'objet de précédentes séquences – nous engagerons tout de suite l'apprentissage prévu aujourd'hui ». Le convoi s'était ébranlé ; il fallait que Gianni y monte en vitesse car il n'était pas question ici de prendre le train en marche : les fiches individuelles de travail succédaient aux consignes collectives, les tableaux à compléter aux questionnaires à choix multiples, les schémas colorés aux textes à découper. De temps en temps, le maître interrompait cette activité de fourmillière pour une explication qui s'adressait à tous ; il analysait, à l'aide du rétroprojecteur, une phrase extraite d'un exercice : il superposait les couleurs et le texte s'animait, stimulant les élèves qui reprenaient leur travail aussitôt.

Gianni, au début, se laissa porter par le mouvement puis il se prit au jeu : il y avait dans la démarche un volontarisme contagieux qui vous entraînait malgré vous, une puissance de conviction plus forte que le destin qu'on lui avait collé à la peau. Il avait connu bien des éducateurs, aux intentions générales et généreuses, qui s'étaient proposés de travailler à son épanouissement mais, en se contentant de belles formules, ils avaient, le plus souvent, entériné ses échecs : dans le fond, point n'était besoin de connaître les pronoms relatifs pour être une « personne pleinement réussie » ! « Le beau discours », pensait Gianni ! Tellement facile à tenir quand on fait partie de ceux qui se sont emparés de la connaissance et qui peuvent, maintenant, paraître en dédaigner les effets ! Si, au moins, ils avaient offert quelque chose en échange ! Mais on se satisfait volontiers d'intentions quand le projet échappe à la mesure et que la prétention même du discours décourage l'évaluation. Ici, on était revenu à plus de modestie : le maître annonçait le résultat attendu en des termes qui ne souffraient aucune équivoque ; il évitait ces formules vagues qui ne parlent qu'à ceux qui connaissent déjà ce qu'on leur demande d'apprendre. « Tu dois savoir tes leçons ! », lui avait-on répété depuis toujours... mais comme, évidemment, il ne pouvait s'agir de les apprendre par cœur, il n'avait jamais su ce que c'était que « savoir ». Il lisait ses leçons une ou deux fois et, puisqu'il ne disposait d'aucun critère lui permettant d'affirmer s'il les savait ou non, refermait son livre, perplexe, persuadé d'avoir mal fait mais incapable de faire mieux. Parfois, au hasard d'un couloir ou d'une récréation, il avait entendu certains de ses camarades expliquer que leur mère ou leur frère les interrogeaient sur une définition, leur faisaient compléter un schéma, retrouver la légende d'une illustration, reconstituer le plan d'un chapitre ou même effectuer quelques exercices... c'était plus facile ainsi. Mais « savoir » ne voulait rien dire, même si l'on y ajoutait l'un de ces adverbes que les professeurs affectionnaient tant ; « savoir vraiment, réellement, profondément, quelque chose » lui était toujours apparu des formules vides de sens, et le froncement de sourcils qui les accompagnait le plus souvent ne suffisait pas à les rendre intelligibles au gosse qui n'avait personne à la maison pour l'interroger. A tout prendre, finalement, Gianni préférait les professeurs qui donnaient beaucoup de travail ; il ne le faisait pas toujours, mais il savait à quoi s'en tenir. Il avait compris ce paradoxe étonnant selon lequel moins l'on donne de travail aux élèves, et plus ils en ont : car il leur faut découvrir alors, eux-mêmes, toutes les étapes intermédiaires, se fabriquer les exercices d'application, s'inventer des évaluations. Pour lui qui — comme ses bulletins trimestriels le rappelaient invariablement depuis dix ans — « ne savait pas travailler », il était des énoncés dont la globalité ne laissait entrevoir aucune activité précise : « faire un exposé », « établir une synthèse », « réviser un chapitre », « se remettre en mémoire les acquisitions du trimestre »..., tout cela, il ne savait jamais par quel bout l'attraper. En revanche, qu'on lui demandât de souligner, de classer, de compléter une phrase ou un schéma, d'identifier, d'opposer, de découper, de relier... et, pour peu qu'il entrevît un point de départ, quelque chose de plus familier où prendre appui, il se mettait alors en route. Évidemment, tout n'était pas résolu pour autant et le découragement pointait dès qu'une consigne obscure ou un mot inconnu apparaissaient à l'horizon ; mais il suffisait alors au maître d'être attentif et, au moindre fléchissement, d'apporter l'information nécessaire pour que le travail reprît.

Justement, on en était à la délicate question de l'antécédent du pronom relatif et Gianni butait sur ce mot. Il y avait bien quatre exemples sur la fiche et, à partir de leur observation, un énoncé à compléter, mais quelque chose l'inquiétait néanmoins ; il avait le sentiment de laisser échapper un détail qui lui aurait permis d'avancer plus sûrement. Il appela le professeur qui jeta un œil sur sa fiche et le rassura d'une tape amicale sur l'épaule : « C'est très bien, Gianni ; tu peux poursuivre ». Mais, précisément, il ne voulait pas poursuivre ; il voulait s'arrêter à ce mot d'antécédent qui sonnait bizarrement à ses oreilles et lui rappelait quelque chose. En l'interrogeant, en acceptant d'interrompre un moment la progression, le maître aurait découvert qu'il fallait ici, pour Gianni, un détour pour l'étymologie ; ce détour lui aurait permis alors de lever un obstacle devant un mot barbare et de remettre en perspective des connaissances éparses antérieures ; ce détour, en réalité, l'aurait outillé quelque peu pour l'avenir, lui permettant plus tard d'accéder à la signification d'un terme en analysant ses racines... Mais il eût fallu accepter un doigt de vagabondage, accepter de dévoyer un moment la programmation en s'attachant à un détail, une anecdote insignifiante au regard de l'objectif poursuivi.

Gianni, après un moment de flottement, reprit son travail. A contrecœur, avec le sentiment d'avoir manqué une occasion. Mais il n'en voulait pas au professeur de l'avoir laissée échapper. Il comprenait que le propre de la clarté et de la rigueur est précisément de faire l'impasse sur ces processus intellectuels invraisemblables qui vous séduisent pour on ne sait trop quelle raison et grâce auxquels vous grimpez, malgré la difficulté, avec plus de vigueur que par le chemin qui progresse tranquillement au-dessous. Le maître avait fait le choix de privilégier la maturation lente et rationnelle et il fallait respecter ce choix, même si l'on pressentait que rien n'est moins régulier que l'évolution intellectuelle et l'acquisition d'une connaissance. La mise en échec de la « pédagogie invisible »[1] et de la transmission sociale, toujours sauvage, des savoirs valait bien que l'on paye ce prix.

L'inquiétude pourtant, un moment apaisée, refit surface au moment de l'évaluation : l'épreuve était facile ou, au moins, le paraissait-elle ; des questions fort simples auxquelles Gianni répondait presque automatique-

1. L'expression est de B. Bernstein ; cf. *Langage et classes sociales*, Éditions de Minuit, Paris, 1975.

ment, des questions fort proches de celles auxquelles il avait répondu, pendant l'apprentissage. C'est cette proximité qui l'inquiéta. Logiquement elle aurait dû le rassurer car il avait suffisamment souffert de ces compositions-mystères qui font déployer aux élèves des trésors d'imagination pour percer à jour, dans les heures qui précèdent, le sujet et la forme de la question. Il comprenait bien que l'annonce de l'objectif en termes d'évaluation était un acquis essentiel ; mais ce qui le préoccupait, c'était le sentiment paradoxal que, depuis le début, il n'avait fait que des évaluations. On avait simplement découpé la question d'ensemble en une infinité de petites questions simples et l'apprentissage s'était réduit au couple objectif/évaluation indéfiniment multiplié. La volonté de contrôler chaque phase de l'acquisition, d'incarner chaque objectif dans un comportement observable lui apparaissait maintenant comme une inquiétante manipulation ; *a posteriori* il se voyait comme un rat dans un labyrinthe, pris entre des électrodes et des boulettes de viande, dirigé à son insu vers une issue que l'on avait choisie pour lui, privé de toute initiative[1]. Le dressage était efficace puisque les réponses devenaient réflexes, mais il ne tarderait pas à sécréter l'agressivité ou l'abandon ; on ne transformait pas impunément un élève en machine sans risquer le pire[2].

Une espérance, toutefois, apparut bientôt. Le professeur de français avait laissé la grammaire et s'était engagé dans l'histoire littéraire. Gianni l'attendait là avec curiosité. Comment allait-il traduire en termes de comportements la compréhension d'un poème, l'émotion ressentie à la lecture d'un roman, le bonheur éprouvé au théâtre ? Les débuts furent décevants. Visiblement, le professeur ne savait pas comment s'y prendre ; il se rabattait sur des comportements bien connus et facilement évaluables dont le plus fréquent était, bien entendu, la récitation par cœur ! Jusqu'au jour où il y eut un déclic : on étudiait La Fontaine et l'objectif annoncé était la « compréhension » d'une fable, objectif bien vague et assez inhabituel dans ce cours ; l'évaluation, elle aussi, était curieuse : « A l'issue de la séquence, vous serez capables de retrouver, dans la liste que je vous fournirai, la morale de la fable étudiée ». La séance fut bizarre et composite : il y eut la présentation d'un petit film réalisé sur la fable, puis la lecture individuelle du texte, un travail personnel de recherche de la définition de certains termes, une mise en groupe qui devait aboutir à la présentation de la fable sous forme de sketch, le choix d'une illustration musicale, la peinture de diapositives pouvant servir de décor, l'organisation d'un débat pour savoir qui, en définitive, avait raison dans l'histoire... Jusqu'à cette évaluation curieuse, étrangement

1. La pédagogie par objectifs a avoué volontiers, à ses débuts, sa parenté avec l'enseignement programmé et les thèses de J.B. SKINNER (cf. V. et G. DE LANDSHEERE, *Définir les objectifs de l'éducation*, P.U.F., Paris, 1976, p. 248 et B.S. BLOOM, *Caractéristiques individuelles et apprentissages scolaires*, Labor et Nathan, Bruxelles et Paris, 1979).

2. Cf. L'analyse de l'expérience de l'Open university rapportée par D. HAMELINE (*Les Objectifs pédagogiques*, E.S.F., Paris, 1979, pp. 183 à 185).

hétérogène aux exercices effectués jusqu'à présent : on leur avait caché la morale de la fable : à chacun de la retrouver.

Gianni perçut le glissement : le comportement escompté ici n'était pas recherché pour lui-même ; il n'était que l'indicateur d'une capacité beaucoup plus globale et complexe qui était véritablement l'objectif et dont on cherchait à s'assurer qu'elle était acquise. On aurait pu changer l'évaluation, proposer un questionnaire, un énoncé à compléter, un puzzle à reconstituer... ; l'évaluation ne fournissait qu'un indice sur l'activité mentale supposée ; elle perdait sa dimension totalitaire, abandonnait sa fonction de dressage et de conditionnement, pour revenir à un projet plus modeste et plus sain... Le maître se proposait de faire atteindre une capacité, il disposait d'une hypothèse[1] sur cette capacité et recherchait les indices comportementaux susceptibles de témoigner de son émergence. L'évaluation perdait alors cette fâcheuse tendance à envahir tout l'apprentissage ; elle ouvrait un espace de liberté à l'imagination du maître et à l'intelligence de l'élève, un espace où la rigueur pouvait rencontrer le désir.

10. Gianni saisi par Freud

Depuis l'affaire des 10 %, Gianni avait gardé quelques relations avec Antoine. C'était un élève de terminale un peu mystérieux, toujours vêtu d'une vieille veste grise dont il relevait le col, et sur laquelle pendait une longue écharpe. Il arrivait assez systématiquement en retard à l'école avec, dans une main, un cartable en cuir élimé qu'il devait trimbaler depuis dix ans, et, dans l'autre, un de ces gros livres à la couverture plastifiée qu'il empruntait à la bibliothèque. Il promenait une espèce d'étrangeté un peu lunaire dans cet univers étriqué d'interrogations écrites et de corbeilles à papier. Les autres le sentaient absent. Gianni le savait ailleurs.

Parfois, à la récréation ou à la sortie de cinq heures, Gianni le cherchait ; il traînait, sous un prétexte ou sous un autre, autour des salles de second cycle, assez loin cependant pour pouvoir faire mine de sortir dès que l'écharpe d'Antoine apparaissait à une encoignure. Antoine le savait-il ? Toujours est-il qu'il ne manifestait jamais aucune suprise et saluait Gianni, brièvement, d'un mot à peine ébauché. Puis, ils partaient tous les deux sans rien dire. Le plus souvent, ils n'échangeaient aucune parole, mais, une fois ou l'autre, Antoine s'engageait dans un grand discours. Ça venait d'abord doucement : « J'ai lu un bouquin important,

1. R.M. Gagné, l'un des chercheurs qui ont permis l'évolution de la pédagogie par objectifs d'une conception « comportementaliste » à une conception « mentaliste », parle de « principe d'explication » et de « modèle conceptuel » (*Les principes fondamentaux de l'apprentissage*, H.R.W., Montréal, 1976).

tu sais..., un de ces bouquins dont on ne se remet pas... ». C'est comme cela qu'Antoine avait commencé à parler de FREUD : « Ce type-là, c'est pas un gars parmi d'autres, il n'a pas fait une théorie de plus, il a changé notre manière de voir, de comprendre toutes les théories. Il prend les choses au départ, dans l'enfance, quand la naissance livre la première insatisfaction, suscite le premier désir ; le paradis, vois-tu, c'est avant de naître qu'il se trouve et non après la mort..., c'est le bonheur de tout avoir tout de suite, la méconnaissance de l'attente, de l'absence, du désir de la mère, de sa chaleur et de sa nourriture... ». Antoine cita RIMBAUD — il citait toujours RIMBAUD — : « Jadis, si je me souviens bien, ma vie était un festin où s'ouvraient tous les cœurs, où tous les vins coulaient »[1]. Et il poursuivit sa description de l'évolution du gosse, de la première rupture à la découverte progressive de l'extériorité, de cette réalité sur laquelle il n'avait que peu de prise et qu'il ne pouvait jamais totalement soumettre à son désir. L'éducation alors, devenait toute entière cet effort des hommes pour contraindre l'enfant « à surmonter le principe de plaisir et à remplacer celui-ci par le principe de réalité[2], elle était simplement l'éducation au renoncement.

Antoine s'arrêta. L'affaire posait problème. Il n'y avait pas pensé avant mais, tout à coup, il comprit que Gianni ne pouvait pas accepter cela. Sans doute, sur le plan intellectuel, était-il susceptible de comprendre la part de vérité qu'il y avait dans ces propos, mais il savait que tout son être se tendait contre eux. Et, en un instant, Antoine vit alors défiler la cohorte de tous ceux qui, dans l'École, s'étaient emparés de FREUD et du « principe de réalité », de LACAN et de la « fonction structurante de la Loi », pour justifier l'arbitraire et la répression. L'école-caserne et le savoir suintant l'ennui, les sanctions imbéciles et la sélection sauvage, tout devenait à leurs yeux une manière légitime de soumettre le principe de plaisir aux dures lois de la réalité. Au regard inquiet de Gianni, à ce soupçon de trahison qu'il pouvait lire dans ses yeux, il sut tout de suite qu'il ne pouvait pas en rester là. Comme toujours, ce fut la tendresse pour ce gosse qui le contraignit à plus d'intelligence. Antoine alors tenta d'expliquer qu'il y avait loi et loi ; que certaines d'entre elles n'étaient que l'expression du caprice de l'adulte, de son inquiétude devant l'émergence d'autrui, de sa volonté de conserver ses privilèges et même parfois, simplement, de son manque d'imagination... Mais qu'il y avait des lois nécessaires, celles qui préservaient l'intégrité des personnes, marquaient les limites et permettaient de ne pas se dissoudre dans un espace sans frontières. La loi utile est celle qui permet d'exister, celle que l'on ne peut enfreindre sans menacer autrui et, par conséquent sans se menacer

1. Il s'agit de la première phrase de « *Une saison en enfer* ».

2. Cette phrase de FREUD est extraite d'un texte non publié en français : « Formulations concernant les deux principes du fonctionnement psychique » (cité par M. CIFALI, *Freud pédagogue ?*) Inter Éditions, Paris, 1982.

soi-même... « Écoute, par exemple, reprit Antoine, dans une classe il devrait y avoir une loi absolue : on ne se moque pas des autres. Car la moquerie, tu le sais bien, qu'elle s'appuie sur une caractéristique physique, sur la déformation d'un nom ou sur une maladresse commise, est toujours destructrice : elle écrase l'autre et se débarrasse de lui... Or, en enfreignant cette loi, celui qui se moque détruit aussi la protection qu'elle lui assurait et c'est toute la classe qui est, en quelque sorte, menacée[1]. La moquerie, tu vois, c'est un petit meurtre mesquin, et tu comprends bien qu'il faut une loi pour interdire le meurtre ». Ça, Gianni le comprenait ; il le comprenait fort bien et tout en lui l'approuvait : il était des désirs dont il fallait se prémunir et particulièrement ce désir si dangereux de nier autrui, de le renvoyer dans les ténèbres pour asseoir sa propre existence sur la certitude d'être le seul, le maître tout puissant, abolissant la différence et l'altérité.

Mais l'éducation ne pouvait-elle se réaliser qu'au prix d'une négation radicale de tous les désirs de l'élève ? Il voyait trop bien ce que cette affirmation recèlerait de soumission à l'ordre établi, et à quel point elle inféoderait finalement l'acte éducatif aux seuls désirs du maître. Il sentait que, dans les moments privilégiés où le savoir en lui avait grandi et l'avait fait grandir, il y avait eu quelque chose comme une rencontre entre son désir et celui du maître. Il ne savait pas dire ce qui se passait exactement à ces moments-là, mais il avait des souvenirs précis de ces échappées belles où le maître semblait tout à coup se recueillir, se ressourcer quelque part en lui, avant d'amorcer un mouvement où lui, l'élève, était immanquablement entraîné... Il savait que, paradoxalement, dans ces cas-là, l'élève ne renonçait à rien et qu'il était partie prenante, au plus profond de la vague qui déferlait alors. Tout cela était très curieux : la même démarche, la même séquence d'apprentissage, le même exercice, pouvaient, dans certains cas, faire frémir quelque chose en lui, alors qu'ailleurs, dans la main ou la bouche d'un autre enseignant, cela le laisserait indifférent. Il fallait bien convenir que la technologie, aussi sophistiquée soit-elle, n'épuisait pas l'acte d'instruire..., que celui-ci se jouait quelque part ailleurs, et cela sur le plan même de son efficacité, qu'il y avait quelque chose qui faisait que « ça marchait » et que cette chose ne se situait pas seulement au niveau de la rigueur des moyens mis en œuvre.

Gianni expliqua tout cela à Antoine. Maladroitement, avec difficulté, il tenta de saisir où était la « différence ». Les professeurs disaient toujours qu'il fallait « tenir compte des élèves », « se centrer sur eux », « se mettre à leur place », pour « saisir, au moment même, ce qui se passe dans leur esprit »[2]..., mais qu'est-ce que cela voulait dire ? Quand cela

1. L'exemple est emprunté à F. Oury et C. Pochet, dans *Qui c'est l'conseil ?*, Maspero, Paris, 1979 (pages 70 à 72).

2. La formule est de J. Dewey, *L'école et l'enfant*, Delachaux et Niestlé, Neuchâtel et Paris, 1976.

pouvait-il devenir autre chose que de belles formules et engager une véritable dynamique de l'apprentissage ? Antoine réfléchit. Lui aussi, avait été frappé par cette part d'aléatoire dans la formation qui faisait tenir sa réussite au hasard d'une rencontre fugitive, à un échange impalpable. D'une certaine manière il y avait là quelque chose d'insupportable que, pendant longtemps, il avait tenté de réduire. Il était tellement plus pratique de s'en tenir à la rationalité et de ne voir dans l'apprentissage que l'engrenage de deux machines intelligentes ; mais la réalité échappait à la mécanique et FREUD rappelait opportunément qu'il y avait peut-être là, aussi, une affaire de désir, une sombre histoire d'amour et de haine.

Pour avancer un peu sur la question, Antoine parla de lui : « Quand je t'explique quelque chose, quand je veux que tu comprennes ce que je dis, il me faut en quelque sorte me mettre à ta place ; il me faut être à la fois moi, te parlant, mais aussi toi, avec ton désir et tes problèmes, écoutant ce que je dis. C'est seulement si je suis capable d'être un peu en toi, de m'y implanter, pour prendre la mesure de ton désir, que j'ai quelque chance d'y implanter un peu de mon savoir. C'est parce que, sans renoncer à ce que j'ai à te dire, je l'enracine dans ce que tu es, que mon savoir peut être le tien, que tu peux te l'approprier pour qu'il vive de toi et non plus seulement, en moi, à côté de toi. Pour que ça marche, il faut que je puisse un instant, fictivement, occuper ta place, y prendre ton pouls, vibrer à ce qui te fait vibrer, articuler ma connaissance à quelque chose qui résonne en toi. Bien sûr, je peux construire mon exposé à partir de ce que je sais de toi, de ce que l'on m'en a dit, de ce que les enquêtes sur les jeunes m'ont révélé, ou bien de ce que j'imagine. Bien sûr, je peux multiplier les interruptions et les questions, guetter l'étincelle dans ton regard, évaluer le plus souvent possible la qualité de ton écoute... Tout cela me permettra de relativiser mes propos, me poussera peut-être à les modifier en me fournissant de précieuses indications sur le moment où tu « décroches » ; mais rien de tout cela ne me fournira cette impulsion dans laquelle, un temps, tu te trouveras emporté ».

Antoine avait parlé sans interruption, découvrant en les énonçant des thèses qu'il n'avait pas fini de retourner dans tous les sens. Gianni poursuivit tout naturellement : « Il y a des professeurs qui ne risquent guère de nous emporter ; ce sont ceux qui ont enterré leur enfance. Ceux qui, un jour, se sont réveillés professeurs et veulent faire comme si, jamais, ils n'avaient été élèves. Ceux qui ont oublié le trac qui vous tenaille quand on n'a pas appris sa leçon et que les yeux du maître parcourent la liste de la classe. Ceux qui ne se souviennent plus de cette léthargie qui vous prend et vous asphyxie quand plus rien n'émerge d'un discours. Ceux qui ont effacé, pour toujours, les fous-rires qui partent d'un coup sur un détail idiot, se propagent à travers la classe et résistent aux plus sérieuses résolutions. Ceux qui arrivent en retard, oublient leurs affaires, dessinent pendant les conseils de classe, bavardent pendant les conférences pédagogiques, tremblent devant l'inspecteur, mais ne supportent pas que leurs élèves les fassent attendre, ne fassent pas leurs exercices, s'agitent pendant leurs cours, perdent leurs moyens en passant au tableau... ». Gianni savait depuis longtemps certains enseignants amnésiques ; il commençait à comprendre les vertus de la mémoire. Il ne demandait pas à ses maîtres d'abandonner leur différence et il méprisait, lui et les siens, la camaraderie affectée ; mais il pressentait que leur efficacité était liée, de quelque manière, au rapport qu'ils entretenaient avec leur propre enfance. Bien sûr, cela n'était pas simple, et Gianni en connaissait qui portaient en eux un enfant écorché vif que, faute de pouvoir restaurer, ils liquidaient régulièrement... Ceux-là couraient désespérément après un paradis perdu, en quête d'une communication impossible avec d'autres enfances et, devant l'indifférence ou le mépris, fuyaient dans la violence. Il en avait vu de ces professeurs qui voulaient lui ouvrir leur cœur et recevoir ses confidences pour rejouer une partie qu'ils avaient perdue jadis ; ceux-là, quand on se dérobait, étaient blessés à mort et leur vengeance pouvait être impitoyable... Mais, ce n'était pas ceux-là qui avaient la moindre chance de le faire grandir. En revanche, d'autres, plus sereinement, sans abandonner leur place, réussissaient ce tour de force d'être quand même un moment à la sienne ; leur enfance vivait en eux, ils la reconnaissaient comme une dimension d'eux-mêmes, un lieu d'où l'adulte parle parfois, sans renoncer à être adulte, mais sans renier non plus ce qui l'a constitué.

Pendant que Gianni réfléchissait tout haut, Antoine feuilletait fébrilement un livre. Il s'arrêta tout à coup et, un doigt sous une ligne et une main sur le bras de Gianni, se mit à lire : « L'on ne peut être éducateur que si l'on est capable de participer à la vie psychique de l'enfance, et si nous ne comprenons pas les enfants, nous autres adultes, c'est que nous ne comprenons plus notre propre enfance »[1]. Ainsi donc, ils ne se trompaient pas tout à fait quand ils sentaient que la réussite de l'acte d'instruire tenait, pour une part, à cette capacité du maître de se projeter, enfant, dans sa propre classe et d'accepter, un moment, d'écouter l'enfance en lui. Cette mise à distance avec l'enseignant qu'il était le ramenait sur les chemins de la découverte et lui donnait quelque chance de communiquer efficacement son savoir... Antoine et Gianni discutèrent longtemps des signes auxquels on pouvait reconnaître le maître qui s'engageait ainsi : Antoine tenait que sa qualité essentielle était l'humour ; il manifestait, grâce à lui, ce détachement d'avec la fonction qui lui permettait de s'observer du point de vue de l'élève et de ne pas se prendre trop au sérieux. Et c'était vrai, convint Gianni, qu'en procédant ainsi, il désamorçait ses velléités de pédantisme, décourageait la routine, évitait l'adoration de lui-même et la servitude d'autrui. L'humour enseignait la

1. FREUD, in *Minutes de la Société psychanalytique de Vienne,* tome II, Gallimard, Paris, 1978 (p. 136).

patience, la modestie et la tolérance ; il posait sa main sur l'épaule du maître quand celui-ci succombait au sérieux et cédait au volontarisme, quand il ne « comprenait plus que l'on ne comprenne pas », quand il érigeait son caprice en loi générale, oubliait l'enfance qui vivait en lui. Cependant, Gianni trouvait cela insuffisant et, pour tout dire, craignit que l'humour ne dérive vers une esthétique tout à fait superficielle ; il expliqua que, pour lui, le critère était plus précisément dans le rapport que le maître entretenait avec le savoir. C'étaient finalement des indices minuscules qui faisaient la différence : la reconnaissance d'une ignorance, l'aveu d'un moment de tâtonnement, l'enthousiasme pour la solution découverte, l'inquiétude en face d'une explication maladroite, en un mot une certaine vulnérabilité qui mettait le maître « du même côté du savoir » que lui[1]. L'essentiel était que l'adulte, sans renoncer en rien à ses prérogatives, reste en prise sur l'enfance des savoirs. S'il l'avait connu, Gianni eût cité Bachelard et affirmé que « quiconque ne continue pas d'apprendre est indigne d'enseigner » et « qui est enseigné doit enseigner »[2]. Il sentait que tout se jouait dans le corps à corps du maître et de la connaissance, dans cette attitude de non-dogmatisme que seul pouvait manifester celui qui ne s'enfermait pas un beau jour dans un savoir clos et neutre, inattaquable dans sa carapace, mais résolument étranger à celui qui ne sait pas encore.

Antoine parut convaincu ; mais il était soucieux... ; une question l'inquiétait : s'il en était ainsi, il fallait reconsidérer la formation des maîtres. Les diplômes, les succès scolaires de l'adolescence ne garantissaient pas cette attitude dans le savoir et, en recrutant les enseignants sur cette base, « l'on ne se comportait pas autrement que si l'on s'avisait d'équiper des gens pour une expédition polaire avec des vêtements d'été et des cartes des lacs italiens »[3]. Ce qu'il convenait de mettre en place, c'étaient des occasions pour les maîtres de poursuivre une recherche, de fabriquer leurs outils de travail, de rester du côté de la découverte et de ne pas se figer dans leurs connaissances acquises... Il se mit à expliquer cela à Gianni.

Mais il était très tard et le froid et la nuit les avaient saisis ; Gianni, en réalisant tout à coup l'heure qu'il était, salua Antoine d'un vague mot d'excuse et partit en courant. Antoine resta encore longtemps sur le banc, espérant vaguement son retour. Il essaya de penser à FREUD, mais ne parvint qu'à penser à Gianni. Il aurait voulu qu'il reste et le voilà qui partait sans comprendre le vide qu'il laissait. Antoine tenta de s'apitoyer sur sa propre solitude ; d'habitude, il y parvenait assez bien, mais aujourd'hui, cela ne marchait pas. Il décida alors, de ne plus lire FREUD

1. La formule, empruntée à Epistémon, est citée par L. BRUNELLE, *Travail de groupe et non-directivité,* Delagrave, Paris, 1976 (p. 83).

2. *La formation de l'esprit scientifique,* Vrin, Paris, 1967 (p. 244).

3. L'expression est de FREUD : *Malaise dans la civilisation,* P.U.F., Paris, 1972 (p. 93).

jusqu'à leur prochaine rencontre ; il savait qu'à y regarder d'un peu près, le bonhomme gratterait aussi sur ses propres plaies.

11. Gianni au collège unique

Comme il fallait s'y attendre, Gianni avait redoublé sa troisième. « Une chance, au bout du compte, lui avait fait remarquer son professeur principal, puisque tu vas pouvoir bénéficier de la mise en place de la réforme des collèges ». Et c'était vrai que, d'une certaine façon, Gianni n'était pas mécontent de voir d'un peu près ce que donnait l'application des propositions du ministre. Il faisait partie de ceux qui avaient été durement éprouvés par la politique des filières ; estampillé par ses maîtres, il avait dû lutter de toutes ses forces pour retrouver confiance en lui et refuser les étiquettes dont l'institution l'avait affublé : il avait été, tour à tour, un voyou provocateur et dangereux, un cas social, victime innocente du patronat, un « manuel » qui perdait son temps dans l'enseignement général, un psychopathe, déséquilibré par un rapport névrotique à sa mère... ; au passage, et plus rapidement, il n'avait pas échappé aux qualificatifs de délinquant, de débile ou d'inadapté. Certes, tout cela n'était pas toujours faux et il reconnaissait là, *a posteriori,* bien des caractéristiques de ce qu'il hésitait encore à nommer sa personnalité. Ce qui lui était insupportable, c'était moins qu'on puisse le considérer ainsi que la possibilité qui était offerte à ses maîtres de le figer dans un de leurs jugements en l'enfermant dans une classe constituée tout exprès[1]. D'ailleurs, ne retrouvait-on pas ce terme de « classe » en sciences naturelles pour désigner un groupe d'êtres vivants très précisément défini ? Comment pouvait-on sortir de sa « classe » ? Au prix de quelle monstrueuse métamorphose pouvait-on échapper à l'enfermement ? Il savait qu'il fallait se contorsionner, se déformer jusqu'à la souffrance, pour avoir la chance d'être perçu comme l'intrus. Dans ces conditions, les finasseries de tous ordres sur l'opportunité de la réforme HABY lui paraissaient bien secondaires au regard de l'acquis essentiel qu'elle imposait : la création d'un collège unique, la mise en place d'un « enseignement commun donné à tous, sur quatre niveaux successifs, et constituant le support des formations générales et professionnelles ultérieures »[2].

C'est parce qu'il avait conscience de l'importance de l'enjeu que Gianni avait décidé, en ce début d'année scolaire, d'accompagner sa mère à la réunion d'information à laquelle les parents avaient été conviés par

1. De 1963 à la rentrée 1977, le premier cycle de l'enseignement secondaire a compris quatre, puis trois filières. Ce chiffre doit, en réalité, être multiplié par deux ou trois, compte tenu de « l'inégalité » de deux filières selon l'établissement dans lequel elle s'effectuait.

2. Ces formules sont extraites de l'article 4 de la loi du 11 juillet 1975 (dite Loi HABY).

Monsieur le Principal. Ils étaient là, en avance, comme toujours, et avaient attendu l'arrivée précipitée du conseiller d'orientation devant la porte vitrée. Gianni et lui avaient poussé les tables et installé les chaises du réfectoire, pendant que les autres parents s'égrenaient doucement. La mère de Gianni s'était assise, presque au fond, sans avoir quitté son manteau, serrant sur ses genoux son sac à main et son foulard. Pour ne pas avoir à s'asseoir à côté d'elle, Gianni alignait minutieusement les chaises de chaque rangée, jetant, entre chaque mouvement, un coup d'œil vers la porte d'entrée pour voir si, par hasard, aucun camarade ne venait le rejoindre. Deux d'entre eux, que Gianni connaissait pour leur agressivité envers l'école et les professeurs, arrivèrent enfin. C'étaient de ces types que l'on avait toujours pris à rebrousse-poil, cherchant à les amadouer quand il aurait fallu faire preuve de fermeté, les sanctionnant quand il aurait fallu les écouter. Ils admettaient facilement eux-mêmes qu'ils n'étaient pas faciles à prendre et, au fond, ils s'en réjouissaient. Ce qui les rendait terriblement pénibles, c'était leur lucidité : ils sentaient parfaitement qu'ils mettaient l'enseignant mal à l'aise et en jouaient avec brio. C'était leur façon d'exister : comme, à terme, ils se savaient perdus, ils profitaient de toutes les occasions qui se présentaient pour tenir quelques instants un adulte à leur merci. Ils encadrèrent Gianni et l'entraînèrent avec eux au moment où le Principal se présentait devant l'auditoire clairsemé et où les quatre ou cinq professeurs du fond se poussaient du coude pour le rejoindre ; finalement, parvenus en haut de la salle, ceux-ci restèrent sur le côté, appuyés contre le mur, tandis que Gianni et ses deux camarades occupaient, au fond, leur place encore chaude.

La séance commença par les banalités d'usage, l'importance de l'information sur ce qui se faisait à l'école et l'intérêt du dialogue entre les enseignants et les familles. Le Principal conclut sur ce chapitre par un rapide « S'il n'y a pas de question ? » et passa la parole à un professeur d'histoire-géographie, « l'un des éléments les plus dynamiques du collège qui va vous indiquer, en quelques mots, nos grandes orientations ». Le professeur en question était assez jeune et dégingandé, avec juste ce qu'il fallait de cheveux longs pour inquiéter les parents sans convaincre les élèves. Il parlait vite, ramassant ses phrases dans un souffle et s'arrêtant quelques secondes pour se gratter la tête avant de repartir ; il parlait « prise de conscience des inégalités », « promotion de tous les sujets par la maîtrise des savoirs », « classes hétérogènes où, depuis trois ans, se cotoyaient tous les enfants dans le respect des différences ». Il était sympathique et convaincu, et Gianni se laissa même attendrir par sa mèche blonde et son grand pull de laine grise. Mais les copains le ramenèrent à la réalité : « Les classes hétérogènes, il faut le dire vite ! Qu'il regarde un peu la classe de sixième qui a allemand en première langue ! Et même les autres ! Je ne sais pas comment ils ont fait les groupes, mais c'est quand même bizarre que dans notre classe de troisième, la plupart des élèves ait déjà redoublé une ou deux fois... ». Des parents s'étaient retournés et leur avaient fait signe de se taire ; ils sortirent de la salle et poursuivirent leur conversation dans le couloir : « Et puis, leurs quatre années de formation de base, ils trouvent bien facilement le moyen d'en dispenser certains... A la fin de la cinquième, il y a déjà un bon nettoyage ; on en a connu beaucoup qui sont partis en C.P.P.N. ou en C.P.A.[1], et encore plus qui sont allés préparer un C.A.P. dans le seul établissement scolaire qui pouvait leur offrir une place, même s'ils ignoraient tout de la spécialité proposée ! C'est que les parents ne veulent pas laisser leur gamin sans diplôme, alors ils acceptent ce qu'ils trouvent et, en plus, ils disent merci. Merci de daigner garder mon fils dans une de vos écoles. Merci de le mettre en demeure de choisir, en cinquième, cinquante ans d'avenir professionnel, puis de remettre son sort à une aveugle commission d'affectation. Merci de toutes vos belles paroles dans toutes vos réunions. Merci et adieu... Mais, bon sang, les études ce n'est pas une faveur que ces messieurs nous accordent : c'est un droit, et c'est un devoir pour l'école de nous amener jusqu'en troisième. Le Ministre l'a dit et on n'a pas besoin que l'on nous fasse l'aumône ». Gianni avait écouté avec attention ; il connaissait cette révolte, il l'avait éprouvée bien des fois ; mais elle ne lui paraissait pas de mise aujourd'hui, au moment où un type qui en voulait, un type qui en aurait presque chialé d'entendre ça, bataillait devant une cinquantaine de parents perplexes, quelques collègues somnolents et un Principal au scepticisme pondéré seulement d'un peu d'opportunisme. « On va y aller ; il faut écouter ce qu'il dit », murmura Gianni, en repassant la porte.

Le professeur d'histoire-géographie en était encore aux généralités ; il soulignait que la mise en place d'un tronc commun d'enseignement, permettant d'assurer à chacun la maîtrise de quelques capacités intellectuelles essentielles, était un impératif social : dans un monde en rapide mutation où les connaissances et les professions étaient soumises à une évolution qui ne pouvait aller qu'en s'accélérant, il importait de doter les élèves d'outils qui leur permettraient d'analyser, de comprendre et de maîtriser la société de demain. C'est pour cela que l'école devait ouvrir largement ses portes et se donner les moyens de faire accéder tous les élèves à quelques objectifs fondamentaux : trouver une information dans une documentation, effectuer une synthèse, travailler en groupe, élaborer un programme de recherche et évaluer ses acquis. C'était la raison pour laquelle il se félicitait que tous les élèves entrent en sixième et bénéficient le plus longtemps possible d'un enseignement général... Les copains de Gianni recommençaient à s'agiter et reprirent leurs réflexions perfides : « Il ne suffit pas de les faire entrer à l'école, il faut encore les garder...

1. Les classes pré-professionnelles de niveau et les classes préparatoires à l'apprentissage prennent en charge les élèves en situation d'échec au Collège. D'après la Commission du bilan, elles scolarisaient encore, en 1981, 17 % de la population scolaire (*La France en mai 1981,* Tome IV, La documentation française, Paris, 1981, p. 40).

— Il vaudrait même mieux les y faire réussir !

— On charge toujours l'École des missions les plus grandioses...

— Et ainsi, les enseignants eux-mêmes s'en trouvent déchargés !

— L'École doit accueillir tous les enfants, l'École accueille tous les enfants... Les partis le demandent, les syndicats l'exigent, c'est parfait !

— Puisque nous votons bien et avons notre carte du syndicat, nous avons fait notre devoir.

— L'École est démocratique, très bien ! Nous, dans notre travail quotidien, nous n'avons plus besoin de l'être ! ».

Gianni les fit taire sèchement : « Ce n'est pas à lui qu'il faut dire çà. Si vous écoutiez, vous verriez qu'il n'est pas comme eux ».

En effet, le professeur commençait à entrer dans le détail : il expliquait que le principe de l'hétérogénéité des classes exigeait la mise en place d'un dispositif pédagogique approprié, susceptible de soutenir correctement les élèves en difficulté. Il fallait apporter à certains une aide supplémentaire, adaptée à leurs besoins, et c'était précisément l'objet de l'heure hebdomadaire de soutien mise en place pour les disciplines principales, le français, les mathématiques et la première langue vivante. Certes, une heure ce n'était pas beaucoup ; mais si on l'utilisait avec rigueur, cela pouvait donner des résultats appréciables. D'abord l'obligation de répartir chaque semaine les élèves d'une classe en deux groupes, ceux que l'on reprend en soutien et ceux que l'on laisse travailler seuls en approfondissement, a des effets sur l'ensemble de l'enseignement proposé : cela contraint le professeur à préciser ses objectifs et à indiquer clairement les critères qui permettent de considérer qu'un apprentissage est effectué ou qu'il doit être repris. Par ailleurs, sur le plan du vécu psychologique, il était incontestable que le fait d'être convoqué à un travail donné parce qu'un objectif identifié n'a pas été atteint, est autrement positif et stimulant que le fait de se trouver enfermé pour longtemps dans une filière qui laisse supposer que la nature même de l'élève est, en quelque sorte, entachée : on se mobilise sur un objectif à atteindre, on se démobilise quand rien de précis n'est attendu.

Gianni hochait la tête en signe d'assentiment : effectivement, il y avait là un progrès décisif ; une étape importante avait été franchie. Mais ses deux camarades, toujours en quête de mauvais esprit, lui soufflèrent vite à l'oreille que les bonnes intentions ne passaient pas toujours dans les actes : la plupart des heures de soutien étaient utilisées avec toute la classe pour poursuivre les cours habituels, sous le prétexte, sans cesse répété, qu'il fallait finir le programme[1]. L'agacement de Gianni était à son comble : que le projet ait été dévié par des professeurs mal formés et peu stimulés à la recherche et à l'innovation ne l'invalidait nullement à

1. La Commission du bilan estime que seulement 15 % des moyens offerts pour la « pédagogie de soutien » ont été utilisés dans le sens voulu par la réforme : « 75 % des moyens sont de fait utilisés à rétablir l'ancien dispositif horaire » (*Op. cit.*, p. 47).

ses yeux ; c'était une question de moyens et de patience. En revanche, quelque chose l'inquiétait, quelque chose qu'il avait senti à bien des reprises, et que le professeur d'histoire-géographie ne semblait pas avoir perçu : un gosse qui ne comprenait pas, ça n'était pas toujours une question de temps. Cela pouvait l'être parfois et, dans ce cas, une heure de plus, des exercices supplémentaires, une explication plus détaillée pouvaient résoudre le problème. Mais il arrivait qu'il soit tout à fait inutile de prolonger une démarche qui, visiblement, n'engendrait que l'échec ; il arrivait qu'il faille changer complètement de chemin, repartir d'ailleurs, avec une toute autre méthode, de tout autres supports et, peut-être une autre personne. La réforme HABY ne semblait lier, finalement, la réussite qu'au respect du rythme de l'élève ; elle n'envisageait pas vraiment que chacun puisse réussir de manière différente, selon un itinéraire propre, adapté à son histoire personnelle.

En attendant sa mère qui cherchait à dire un mot au professeur de mathématiques, Gianni tenta d'expliquer à ses camarades que l'abandon des filières était quelque chose d'essentiel, mais qu'il fallait maintenant aller plus loin, vers des modes souples de répartition des élèves qui restaient à inventer. La mère de Gianni les rejoignit plus vite que prévu, découragée par la file d'attente qui s'était formée devant le professeur de mathématiques. Gianni la suivit à contrecœur, déçu d'interrompre une discussion au moment où il commençait à entrevoir la lumière.

12. Gianni siège à la commission Legrand

Gianni avait maintenant acquis assez de sûreté pour affronter sans crainte le débat pédagogique. Mais paradoxalement, il n'y avait au collège aucun lieu ni aucun moment où il aurait pu aborder les questions qui lui tenaient à cœur. Quand il se hasardait à interpeller prudemment l'un de ses professeurs, en soulignant l'obscurité de telle ou telle consigne, la difficulté de tel ou tel exercice, ou l'inadaptation de telle méthode à quelques-uns de ses camarades, l'enseignant paraissait surpris, vaguement inquiet ; pourtant, Gianni avait appris à prendre des précautions et s'efforçait de ne pas apparaître comme un donneur de leçons... mais tout se passait comme si l'École n'était pas le lieu où ces questions pouvaient être débattues, ou alors comme si ces questions n'avaient pas lieu d'être posées, comme si elles étaient inutiles ou véritablement importunes. Et Gianni rêvait qu'un jour, quelque part dans l'école, il puisse débattre avec ses maîtres de ce qui faisait leur pain commun quotidien, des cours et de leur déroulement, des méthodes qui marchaient et de celles qui étaient moins efficaces, des leçons qu'il fallait apprendre et des documents qu'il convenait d'utiliser. Certes, un risque existait que ces séances tournent à l'affrontement ; mais, en s'astreignant à une pratique régulière, en référant toujours le débat aux apprentissages réellement effectués, on devait logiquement parvenir à des confrontations sereines et constructives. Le nœud, dans tout cela, il le sentait bien, était que chacun accepte la relativité de ses positions et ne se crispe pas sur une proposition pédagogique sous le prétexte que son efficacité a été prouvée, il y a quelque temps, avec quelques élèves. Il suffisait d'accepter l'idée que tous les chemins ne valent pas pour tous les individus et que la pédagogie est affaire d'ajustement méthodologique permanent. Il y avait là, pensait Gianni, quelque chose comme l'œuf de Christophe Colomb, une évidence fondatrice susceptible de dédramatiser tous les conflits et de susciter une dynamique nouvelle. Grâce à elle les interpellations des élèves, leurs contestations mêmes, perdaient tout caractère agressif puisqu'elles s'avouaient délibérément conjoncturelles, n'engageaient pas à substituer un système à un autre, mais à relativiser une méthode qu'il ne convenait pas de jeter définitivement aux orties. Gianni comprenait que, pour dégager la réflexion pédagogique des polémiques stériles, il convenait de lui permettre d'échapper au principe du tout ou rien. Telle méthode ne marchait guère avec tel élève : cet élève a le droit de le dire puisqu'il n'affirme pas qu'il faut l'abandonner avec tous, mais seulement en chercher une autre avec lui.

Il en était là dans ses réflexions quand il fut convoqué par le Principal du Collège. Le surveillant qui vint le chercher en cours d'anglais semblait tout ignorer de l'objet de la convocation et Gianni était certain que ça allait mal tourner pour lui. Pourtant, dès que la porte s'ouvrit, il sut que, si l'affaire était d'importance, elle n'était pas à son désavantage ; le Principal l'accueillit en effet avec un large sourire et – Gianni se souviendra longtemps de sa surprise à cet instant – lui serra la main. « Vous savez, commença-t-il, que depuis plusieurs mois des commissions travaillent à un projet de réforme des collèges ? » Gianni ne le savait pas précisément mais, sans doute pour ne pas décevoir ce vouvoiement subit, hocha la tête en signe d'assentiment. « Nous avons eu des réunions départementales et, maintenant, une commission nationale élabore un projet général qui doit être remis au ministre. J'ai parlé de vous à un collègue qui siège à cette commission ; j'ai évoqué vos propositions et il a souhaité que vous participiez à l'une de leurs réunions ; on vous y attend demain ! » Parce qu'il ignorait tout du statut et des enjeux de cette réunion, Gianni était finalement moins impressionné par cette perspective que par la révérence gênée que lui témoignait le Principal. Il revint en cours d'anglais, tout auréolé du prestige et du mystère de cette entrevue. Il s'assit à son banc et rêva une minute en imaginant la surprise de sa mère et le courroux de son père à son récit ; la voix du professeur d'anglais le ramena à la réalité : « Je ne sais pas ce que Monsieur le Principal a pu te dire, Gianni, mais ce que je sais, c'est que tu n'as guère de chance de t'en sortir avec une attitude pareille ! ».

La pièce était étrange et Gianni n'en avait jamais vue de pareille. C'était une bibliothèque dont les murs étaient entièrement recouverts de gros livres reliés, sans fenêtre et éclairée par le plafond ; au centre, une immense table recouverte d'un tapis vert, était encombrée de dossiers ; autour d'elle, plusieurs dizaines de personnes, le crayon à la main, écoutaient attentivement les informations que donnait, d'une voix qui lui parut sèche et tranchante, l'homme qui visiblement dirigeait les travaux. On faisait le point sur l'avancée des recherches, les contributions reçues, les réactions qu'elles suscitaient. Gianni fut frappé d'emblée par le caractère extrêmement studieux de la séance ; de toute évidence, c'était là un groupe de travail et non une aimable réunion mondaine. On s'attelait à la tâche avec un extrême souci de creuser un sillon et la voix, qui lui était apparue par trop tranchante, il y avait un instant, lui donnait maintenant le sentiment d'une extraordinaire détermination. L'homme empoignait ce dont on parlait, non pour se l'approprier, le rejeter ou l'assimiler selon le cas, mais pour en saisir le poids de réalité, s'y atteler et avancer de quelques mètres, un peu plus lourd, mais un peu plus fort.

La séance avait débuté par le rappel des objectifs auxquels il importait plus que tout de se tenir : « Notre projet est de rendre possible, en adaptant suffisamment les méthodes et les progressions, l'assimilation par chaque élève de collège, d'un tronc commun de connaissances théoriques et abstraites »[1]. Et c'est alors que, pour la première fois, Gianni entendit parler de « pédagogie différenciée ». La tendance naturelle de l'École, expliqua-t-on, est de projeter les différences initiales entre les élèves en différence de compétences à l'issue de la formation. On observe que les individus disposent de cultures, d'attitudes, de motivations hétérogènes, et l'on transforme cette hétérogénéité de fait en hétérogénéité de droit ; on adapte les objectifs à la représentation que l'on se fait des « possibilités » du public, modulant ceux-là pour « respecter » celles-ci. Quelle que soit la couverture idéologique dont on enveloppe alors l'opération, les « moins doués » se voient limités à des objectifs moins ambitieux, et donc privés des outils de leur émancipation ; le respect de la différence est projeté indûment en différenciation des résultats au lieu d'ouvrir à une différenciation des itinéraires. Car c'est bien là l'autre manière de prendre en compte l'hétérogénéité sans renoncer pour autant à fournir à tous les capacités essentielles sur lesquelles asseoir les formations professionnelles ultérieures : « La différenciation de la pédagogie est le seul espoir de faire atteindre à l'ensemble des élèves le niveau cognitif souhaité, tout en répondant de façon tactique aux aspirations et capacités spontanées des apprenants »[2].

1. Cf. L. Legrand, *L'école unique : à quelles conditions ?* Scarabée, Paris, 1982 (p. 170) et *Pour un collège démocratique* (sous la direction de L. Legrand), La Documentation Française, Paris, 1982 (p. 37).

2. J.P. Astolfi et L. Legrand *(idem).*

Puisque tout le monde semblait d'accord là-dessus, on passa rapidement aux applications concrètes de ce principe ; la classe traditionnelle, rigide dans son fonctionnement et limitée dans ses possibilités, devait laisser la place à des modes de répartition variés : on constituerait, pour les activités d'expression, des groupes hétérogènes fondés sur l'intérêt des élèves et dans lesquels ils pourraient faire l'expérience de la diversité et s'enrichir mutuellement ; en revanche, pour ce qui était des domaines où le travail requérait une progression rigoureuse, l'on mettrait en place des « groupes de niveau-matière » temporaires qui devraient éviter de se transformer en « classes de niveau »[1] ; enfin, l'on conserverait le groupe-classe, hétérogène d'intérêts et de niveaux, mais qui assurerait un ancrage à la fois affectif et institutionnel de l'élève dans l'école. L'ensemble serait rendu possible parce que l'on ne confierait plus une classe à un professeur donné mais un ensemble de classes à un groupe de professeurs chargé d'assurer la coordination de toutes les activités proposées.

Cette présentation effectuée, on se tourna vers Gianni pour connaître ses réactions : comment réagissait-il devant ces propositions ? Correspondaient-elles à son attente et à celle de ses camarades ? Pris au dépourvu, Gianni bredouilla que, pour ses camarades, il ne pouvait pas dire mais que, pour lui, cela était un progrès important. Il n'alla guère plus loin, incapable de formuler l'extrême satisfaction mêlée aux graves inquiétudes qu'il ressentait : extrême satisfaction parce qu'on prenait enfin le problème par le bon bout, graves inquiétudes parce qu'il voyait mal comment les « groupes de niveau-matière » pourraient échapper à l'engourdissement et ne pas reconstituer, à terme, les filières dont on souhaitait se débarrasser.

Était-ce parce qu'à sa voix peu assurée, les participants avaient senti sa réticence, ou bien parce qu'eux-mêmes n'étaient pas exempts d'inquiétude ? Toujours est-il qu'il dût subir un assaut de justifications : « Ne pas tenir compte des niveaux dans des domaines construits comme les mathématiques, l'orthographe, la lecture, c'est condamner les plus défavorisés à l'inculture »[2] ; « l'on ne peut imposer aux enseignants des groupes hétérogènes quand il s'agit d'apprentissages où l'accès à une notion requiert la maîtrise de notions antérieures » ; « il n'est pas possible de faire la classe à des élèves qui ne disposent pas d'un minimum de langage et d'outillage communs... ». Gianni sentit qu'il n'était pas nécessaire de répondre ; il ne pourrait pas argumenter sur ce point. Pourtant, il aurait voulu les alerter, leur dire que les professeurs étaient à l'affût de la moindre occasion leur permettant de poursuivre dans la magistralité, d'évacuer la différence, de sauver une unité de façade. Il aurait voulu expliquer que le niveau d'un élève, en réalité, ça n'était pas

1. Les mises en garde, sur ce point, ont été nombreuses. Cf. en particulier, J.C. GUÉRIN : *Le nouveau collège enfin ?* Syros, Paris, 1983 (p. 104).

2. Cf. L. LEGRAND, *L'École unique : à quelles conditions ? (op. cit.)*, p. 152.

toujours le bon critère ; qu'un 8 en composition française pouvait signifier bien des choses différentes : que l'élève a manqué de temps, ou qu'il a travaillé trop vite, qu'il a une mauvaise maîtrise de la langue, qu'il ne sait pas faire un plan, utiliser des exemples, rédiger une introduction, ou encore qu'il ne lit pas suffisamment... Le caractériser par un niveau, c'était faire l'économie de cette analyse et s'interdire, peut-être, de mettre en place les remédiations efficaces. Mais Gianni ne dit rien de tout cela ; d'ailleurs, on était déjà passé à un autre sujet.

« Les réactions à notre proposition du tutorat sont tout à fait étonnantes. Tout ce que nous proposons ne sort pas du cadre pédagogique. Au fond, le tutorat, c'est la mise en application de la fonction de professeur principal à laquelle on donne simplement les moyens de s'exercer »[1]. La question, de toute évidence, soulevait bien des polémiques et les participants s'échauffaient sur le sujet avec un réel plaisir. Cette animation subite d'une réunion jusque là fort mesurée, contribua à faire sortir Gianni de sa réserve ; il osa demander qu'on lui expliquât exactement ce qu'était le tutorat. Un gaillard à la voix franche et sûre, qui semblait l'un des maîtres d'œuvre du projet, imposa alors le silence et entreprit une solide démonstration : « La différenciation de la pédagogie peut être une chance pour les élèves en difficulté ; mais il convient d'éviter que l'éclatement légitime de la classe qu'elle impose ne se transforme en désintégration de la relation pédagogique et ne favorise tous les phénomènes de fuite. Il faut donc absolument restaurer quelque part un rapport univoque de guidance, un lieu et un temps où puisse s'éprouver et se maîtriser l'unité des apprentissages. Ce sera précisément le tutorat : « aide dans l'organisation du travail et la gestion du temps », « soutien méthodologique », « médiation entre l'élève et l'institution », « suivi des résultats scolaires des différentes disciplines »[2], il permettra tout cela. Concrètement, tous les professeurs, mais aussi les documentalistes et les conseillers d'orientation pourront être tuteurs ; après une période d'observation de quelques semaines, les élèves indiqueront le nom de la personne qu'ils souhaitent pour tuteur ; des groupes de douze à quinze élèves seront constitués, à partir de ces souhaits, par l'équipe pédagogique ».

Gianni avait suivi l'exposé avec le plus extrême intérêt ; une fois encore, on touchait à l'essentiel ; on s'attaquait au mal à sa racine avec quelque chance de s'en défaire. Une telle formule était en effet susceptible d'évacuer ces retards chroniques, ces échecs répétés que l'on se contente, sur le registre de la plainte, de dénoncer dans chaque bulletin de notes : « ne sait pas travailler », « manque de méthode », « se disperse », « aucune

1. Cf. L. Legrand, « Sur les collèges », in *Cahiers pédagogiques*, n° 223-224, avril-mai 1984, p. 8.

2. *Pour un collège démocratique (op. cit.)*, pp. 111 et 112.

attention »... Gianni fit part de sa satisfaction aux participants qui s'en émurent. Pour une fois, on les comprenait, on ne les soupçonnait pas d'exiger subrepticement la transformation des professeurs en psychothérapeutes, voire en curés. Gianni reprit la balle au bond : « Il faut insister là-dessus. Parce que, malgré leurs protestations, les enseignants ne sont jamais mécontents de pouvoir vous récupérer à la relation. Ils se flattent facilement d'avoir de bons rapports... même avec les cancres ! C'est très bien, c'est un progrès ; mais il vaudrait mieux qu'ils s'efforcent d'en faire de bons élèves. Bien sûr, une amélioration des relations humaines peut avoir des conséquences bénéfiques sur la qualité des apprentissages, mais, en tout état de cause, la vigilance s'impose dans ce domaine ». Un certain étonnement traversa l'assemblée. Chacun imaginait ici que les élèves, dans leur ensemble, souhaitaient une amélioration des rapports personnels avec leurs enseignants, plus de dialogues, des contacts plus étroits ; et voilà que l'un des leurs soulignait le danger d'un retour trop rapide vers l'affectivité ; contre toute attente, il semblait demander que les maîtres se satisfassent d'un rapport étroitement didactique[1]. Gianni s'expliqua, soulignant que la dilution des exigences clairement définies profitait toujours à ceux avec qui la complicité permettait que l'enseignement s'effectue à mots couverts ; il dit son malaise en face des interprétations psychologiques sommaires dont les agissements des élèves étaient souvent l'objet, son agacement devant la condescendance bienveillante qui rendait impossible toute communication authentique. Il conclut en soulignant à quel point il appréciait qu'un professeur soit d'abord un vrai professeur, clair dans ses explications, méthodique dans son travail, soucieux du progrès de chacun, attentif à en créer les conditions. Le silence se fit. Mais, passées les quelques secondes de désappointement, le débat reprit et les questions de stratégie refirent surface.

Gianni, en les écoutant, pensait qu'il ne fallait pas être devin pour apercevoir que des conflits les guettaient. Ici, dans la salle, parce que depuis plusieurs mois ils avaient cheminé ensemble, ils pourraient certainement les dominer ; ils sauraient le sens des mots et percevraient, derrière chaque proposition, la densité d'expérience qui avait permis de la formuler et la dynamique qu'elle pourrait susciter... Mais les autres, dehors, ceux qui n'auraient pas cette histoire-là, qu'allaient-ils voir dans « la pédagogie différenciée », les « groupes de niveau-matière », le « tutorat » ? Qu'allaient-ils en faire ? Cette inquiétude fut renforcée par l'apparition, dans le débat, de problèmes confus que Gianni ne comprenait pas mais dont il sentit tout de suite qu'ils pourraient compromettre

1. Il n'y a pas lieu de s'étonner de ce fait. Une enquête de J. Filloux souligne que les professeurs ont tendance à sous-évaluer leur fonction didactique au profit de leur rôle de conseiller psychologique auprès des élèves. Ils masquent ainsi la « contrainte du savoir » et placent leur efficacité dans l'établissement d'une relation privilégiée, la recherche de « la transparence et la communialité » (*Du contrat pédagogique*, Dunod, Paris, 1974).

les meilleures intentions du monde. Il était question de redéfinition du service enseignant, de calcul du nombre d'heures de présence et d'abandon inacceptable de certaines indemnités. Mais, par tout cela, il n'était guère concerné. D'ailleurs, il quitta sa place et sortit de la salle sans que personne ne s'en aperçut.

A mi-parcours...

cinq propositions plus une

L'histoire de Gianni ne s'arrête pas là et il n'a pas fini d'en voir de toutes les couleurs. Rien ne permet de penser, qui plus est, qu'il ne retrouvera pas sur son chemin de vieilles connaissances, ni même qu'on ne le renverra pas, un jour, à la case-départ. Pourtant, au terme de ce parcours où nous avons délibérément privilégié quelques points de repère dans la pensée pédagogique de ce siècle[1], au terme d'un vagabondage qui a pu apparaître bien incohérent, mais qui reflète précisément l'itinéraire de beaucoup d'éducateurs, nous voudrions dégager quelques acquis à partir desquels, aujourd'hui, on peut se mettre au travail...

I. L'École est un lieu où tout n'est jamais totalement déterminé, où quelque chose reste encore possible.

II. La fonction de l'École est bien la transmission des savoirs.

III. Mais l'apprentissage ne se décrète pas.

IV. Il s'effectue, pour chacun, de manière active et singulière.

V. Et c'est l'apprentissage réussi qui, à l'École, est véritablement éducatif.

Enfin, ces affirmations ne valent que dans la mesure où des acteurs se les approprient et, seules, la force de leur conviction et la qualité de leur travail en commun sont susceptibles, sur le terrain, de leur donner corps.

1. Nous avons dû, évidemment, faire l'impasse sur des hommes et des idées que l'on pourrait, à juste titre, considérer comme essentiels, que ce soit M. Montessori, O. Decroly, A. Makarenko, H. Wallon, B.F. Skinner, Ivan Illich, et bien d'autres. Notre projet n'était pas d'être exhaustif, mais de nous attacher à quelques œuvres et à quelques moments de l'évolution pédagogique qui pouvaient servir de révélateurs.

I. L'École est un lieu où tout n'est jamais totalement déterminé, où quelque chose reste encore possible

Le temps est bien fini des grandes synthèses socio-économiques au terme desquelles le maître, dans sa classe, apparaissait comme entièrement manipulé par un système tout puissant. Les effets pervers de ces thèses sont aujourd'hui bien connus : subordonner le moindre changement à l'avènement d'une révolution radicale, dont la perspective apparaît de plus en plus compromise, revient à entériner le désordre établi. En ce sens, le préalable, révolutionnaire en apparence, de la destruction du système concourt à l'immobilisme et pérennise son fonctionnement ; les penseurs les plus radicaux jouent ainsi le rôle de bouffons du roi, dénonçant, souvent avec justesse, un pouvoir qu'ils contribuent à affermir.

Il nous faut donc revenir à la fois à plus de modestie et à plus de réalisme. Nous devons convenir, croire et affirmer que, face à un élève ou à un étudiant, aucune de nos paroles et de nos attitudes, aucun de nos actes, n'est jamais sans effet et que, si nous pouvons, d'un mot, le renvoyer dans les ténèbres, nous pouvons aussi, par plus de lucidité, de rigueur et d'imagination, le faire grandir et grandir avec lui. C'est pourquoi nous avons voulu, dans cet ouvrage, traiter d'abord de pédagogie à travers un gosse, interroger penseurs, théories et réformes à partir de son vécu... Car, sur un cas précis, fut-il fictif, les synthèses fatalistes ne peuvent apparaître que pour ce qu'elles sont : des systèmes clos, photographies d'un état donné des pratiques scolaires, descriptifs et non normatifs. Le gosse, en revanche, est là, bien présent ; il m'appelle, et qui osera dire que ma relation avec lui est à jamais figée et que rien ne peut advenir qui échappera aux prédictions ? Nous découvrons aujourd'hui que les systèmes nous enferment et nous étouffent alors que les personnes, elles, nous interpellent et que c'est dans notre relation avec elles que nous construisons notre liberté.

Mais, avec la fin des sytèmes, cessent aussi nos certitudes. Et c'est bien ce que souligne A. Touraine quand, annonçant le « retour de l'acteur », il nous met en garde : « Nous ne retrouverons jamais les certitudes historiques des créateurs de la sociologie moderne, pour qui l'Histoire avançait vers l'individualisme, la rationalité ou la révolution »[1]. L'analyse peut conduire à la présomption que quelque chose est possible, mais seul l'investissement des hommes peut rendre le possible réel. Et tout ce qui dépend des hommes est, comme eux, fragile et précaire. Cela ne tient que par leur détermination et rien n'est jamais tout à fait joué

1. *Le retour de l'acteur*, Fayard, Paris, 1984 (p. 335).

d'avance... Il faut donc rendre l'École aux maîtres et aux élèves, qu'ils s'approprient le temps et l'espace scolaires, qu'ils y soient réellement « acteurs » ou, si l'on préfère, sujets. Il faut que leur travail en commun dans la classe soit, pour eux, objet de réflexion et de décision, occasion de liberté. Il faut qu'ils acceptent d'investir ensemble « la boîte noire », d'en faire leur affaire, d'y agir et non plus d'y être agis.

Certes, ce recentrage n'interdit pas que se poursuivent, légitimement, des recherches sur les systèmes de détermination qui enserrent l'École dans leurs filets ; les sociologues, les économistes, les linguistes et bien d'autres spécialistes des « sciences humaines » peuvent poursuivre leurs efforts ; ils peuvent même contribuer à éclairer les conditions de l'acte pédagogique... mais il ne faut pas que ces spécialistes de l'éclairage paralysent les décideurs. Or le pédagogue est un décideur ; il gère une classe ou un groupe et, à chaque instant, il a des décisions à prendre. C'est la raison pour laquelle il doit procéder à une réduction délibérée des variables, repérer quelques leviers, isoler l'un d'eux dont il peut s'emparer, grâce auquel il soulève un peu de matière, et contribue à construire le monde. « Il faut choisir, dit P. Valéry, d'être un homme ou bien un esprit. L'homme ne peut agir que parce qu'il peut ignorer et se contenter d'une partie de la connaissance »[1]. Sans connaissance, l'acte est aveugle ou instinctif ; il n'a aucune chance de s'inscrire dans l'Histoire ; mais, à vouloir tout connaître, l'on ne passe jamais à l'acte. C'est pourquoi l'action ne peut jamais totalement éliminer le risque. Si nous pouvions tout savoir avant d'agir, nous n'agirions qu'à coup sûr et nous atteindrions systématiquement notre cible. Mais, puisqu'il nous faut décider d'ignorer pour pouvoir passer à l'acte, nous prenons le risque de nous tromper, de ne pas prendre en compte une variable décisive et d'échouer totalement ou partiellement. L'essentiel est que l'approximation inévitable dans le processus de prise de décision se répercute en analyse critique des résultats obtenus et ouvre à de nouvelles recherches et à de nouvelles actions.

Ainsi va l'acte pédagogique dans la classe. On peut l'informer tour à tour de données économiques ou sociologiques, de points de vue psychologiques ou psychanalytiques ; on peut le relier à la conception que l'on se fait du programme ou aux représentations que l'on a de l'intérêt des élèves ; on peut l'envisager à partir de la formation que l'on a reçue ou à partir des attentes de l'institution dans laquelle on se trouve ; on peut mobiliser sa culture personnelle ou tenter de s'articuler sur celle des élèves... L'essentiel est d'avancer en posant des choix lucides et en les remettant en cause à l'examen des résultats obtenus. Mais encore faut-il précisément que l'on dispose d'un projet précis auquel on puisse référer ces résultats ; encore faut-il, en d'autres termes, que l'on se mette d'accord sur la fonction de l'École.

1. *Eupalinos ou l'architecte, Œuvres 2,* Gallimard. La Pléiade, Paris, 1971 (p. 126).

II. La fonction de l'École est bien la transmission des savoirs

L'école obligatoire jusqu'à seize ans, n'est pas une concession faite aux adolescents pour leur éviter d'être plongés trop tôt dans la vie professionnelle ; ce n'est pas seulement un moyen de faire avancer la justice sociale ; c'est d'abord et surtout une nécessité sociale : la mutation industrielle de notre siècle a fait reculer et parfois disparaître la multiplicité des petites cellules de formation qui, dans la société rurale et artisanale, permettaient d'assurer l'accueil d'une grande partie des adolescents. Inadaptées à la structure de l'emploi, ces cellules l'étaient aussi aux exigences des employeurs : la complexité technique exige en effet, aujourd'hui, le détour par l'abstraction... Que l'on songe, par exemple, à l'enjeu de la substitution de l'électronique à la mécanique dans la plupart des activités de production ou de services : un engrenage, une chaîne mécanisée, peuvent livrer les secrets de leur fonctionnement à la simple observation attentive de leurs rouages ; l'absence d'une formation abstraite n'est pas ici trop dommageable car l'habitude et l'habileté enseignent ce que l'école n'a pas appris. Mais un circuit électronique, qu'il commande une automobile, une machine à laver ou un centre de tri postal, ne délivrera jamais son mystère à celui qui en ignore les principes : il pourra regarder, démonter, tâtonner longtemps sans jamais parvenir à en comprendre le fonctionnement. L'accès à l'abstraction ne peut plus être un luxe réservé aux concepteurs : les utilisateurs invalideraient vite leurs découvertes si on ne leur fournissait pas les outils permettant de les utiliser à bon escient. Et le problème est tout aussi pressant à la considération de l'inflation de l'information qui nous assaille aujourd'hui : celui qui est incapable de maîtriser le flot d'images que déverse la télévision, de séparer l'essentiel de l'accessoire, de percevoir l'idéologie qui tente toujours de se faire passer pour « la nature des choses »[1], celui-là a toutes chances d'être le jouet de manipulateurs habiles.

C'est pourquoi, affirmer que l'école doit transmettre des savoirs signifie pour nous qu'elle doit permettre à chacun de déjouer les fausses évidences, de se délivrer de l'immédiateté des choses, tant il est vrai, comme n'a cessé de le rappeler G. BACHELARD, que « l'esprit scientifique doit se former contre la Nature, contre l'entraînement naturel, contre le fait coloré et divers »[2]. L'accession à l'abstraction est l'accession à la liberté, parce qu'elle délivre des préjugés et d'abord de ce préjugé si prégnant qui veut que les choses ne soient que ce qu'elles sont : les choses

1. L'analyse que R. BARTHES faisait du « mythe » comme « transformation de l'histoire en nature, objectivation indue d'une idéologie » (*Mythologies*, Le Seuil, 1957) nous paraît, à l'époque de Dallas et du triomphe de la publicité, particulièrement d'actualité.

2. *La formation de l'esprit scientifique*, Vrin, Paris, 1967, (p. 23).

sont toujours plus complexes que leurs manifestations concrètes ne semblent l'indiquer, et, à évacuer cette complexité, l'on s'interdit d'avoir le moindre poids sur elles : on les prend pour la réalité alors que, le plus souvent, elles n'en sont que les symptômes. Le médecin en sait quelque chose qui s'évertue à faire comprendre au patient que la disparition du symptôme ou son camouflage ne sont pas la guérison...

Donc, ce que l'École doit transmettre à tous ce sont des outils conceptuels qui permettent de penser le monde, les êtres et les choses, d'atteindre le point d'abstraction au niveau duquel ces réalités perdent leur opacité et deviennent des partenaires possibles de l'activité humaine... Et, sans doute, ne proposons-nous ici rien d'autre qu'une version actualisé du « lire, écrire et compter », adaptée aux exigences de ce temps... Mais voilà, dira-t-on, un programme bien généreux auquel l'on ne peut que souscrire ! Et il est vrai que, tant que l'on en reste au niveau des finalités, le consensus est assez facile à établir. C'est pourquoi il faut toujours se compromettre dans des propositions précises ; si l'on y perd parfois un peu de prestige, l'on y gagne souvent de la crédibilité... Nous proposons donc que l'École s'attache prioritairement à faire acquérir quatre grands types de « savoirs » :

1. La première urgence, nous semble-t-il, concerne l'acquisition de *capacités méthodologiques* qui conditionnent tous les apprentissages qui pourront être effectués : être capable d'écouter, de lire attentivement un texte, être capable d'appliquer des consignes, de trouver une information, de constituer une documentation, d'effectuer une synthèse, être capable de se fixer des objectifs, d'évaluer s'ils ont été atteints, d'analyser un échec et d'en comprendre les causes... Car celui qui, à l'école, ne dispose pas de ces capacités, a toutes chances de courir d'échec en échec. Mais la tentation, ici, comme toujours quand on évoque ce qui apparaît comme de nouveaux « contenus » scolaires, est de créer de nouvelles structures où ces objectifs seront poursuivis pour eux-mêmes. Or le danger serait grand de procéder ainsi : d'une part, on risquerait de donner le sentiment aux élèves qu'il s'agit d'une nouvelle matière et, les exercices portant sur des contenus spécifiques, ils ne seraient pas nécessairement transférés sur les autres matières ; d'autre part, et surtout, les professeurs de ces autres matières se verraient désinvestis d'une tâche essentielle qui doit être partie intégrante de leur enseignement... Ces capacités risqueraient ainsi de tourner à vide, réduites à de simples procédés, coupées de toute matière où se manifester. Il nous paraît bien plus profitable que tous les enseignants aient le souci de mettre en place, à travers leur propre discipline, des dispositifs susceptibles de développer ces capacités méthodologiques[1].

1. Nous nous permettons de renvoyer ici aux propositions de dispositifs que nous faisons dans notre ouvrage : *Outils pour apprendre en groupe – apprendre en groupe 1 ?* Chronique sociale, Lyon, 1984 (pp. 125 à 134).

2. La deuxième urgence concerne l'acquisition de *compétences permettant à l'élève de comprendre et maîtriser son insertion dans l'Histoire.* Sans l'Histoire, toutes les connaissances se valent et les savoirs se rangent dans une encyclopédie où leur égale insignifiance ne permet de distinguer ni leur enjeu, ni leur valeur. Sans l'Histoire, les concepts apparaissent comme des vérités révélées et leurs contradictions inévitables les annulent réciproquement. Les mathématiques, la littérature, l'enseignement des langues se réduisent à un catalogue de solutions provisoires qui, coupées des conditions de leur émergence, interdisent leur véritable appropriation. Plus grave encore, sans l'Histoire les adolescents se trouvent confrontés à des notions dont ils ignorent le véritable sens et l'on ne peut s'étonner qu'ils désertent ensuite cette Histoire, n'ayant jamais eu l'occasion de l'appréhender véritablement.

Pourtant, là encore, nous ne pensons pas, quoiqu'on en dise, qu'il suffise d'augmenter les horaires d'une discipline, l'histoire-géographie, ni de revaloriser la chronologie ou les exercices de mémoire à l'école primaire, pour réaliser notre vœu. D'une certaine manière, nous pensons même que procéder ainsi pourrait aboutir au contraire de ce que nous souhaitons : réduite à une « matière à apprendre », l'histoire, loin d'incarner le développement des savoirs et d'impliquer les élèves à ce processus, se reconstitue comme un savoir désincarné, coupé des autres savoirs, sans rapport avec l'univers dans lequel l'élève est plongé dès qu'il quitte la classe. Aussi, souscrivons-nous plus volontiers à la recommandation de N. Postman pour lequel il faudrait « enseigner toutes les disciplines en tant qu'histoire »[1]. Dans cette perspective, il conviendrait d'introduire les notions et les concepts des programmes en restituant autant que possible les conditions de leur apparition, en montrant pourquoi et comment ils ont été conçus et quelles résistances ils ont eu à combattre : le théorème de Pythagore viendrait naturellement pour résoudre le problème de l'arpentage du sol égyptien après chaque crue du Nil ; le nombre négatif rendrait possible le calcul de la dette des commerçants et, plus tard, les systèmes plus abstraits s'engréneraient les uns sur les autres à l'analyse des contradictions qu'ils devraient surmonter. L'étymologie retrouverait une place centrale dans l'étude des langues ; les sciences expérimentales partiraient des représentations premières des phénomènes pour en débusquer les illusions et les épurer progressivement. Bien évidemment, il faudrait se garder de l'illusion spontanéïste : les élèves, livrés à eux-mêmes, ne peuvent redécouvrir en quelques années la gravitation universelle ou la relativité d'EINSTEIN... Le croire serait prendre le risque qu'il leur faille une quarantaine de siècles et beaucoup de chance ! Le rôle de la pédagogie, c'est de permettre de faire l'économie d'un peu d'histoire,

1. *Enseigner, c'est résister.* Le Centurion, Paris, 1981 (p. 176).

mais elle manque son but si elle élimine toute l'histoire. Son objectif est de faire en sorte que les élèves puissent vivre en raccourci la genèse des connaissances et se les approprier activement. C'est seulement ainsi que l'on peut espérer qu'ils accèdent à des savoirs en mesurant leur portée et en comprenant leur sens dans l'histoire des hommes. C'est seulement ainsi que l'on peut espérer qu'au sortir de l'École, les adolescents seront en mesure, eux aussi, de faire l'Histoire.

3. Si les capacités méthodologiques permettent à l'élève de se diriger dans ses apprentissages, si ceux-ci l'aident à accéder à des savoirs qui lui donnent quelques clés pour comprendre et maîtriser le monde, rien dans tout cela, nous fera-t-on remarquer, n'est véritablement susceptible de développer ses *facultés créatrices* ? L'homme de demain épuisera-t-il son énergie à aiguiser sa lucidité et à tenter de contrôler l'Histoire ? Et quelle folie, à terme, s'emparera de lui si, quelque part et quelque jour, il ne prend le temps de donner forme à son émotion ? Sans ce détour par ce qu'il est convenu d'appeler l'art, et où, dans le plaisir de se reconnaître, affleure le sentiment de se dépasser, quelles tentations totalitaires s'empareront de lui ? L'expression artistique délivre l'intelligence de l'activisme ; elle constitue cette pause où s'éprouvent, fugitivement, un inachèvement, une rupture sans lesquels nous risquons la fuite en avant vers toujours plus de puissance et de domination. Un poème de VILLON, une symphonie de BEETHOVEN, un tableau de PICASSO, nous imposent, un temps, le silence, et nous empêchent de nous identifier totalement à toutes les activités qui envahissent nos vies. Et, après ce silence, les choses ne sont plus tout à fait comme avant. Nous en sortons, un peu plus chargés d'humanité, un peu plus capables d'entendre la respiration des êtres qui nous entourent. L'art, au fond, nous révèle l'essentiel : la tendresse, l'amour, la folie, la peur... ; il nous les fait voir de telle manière que nous nous souviendrons toujours les avoir croisés sur notre chemin et que notre attention en sera multipliée. Il n'est pas excessif de dire que l'art réveille en nous la quête des valeurs ; en sa perfection, il parvient à dire l'Homme et interpelle notre bonne conscience : combien de temps encore oublierons-nous qu'un seul être traqué, un seul amour brisé, invalident toutes nos œuvres ? Pouvons-nous nous passer de GOYA, qui révèle la grimace sur le visage du pouvoir, de RACINE qui découvre notre fascination pour les paradoxes de la passion, de MOZART et du bonheur d'être au monde, d'ELUARD et de l'amour-douceur qui réconcilie les hommes ? Certes, sans eux, nous subsisterons ; nos enfants subsisteront et peut-être même franchiront-ils tous le mur du son ? Mais il nous manquera, mais il leur manquera, cette brèche ouverte où pointe l'émotion et qui, modestement, nous délivre des tyrannies de toutes sortes.

Or, c'est peu dire que sur ce point l'École rate sa mission. Non seulement, elle fait l'impasse sur des pans entiers de notre culture, mais encore elle parvient, pour ceux qu'elle prend en compte, à en éloigner pour toujours les enfants. Seuls, parmi eux, ceux qui auront eu la chance de rencontrer hors de la classe une culture vivante, pourront, plus tard, choisir un domaine où exprimer leur sensibilité. Car l'on oublie trop que la multiplication des propositions culturelles, aussi souhaitable soit-elle, ne peut suffire à démocratiser la culture : nul ne peut choisir ce qu'il ne connaît pas, ce qu'il n'a jamais véritablement rencontré de manière vivante. L'on pourra multiplier les expositions, subventionner les éditeurs, les concerts, les troupes de théâtre ou de danse, solliciter les sculpteurs et les architectes pour qu'ils investissent les espaces quotidiens, tout cela restera étranger à la majorité si l'École n'a pas, auparavant, joué son rôle d'initiation, permis à tous de repérer et de mesurer l'importance de ces modes d'expression. De même, les efforts légitimes pour développer la vie associative sur le plan artistique resteront vains si aucune sensibilisation n'a été effectuée à l'École, permettant à chacun de choisir, en connaissance de cause, un domaine où s'exprimer... Nous entrons, dit-on de toutes parts, dans la « société des loisirs ». Il n'est pas sûr que nous y arrivions si vite que cela. Mais, quoiqu'il en soit, c'est à l'École à fournir aux hommes les moyens de faire de leur temps libre un temps de liberté.

4. Enfin, l'École obligatoire jusqu'à seize ans doit *permettre aux élèves d'effectuer leur choix professionnel de la manière la plus lucide qui soit.* Pour cela, elle doit leur fournir, à la fois, l'information la plus complète sur les réalités sociales et professionnelles qui les entourent, et la formation personnelle leur permettant de prendre une décision réfléchie. Or, nous sommes aujourd'hui, sur ce plan, dans une situation paradoxale : certains élèves, les moins armés, les moins outillés intellectuellement, sont contraints de faire un choix professionnel dès la fin de la classe de cinquième ; d'autres, qui ont un peu plus de chance, gagnent deux ans et n'effectuent ce choix qu'à la fin de la troisième ; les plus brillants, enfin, ceux qui, somme toute, seraient les mieux armés, disposent d'un sursis de trois, quatre, ou cinq ans, parfois plus... ; ils ont le temps de mûrir leur décision et de la prendre en toute connaissance de cause. C'est là une incohérence à laquelle il faudrait remédier. Pour cela, il n'existe pas une infinité de solutions : l'École doit assurer à tous une formation générale identique, jusqu'au terme de la scolarité obligatoire ; elle doit, dans ce cadre, s'affranchir des velléïtés de formation professionnelle qu'elle assume mal[1] et permettre la prise de connaissance la plus large possible de l'univers économique, technique et professionnel. Dans cette perspective, les expériences de mini-stages d'observation, les enquêtes sur le terrain, les visites d'entreprises ou d'administration sont des initiatives intéressantes. Mais, plus généralement, il faudrait que l'ensemble des professeurs porte le souci d'ouvrir, quand l'occasion s'en présente, leur enseignement sur ces réalités ; il faudrait que les profes-

1. C'est ce que démontre très justement A. BOUTIN dans *l'Éducation, malade de la formation professionnelle,* Casterman, Paris, 1977.

sionnels puissent intervenir plus souvent dans les classes, que le monde du travail (y compris celui, tout proche, et pourtant si ignoré, des agents de service dans l'École) soit pris en compte et présent à travers tous les objets que les élèves manipulent. Qui balaie la classe ? Qui écrit et fabrique les livres ? Qui décide du budget de l'école, construit les emplois du temps ? Qui conçoit les émissions de télévision et qui fabrique les postes ? Le silence convenu sur ces questions isole artificiellement l'univers scolaire de l'univers social, et laisse les élèves inconscients de toute une réalité sur laquelle il faudrait, au contraire, les éclairer puisqu'ils en seront, demain, les acteurs.

Mais former l'adolescent à choisir sa profession, c'est aussi le former à l'autonomie, le rendre capable d'évaluer ses résultats, de prendre en considération les conséquences futures de ses actes, d'envisager les risques encourus. Quand, dans l'École, apprend-on cela ? Quels choix fait-on faire à l'élève pour analyser avec lui ensuite ce qui s'est passé et le rendre plus lucide ? Et c'est bien là le drame : alors qu'en classe on aurait le temps de se tromper et d'analyser son erreur, de faire fausse route sans que cela porte à conséquence..., on enserre le plus souvent l'élève dans une série de contraintes, on le prive de toute véritable initiative. Et l'on s'étonne ensuite que, devant un choix décisif comme celui d'une orientation professionnelle, il ne se sente pas concerné ou agisse de manière irresponsable ! Là encore, on ne peut éternellement reprocher aux élèves de ne pas savoir faire ce qu'on ne leur a jamais appris.

Donc, l'École doit transmettre des savoirs... Nous avons tenté de préciser lesquels, en nous situant volontairement de manière transdisciplinaire. Non que nous refusions toute légitimité au découpage habituel en disciplines, mais parce que nous pensons que si celles-ci correspondent à des spécialisations nécessaires pour accroître les connaissances des maîtres, elles perdent toute chance de servir la mission de l'École si elles ne s'ordonnent pas autour d'un axe commun.

III. L'apprentissage ne se décrète pas

On rougirait de rappeler une telle évidence si les polémiques sur la question ne faisaient rage depuis quelque temps. Certes, on peut comprendre que quelques excès de langage, quelques expériences marginales aient pu laisser croire que, à force de s'intéresser aux processus de l'apprentissage, on perdait tout intérêt pour les contenus à apprendre. Le discours psychologique a trop longtemps dominé la pédagogie jusqu'à l'envahir toute entière et il est largement responsable de bien des malentendus. Mais il ne faut pas passer d'un excès à l'autre et basculer dans une conception simpliste de l'apprentissage, évacuant l'activité du sujet apprenant ! On n'apprend pas quelque chose à un élève comme on fait une photographie : il ne suffit pas, par le discours, d'impressionner une plaque sensible qu'un peu de « travail personnel » développerait et dont l'examen final restituerait l'image initiale. Car, en réalité, l'intérêt porté à l'enfant apprenant et celui porté au savoir à apprendre, ne varient pas en sens inverse... sauf à privilégier délibérément la polémique. L'un et l'autre sont étroitement solidaires : personne ne peut apporter la moindre connaissance s'il ne se centre pas sur l'apprenant, et quiconque prétend respecter l'enfant sans lui fournir des connaissances réduit l'éducation à l'admiration béate des aptitudes qui s'éveillent.

Donc, il faut enseigner, mais il ne suffit pas de le décréter pour que l'apprentissage se produise ; il y faut ajouter, pensons-nous, un peu de rigueur un peu d'imagination, un peu de rationalité et un peu de désir.

Le désir d'abord : « Nous ne pouvons pas faire l'économie, dit J.P. DOLLÉ, d'une conception érotique de l'enseignement »[1]. Si nous ne sommes pas capables de susciter la passion de connaître, nous manquerons toujours notre but. Mais la passion s'enseigne-t-elle ? Certes, non ! Et le volontarisme ici, produit, le plus souvent, désintérêt et ennui. Réduit à un objet d'enseignement ou à un sujet d'incantation, le désir s'étiole et s'enfuit. Que l'on dise aux élèves, en y mettant la conviction ou la colère dont on est capable, que « l'on ne comprend pas leur désintérêt et qu'ils feraient bien de se passionner un peu plus pour leur travail » ne sert jamais qu'à provoquer quelques bouffées d'ennui supplémentaires ou quelques sourires sceptiques. La passion naît de la rencontre d'une personne, animée elle-même d'une passion et susceptible de la faire partager. La passion de l'élève pointe quand il sent l'enseignant se passionner devant lui, avec lui, s'impliquer dans le savoir qu'il transmet. A travers la résolution d'une équation ou l'explication d'un poème, dans l'organisation d'une expérience scientifique comme dans l'étude d'une question d'histoire, il importe que le savoir s'incarne, que l'enseignant le fasse sien pour que l'élève puisse, à son tour, se l'approprier. Comment le maître pourrait-il légitimement prétendre susciter l'intérêt de ses élèves s'il s'en tient lui-même à une froideur fonctionnelle ? « Entre un professeur indifférent et un professeur maniaque, écrit un écolier de Barbiana, je préfère un maniaque »[2]. Certes, le terme est maladroit ; il reflète pourtant une réalité que bien des élèves ont éprouvée : seule la conviction est contagieuse ; seul, le savoir habité par une personne, incarné dans une histoire, vivant dans les chemins de sa découverte, a quelque chance de susciter le désir d'apprendre.

Mais la passion ne suffit point et risque de laisser jouer sans discernement les phénomènes affectifs et les complicités culturelles souterraines. Si la rigueur ne vient régulièrement l'interroger, elle sélectionne ceux qui ont la chance de pouvoir s'identifier au maître. C'est pourquoi la

1. *Monsieur le Président, il faut que je vous dise,* Lieu Commun, Paris 1983 (p. 121).
2. *Lettre à une maîtresse d'école* (op. cit., p. 159).

pédagogie par objectifs a tant de valeur régulatrice : en contraignant l'enseignant à nommer toujours le résultat qu'il atteint, en s'assurant, à chaque étape de la démarche, que chaque élève dispose bien des pré-requis nécessaires, elle introduit une rationalité garante d'un minimum d'équité dans l'apprentissage. Elle est précieuse, moins en tant qu'elle proposerait un système pédagogique complet et cohérent, qu'en tant qu'elle interroge opportunément la passion de convaincre et l'entraîne à prendre en compte l'apprenant, à se référer à ses acquisitions, méthodiquement, inlassablement.

IV. L'apprentissage s'effectue par chacun de manière active et singulière

Nous n'en sortirons pas sans cette évidence : c'est l'élève qui apprend, et lui seul. Il apprend à sa manière, comme n'a jamais appris ni apprendra personne. Il apprend avec son histoire, en partant de ce qu'il sait et de ce qu'il est. Aucune pédagogie ne peut faire l'économie de ce phénomène ; toute pédagogie doit s'enraciner dans l'élève, dans ses connaissances empiriques, ses représentations, son vécu. Apprendre c'est toujours, d'abord, être impliqué et se dégager progressivement de cette implication première pour accéder à l'abstraction ; c'est un parcours singulier que personne ne peut faire à votre place.

C'est pourquoi la plupart des pédagogues affirment qu'il convient de partir de l'élève, de ses besoins et de ses intérêts. Et ils ajoutent justement que l'on ne doit pas s'en tenir là, que l'on doit aussi lui fournir des outils pour dépasser ces besoins et ces intérêts, lui permettre d'accéder à des représentations épurées, à des connaissances scientifiques. La pédagogie, en ce sens, n'est rien d'autre que l'art de la médiation : elle bricole dans l'intermédiaire, s'ingénie à construire une arche entre l'enfant et le savoir... FOURIER affirmait déjà que toute la question de l'éducation se réduit à « faire aimer les mathématiques à une jeune fille qui aime l'ail »[1]. Bien sûr, comme le fait remarquer D. HAMELINE[2], cette interrogation est faussement simple et peut recouvrir bien des options différentes : faut-il frotter à l'ail les livres de mathématiques, faire compter des gousses d'ail à la jeune fille, l'inviter à manifester ses talents culinaires pour conquérir sa confiance et, à la faveur d'une relation privilégiée, transférer adroitement son intérêt sur les mathématiques ? Ou bien faut-il lui interdire la consommation de l'ail jusqu'à ce qu'elle obtienne de bons résultats en mathématiques, espérant qu'ainsi elle y prendra goût ? Chaque enseignant sait bien qu'il navigue le plus souvent à vue entre ces différentes

1. Cette formule sert de sous-titre à la 1ère édition de l'ouvrage de J. FILLOUX : *Du contrat pédagogique*, Paris, 1974.

2. *Le domestique et l'affranchi*, Éditions ouvrières, Paris, 1977 (p. 132).

options : s'appuyer sur un intérêt pour en détourner le cours et le fixer, à l'insu même de l'élève, sur un autre objet ; satisfaire le désir de l'élève en tentant de créer un courant de sympathie à son égard dont il espère qu'il se répercutera sur le savoir à transmettre ; ou utiliser la satisfaction de l'intérêt comme gratification suspendue à l'exécution de tâches plus fastidieuses... Nous pensons pourtant que, sans mépriser le moins du monde les bricolages quotidiens de ceux qui, dans les collèges et les lycées s'efforcent de réconcilier le savoir et l'élève, l'on peut se dégager d'une vision trop étroite de « l'intérêt de l'élève » ; celui-ci n'est pas donné une bonne fois pour toutes et il faut le concevoir de manière plus dynamique. Car l'intérêt peut naître d'une sollicitation du maître et nous avons déjà dit toute la part que la passion de ce dernier peut prendre à cette naissance.

Mais, quoi qu'il en soit, se centrer sur la genèse du savoir dans l'élève exige de penser l'enseignement en termes de *situation d'apprentissage* : il s'agit de créer des situations adaptées à chaque élève, qui s'appuient sur un état donné de leurs connaissances, leur fournissent des outils adaptés et leur proposent d'atteindre un objectif identifiable. Raisonner ainsi, c'est inverser radicalement la perspective habituelle selon laquelle l'on pense essentiellement en termes de *situation d'enseignement* ; c'est, aussi trivial que cela puisse paraître, *organiser la classe pour que les élèves y travaillent.*

En ce sens, l'expression « pédagogie différenciée » est un pléonasme : il n'y a de pédagogie que différenciée puisqu'il n'y a de savoir que dans et par le parcours qui y mène. Certes, l'on a pu, un temps, s'imaginer qu'un ensemble d'élèves alignés était susceptible de recevoir en même temps les mêmes connaissances, d'effectuer les mêmes opérations intellectuelles, sur les mêmes supports, avec les mêmes rythmes. Cela a pu même, il y a quatre ou cinq siècles, représenter un progrès considérable par rapport à l'école moyenâgeuse qui mêlait indistinctement les publics les plus divers et où le maître, dépourvu d'outils didactiques, gaspillait son énergie à instaurer un semblant d'ordre. Cela a pu fonctionner sans trop de difficultés dans les écoles secondaires héritées de NAPOLÉON, tant qu'un filtre serré était disposé à l'entrée, et que les élèves disposaient, à peu de choses près, du même bagage culturel. Mais, outre que l'enseignement primaire n'a jamais véritablement fonctionné ainsi, le mythe de la classe homogène tient à une terrible illusion : du fait que plusieurs élèves effectuent individuellement les mêmes apprentissages de manière à peu près simultanée, l'on en déduit que cette simultanéité est structurellement nécessaire à l'apprentissage. Le maître, ignorant ce qui se passe effectivement dans sa classe, croit que sa parole dispose du pouvoir démiurgique de transformer uniformément tous les individus qui l'écoutent. La seule véritable exigence qu'il impose alors aux élèves est ce qu'il nomme « l'attention » et qui est censée les mettre en état de réceptivité, ouvrant en quelque sorte la porte au savoir qu'il diffuse. Bien évidemment, certains sont capables d'être actifs dans une telle situation ; ils reconstruisent le savoir que le maître expose et se l'approprient ainsi. Mais d'autres, pour de multiples raisons, parce qu'ils ne disposent pas de certaines connaissances, parce qu'ils ont besoin d'une autre situation, parce que la méthode d'exposition ne correspond pas à leur propre démarche, d'autres décrochent, se découragent, échouent. Cependant, puisque certains réussissent, le maître ne songe pas à questionner sa didactique... : celle-ci a fait ses preuves, elle est au-dessus de tout soupçon ; l'échec de certains ne peut pas lui être imputé.

Et ce qui est vrai pour n'importe quelle classe, ce qui reste vrai, quoiqu'on en dise, pour la classe la plus homogène, s'impose aujourd'hui comme une nécessité sociale fondamentale : à partir du moment où l'on fait l'option de fournir à tous un tronc commun de connaissances générales, quand se cotoient à l'école des enfants élevés dans des habitudes sociales et culturelles différentes, munis d'outils intellectuels très hétérogènes, la différenciation de la pédagogie s'impose. Des élèves de sixième avec qui nous réfléchissions sur cette évidence avaient inventé un vieux proverbe chinois : « Il faut beaucoup de chemins pour que tout le monde arrive en haut de la montagne ». Le chemin unique, en effet, c'est la route de l'exode : ceux qui possèdent la carte et un bon moyen de locomotion caracolent en tête, d'autres s'essoufflent derrière, et d'autres enfin se découragent et abandonnent la route... Ils rentrent chez eux, certains que, décidément, cette affaire là n'est pas pour eux.

V. A l'École, c'est l'apprentissage réussi qui est véritablement éducatif

Faut-il opposer instruction et éducation ? Une analyse superficielle permettrait de le croire : n'y a-t-il pas, d'un côté, tout ce qui ressort du connaître, tout ce qui concerne le savoir sur les choses, et, de l'autre, tout ce qui est de l'ordre de l'épanouissement de la personne, de son aptitude à la liberté et au bonheur ? Dans ces conditions, l'École serait écartelée entre deux vocations contradictoires : d'une part, sa fonction d'institution socio-politique, chargée de transmettre des savoirs en s'appuyant essentiellement sur la dimension cognitive des individus ; d'autre part, sa nature de communauté de vie, chargée de fournir à l'enfant un environnement chaleureux et de lui permettre de croître et de se structurer sur le plan affectif[1]. En sacrifiant à la première solution, l'on abandonnerait toute vélléité pastorale pour se consacrer exclusivement à la didactique ; en choisissant la seconde, l'on renverrait les apprentissages à plus tard, quand l'individu serait suffisamment stabilisé sur le plan psychologique.

1. On trouvera cette opposition quelque peu caricaturale dans l'ouvrage de J.C. MILNER, *De l'école*, Le Seuil, Paris, 1984, p. 31.

Or, rien n'est plus artificiel qu'une telle alternative... Et pourtant, nous comprenons parfaitement qu'elle ait pu se développer et qu'elle soit revivifiée aujourd'hui pour des raisons d'ordre stratégique : nous avons observé, à travers le parcours de Gianni, à quel point son affectivité était l'objet d'une extrême sollicitude... Or il peut être particulièrement dangereux, dans l'éducation scolaire, de surestimer de façon excessive la part relationnelle au détriment de la part didactique, et cela pour trois raisons : d'abord, parce que, Gianni nous l'a souvent dit, l'insistance sur la relation sélectionne toujours ceux avec qui celle-ci est plus facile, et ce processus n'échappe que difficilement aux déterminations socio-culturelles ; ensuite parce qu'il convient absolument que les enseignants évitent de récupérer au relationnel les échecs de leur pratique didactique, plutôt que de tenter de les dépasser ; et enfin parce que, pour beaucoup d'entre eux, la valorisation de la « psychologie » et de l'« éducation » s'accompagne paradoxalement de l'aveu de leur incompétence dans ce domaine et excuse ainsi facilement leurs échecs : combien de fois n'a-t-on pas entendu dire, dans les classes de cours préparatoire, que nombre d'élèves avaient des difficultés dans l'apprentissage de la lecture en raison de leurs problèmes psychologiques... ? Ne pourrait-on pas retourner facilement l'affirmation ? Et si ces enfants avaient des problèmes psychologiques précisément parce qu'on leur a mal appris à lire et que cet échec de la didactique a largement contribué à les déstabiliser ?... En réalité, la seconde affirmation n'est pas plus « vraie » que la première, et elle commet la même erreur de rechercher toujours la cause dans l'antériorité, au lieu de considérer les phénomènes en interaction : car, chez tout individu, le domaine affectif et le domaine cognitif sont étroitement imbriqués, et faire la part, dans un échec scolaire, des difficultés psychologiques et des erreurs pédagogiques, est une tâche impossible. En revanche, ce qui est possible et parfaitement légitime, c'est d'utiliser lucidement et en conscience de leur partialité, selon les cadres institutionnels et les compétences des personnes, l'une ou l'autre des deux « entrées ».

C'est pourquoi, il faut bien admettre que la spécificité de l'École, ce pour quoi elle est le moins mal équipée, la seule mission qui puisse vraiment la justifier, est de contribuer à la construction des personnes en s'appuyant spécifiquement sur le cognitif. D'autres lieux, d'autres institutions, d'autres personnes ont reçu formation et mandat pour s'appuyer sur le vécu affectif. Bien sûr, cela ne veut pas dire qu'il faille suspendre toute affectivité à l'école – d'ailleurs cela ne serait pas possible – mais cela signifie que l'élément à partir duquel doit s'organiser l'acte pédagogique, le point fixe, c'est la connaissance.

Cela est d'autant plus essentiel que, fondamentalement, le rapport didactique réussi est toujours éducatif. Il est éducatif parce que la connaissance outille l'individu et se répercute sur sa personnalité toute entière. Il est éducatif parce qu'un rapport humain qui s'établit sur des bases claires, contractuelles, aux termes desquelles un objectif est posé, des moyens sont donnés, une évaluation est prévue, permet à l'individu de mieux comprendre et maîtriser sa propre existence. Il est éducatif, enfin, parce que la médiation du savoir et la prise de conscience de son acquisition rendent possible la mise à distance avec le vecteur pédagogique, c'est-à-dire avec le maître et sa méthode : sans l'objectivité de la connaissance et sans l'évaluation de cette connaissance, tout peut advenir, de la fascination à la captation, de l'identification aux phénomènes fusionnels les plus incontrôlés. Si je sais ce que j'ai appris, et si je peux le pointer lucidement, le séparer des conditions et des personnes qui ont permis cet apprentissage, alors j'ai quelque chance d'accéder à l'autonomie et d'exercer ma liberté. En revanche, si j'ignore ce que j'ai acquis, si je confonds le savoir et le maître, la connaissance et la méthode, alors je perds toute chance de pouvoir jamais m'approprier ce savoir, l'utiliser autrement et ailleurs ; je reste à jamais dépendant.

Ainsi qu'on l'aura remarqué, la question de l'évaluation est donc profondément liée au statut même de la démarche pédagogique. Ce n'est pas seulement un problème technique qu'il conviendrait d'examiner pour décider si les interrogations écrites sont meilleures que les interrogations orales, c'est un problème de philosophie de l'Éducation : sans objectif repérable et évaluation claire, l'enseignement ne permet pas à l'apprenant de se dégager, de subvertir son propre processus, il n'est pas éducatif. Mais un apprentissage réussi, au sens dans lequel nous l'avons défini, est toujours éducatif.

Ces affirmations ne valent que dans la mesure où des acteurs se les approprient, et, seules, la force de leur conviction et la qualité de leur travail en commun sont susceptibles, sur le terrain, de leur donner corps.

Il est devenu de bon ton de se gausser des militants et de dénoncer leur aveuglement, leur volontarisme, voire leurs méfaits. Si l'on veut, par là, se défaire de la naïveté de celui qui croit changer le monde en aménageant sa classe, de l'intolérance de celui qui veut imposer sa méthode à tous, sans respecter l'histoire de chacun, du dogmatisme et de l'endoctrinement, on a raison. Si l'on veut exprimer son scepticisme vis-à-vis de ceux qui croient transformer durablement le système éducatif en ne s'appuyant que sur le bénévolat de quelques-uns, on a aussi raison. Si l'on veut enfin manifester quelque inquiétude en face de ceux qui sacrifient toute vie personnelle, leur compagnon et leurs enfants sur l'autel de l'efficacité de leur combat, on a encore raison. Mais si l'on veut dire qu'il est possible de faire changer véritablement les choses en se passant de la conviction et du travail en commun des acteurs sociaux sur leur terrain, alors on a terriblement tort. Il n'est pas possible de considérer l'École, la classe, comme des lieux où il suffirait d'appliquer des lois découvertes dans des laboratoires, ou des plans élaborés dans des cabinets ; les apports de la psychologie, les cadres législatifs ne valent que dans la mesure où des équipes se les approprient, en font leurs propres outils et leurs propres objectifs.

C'est dans cette direction qu'il conviendrait de développer la formation des maîtres : il faudrait leur fournir les aides nécessaires pour en faire des praticiens-chercheurs. Non point des praticiens qui mènent une recherche sur la pratique d'autrui, mais des praticiens qui, solidaires sur leurs objectifs, se stimulent, s'interrogent et, en vertu même de la solidarité qui les lie, manifestent entre eux cette exigence réciproque qui les empêche de se laisser prendre dans les pièges de la complaisance. Il faut substituer à la distance extérieure du chercheur professionnel ou de l'inspecteur, une distance intérieure démultipliée, dans la confiance que procure la certitude d'un travail convergent... Mais convergent vers quoi ? Vers quel modèle d'École susceptible d'inspirer un consensus ? Nous en avons ébauché les fondements théoriques ; il nous reste à en tracer les contours.

Deuxième partie

Vers une école plurielle ou Différencier la pédagogie

« Il en faut un, il en faut deux, il en faut... Nul ne possède assez d'ubiquité pour être seul son contemporain souverain. »

René CHAR
Fenêtres dormantes et porte sur le toit
(Gallimard, 1979, p. 16)

1. L'hétérogénéité : un défi à relever

Le mythe identitaire a fait long feu. On a pu croire, un temps, aux vertus de l'assimilation, imaginer qu'un modèle culturel unique – celui de l'occidental humaniste, « maître de lui-même comme de l'univers » – était suspectible de s'imposer progressivement à tous les êtres humains et de les libérer du joug des oppressions et des intempéries de l'histoire. Il fallait, disait-on, que les mêmes techniques, mœurs, coutumes, institutions et croyances, se répandent largement, et imposent enfin la Civilisation. Dans cette conception, l'évolution des sociétés était toute entière conçue comme la marche progressive vers le modèle occidental, toutes les autres cultures se trouvant réduites, selon l'expression de C. LEVI-STRAUSS, à « l'état de répliques inégalement arriérées de notre civilisation »[1].

Il est incontestable qu'une telle idéologie a pu être, à un moment de l'histoire des hommes, un outil de promotion efficace : l'ouvrier du Second Empire, le colonisé d'Afrique, les hommes et les peuples tenus à l'écart du partage des richesses, ont pu croire légitimement qu'ils devaient

1. *Anthropologie structurale Deux*, Plon, Paris, 1973, p. 390.

s'emparer des biens et de la culture de leurs oppresseurs. Aussi était-il moins question, malgré les apparences, de détruire un modèle culturel que de se l'approprier, de devenir à son tour un bourgeois, un occidental, un homme « civilisé » entouré du confort et de la sécurité que procure la maîtrise de la technologie. Et comment ne pas comprendre que les exclus de l'histoire aient pu raisonner ainsi, comment ne pas comprendre aussi que certains continuent à le faire ? Il existe encore, chez beaucoup de nos contemporains, ce mythe identitaire d'une civilisation enfin unifiée où la diversité des modes de vie, des valeurs éthiques et esthétiques laisserait la place à une uniformité des conditions qui rendrait enfin possible la convivialité, voire la communialité entre tous. Certes, ce projet peut prendre des formes bien différentes : pour les uns, qui croient à la supériorité absolue du modèle occidental et voient dans sa promotion un moyen de renforcer leur pouvoir, l'unité doit se faire de manière autoritaire, sous la contrainte du conseiller culturel ou militaire ou sous la pression des exigences économiques. Pour les autres, qui rejettent le colonialisme sous toutes ses formes, c'est l'écoute et l'ouverture qui seraient susceptibles de fonder un « monde où les cultures, saisies d'une passion réciproque, n'aspireraient plus qu'à se célébrer mutuellement »[1]... Mais, dans la confusion ainsi créée, tout porte à croire, comme le signale encore C. LEVI-STRAUSS, que chaque culture « perdrait l'attrait qu'elle pouvait avoir pour les autres en même temps que ses propres raisons d'exister »[2] : une culture cosmopolite où se mélangeraient Lao Tseu et Coca-Cola, Tolstoï, la statuaire nègre et la mythologie amérindienne anéantirait bien vite toute spécificité et perdrait tout attrait ; les hommes n'y auraient finalement plus grand chose à se dire et leur identité se muerait, sans nul doute, en indifférence.

C'est pourquoi, paradoxalement, il nous faut revenir à un certain éloge de l'imperméabilité ; elle seule permet à chaque culture d'être elle-même, de se distinguer des autres et confère aux hommes qui la partagent le sentiment d'une appartenance, l'enracinement dans une histoire ; sans elle, l'individu dérive dans le temps et dans l'espace, incapable de se situer, cherchant désespérément des frontières qu'il ne trouve, le plus souvent, que par la violence. Car, quand rien ne marque un territoire et que l'exploration ne révèle aucun point fixe, quand aucun système de coordonnées ne permet de se repérer dans l'histoire et la terre d'une communauté humaine, l'on cherche alors une résistance quelque part et l'on suscite l'affrontement, quel qu'il soit, pour que vos bras ne battent plus désespérément dans le vide.

Il faudrait donc préserver, pour que nos enfants ne s'épuisent pas dans la quête stérile d'une identité impossible, la diversité des cultures et

1. C. LEVI-STRAUSS, *Le regard éloigné,* Plon, Paris, 1983, p. 16.

2. C. LEVI-STRAUSS, *id.*

l'originalité irremplaçable de chacune d'entre elles. Il faudrait promouvoir une société délibérément plurielle, abandonner la conception traditionnelle du progrès en termes d'assimilation croissante des individus à un modèle unique et déboucher vers un nouveau consensus social aux termes duquel aucun partenaire n'abandonnerait son altérité, mais aux termes duquel également la communication et la convivialité resteraient possibles. Car, c'est bien là le défi du XXIe siècle, la question que les hommes n'ont encore jamais eue à résoudre, et pour laquelle il leur faut inventer des solutions : *vivre ensemble dans un univers où l'isolement devient absolument impossible et où la fusion serait suicidaire.* Il nous reste à construire un corps social où, à l'image de la mosaïque, la particularité de chaque fragment participe à la figure plurielle et pourtant harmonieuse qu'ils constituent ensemble.

Et faut-il redire encore, ici, que nous n'avons pas d'autre alternative ? Il serait vain de cultiver la nostalgie de l'homogénéité ; car, tant au plan planétaire qu'à celui de la société française dans son ensemble, ou à celui, plus proche et plus concret, des corps sociaux dans lequels nous sommes insérés, un processus de différenciation est en cours. Certains l'interprètent comme une perte de nos finalités, et leurs craintes pourraient, en effet, être fondées si, au lieu de saisir la chance qui se présente d'inventer de nouvelles formes de socialités, nous cherchions à restaurer le modèle identitaire : dans une telle fusion, chacun perdrait tout espoir de se voir reconnaître sa propre personnalité et verrait ses finalités se dissoudre dans un bric-à-brac hétéroclite où rien n'aurait plus véritablement de sens pour quiconque. Paradoxalement même, la volonté de forcer certaines communautés à abdiquer leur culture pourrait aboutir à des résultats inverses de ceux que l'on recherchait : celles-ci risqueraient de se crisper sur leurs positions, de se durcir jusqu'à l'intolérance, voire jusqu'au racisme.

Car le racisme a deux origines symétriques : d'une part, le refus de la différence et la volonté d'assimilation ; d'autre part, la reconnaissance de la différence qui ne se donne pas les outils de la communication. Et la socialité future, celle qui se cherche à travers les tâtonnements d'aujourd'hui, ne pourra se fonder que sur une promotion résolue de la diversité jointe à une recherche inlassable d'un code commun, code structurant à la fois l'échange et la cohabitation... Il reste aux sociologues, aux politiques, aux militants de « l'interculturel »[1], à nous tous, dans nos quartiers, nos lieux de travail et de loisirs, à poursuivre ce travail. Et il reste au pédagogue à mettre en place une École à la hauteur du défi qui lui est lancé.

L'on connaît la dérive habituelle de l'institution scolaire : en face

1. On lira avec profit, à ce sujet, le numéro 75 (septembre 1984) de la Revue *Éducation permanente* (les transferts de connaissance : vers une pédagogie interculturelle).

d'une exigence nouvelle, elle a tendance à créer des cadres spécifiques qui, sous prétexte de la prendre en compte, reviennent, en fait, à la marginaliser. Ainsi voit-on la préoccupation interculturelle pénétrer l'École sous forme de projets à caractère festif ou à titre de complément d'information : l'on organise une dégustation de cuisine africaine, l'on suggère un exposé sur la musique orientale ou sur l'artisanat maghrébin. Certes, ces tentatives sont loin d'être inutiles et il est clair qu'il faut les multiplier. Mais il faut se garder de croire que, ceci effectué, le défi est relevé : outre que l'on foklorise parfois ainsi une culture vivante, outre que l'on se fixe sur certaines formes plus saillantes de la diversité en passant sous silence d'autres formes, plus proches et pourtant moins visibles, comme la culture rurale, ouvrière, ou encore ces ébauches culturelles qui se créent à la périphérie de nos cités, l'on procède en introduisant de nouveaux objets au lieu de repenser la structure même de l'École et les modes de diffusion du Savoir.

Or l'École peut relever le défi ; nous pensons même qu'elle en a les moyens, dès aujourd'hui, et avec une dépense d'énergie bien moindre que l'on ne pourrait le craindre. La crise qui la traverse se manifeste en effet, essentiellement, par la prise de conscience de l'hétérogénéité. Écoutons les enseignants : l'on ne peut plus, disent-ils, faire la classe à des élèves dont les référents culturels sont aussi différents, dont les motivations sont aussi diverses, dont les niveaux sont aussi inégaux. Certains croient s'en sortir en améliorant simplement la part de théâtre dans l'acte pédagogique : puisque la chapelle ne peut plus fonctionner, que l'on transforme la classe en music-hall, et la qualité du spectacle palliera opportunément l'hétérogénéité des auditeurs. Mais la plupart sentent bien qu'une telle solution, réservée à quelques individus au charisme bien particulier, n'est qu'un piètre pis-aller. Et les plus lucides commencent à se demander si le temps n'est pas venu de transformer l'hétérogénéité de contrainte en ressource : pourquoi ne pas prendre acte de la pluralité, non pour dissoudre l'institution dans une multiplicité de réseaux parallèles qui s'ignoreraient, mais pour s'appuyer sur cette diversité, en faire l'outil essentiel d'une différenciation de la pédagogie qui ne renoncerait pas à faire acquérir, à tous, les codes intellectuels et sociaux grâce auxquels construire un nouveau consensus ?

L'on comprend mieux ainsi pourquoi, quand nous avons tenté de définir les savoirs que l'École doit transmettre, nous nous sommes délibérément situés sur un plan interdisciplinaire. Les différentes matières sont, en fait, des moyens précieux, indispensables, pour permettre de s'approprier ces codes. Elles permettent d'accéder aux langages, à l'abstraction, à la compréhension de soi, des ressorts de sa propre culture, des enjeux de sa propre histoire. Elles permettent à l'individu de se comprendre lui-même et de communiquer avec autrui ; car, vivre ensemble dès l'École, c'est apprendre à se connaître soi-même et apprendre à établir le contact avec l'autre. C'est donc se reconnaître différent, différent dans son processus d'apprentissage, son insertion sociale, ses affinités affectives ; et reconnaître aussi que l'on peut accéder à un savoir commun qui, loin d'annuler ces différences, permettra de mieux les comprendre et de mieux entrer en relation avec les autres et le monde.

Cela exige, on le voit, que l'on renverse la démarche habituelle où la diversité des personnes est transformée en hiérarchie des performances, pour mettre en place des méthodes respectueuses des différences inter-individuelles mais qui parviennent à les doter toutes d'outils intellectuels communs. Cela exige que les élèves soient progressivement partie prenante de ce processus et qu'ainsi, au sortir de la classe, ils soient en mesure de participer à la construction d'une société plurielle où le respect de la spécificité de chacun n'exclura pas la définition d'objectifs communs permettant l'organisation de la vie sociale.

2. Qu'est-ce qu'une méthode pédagogique ?

Au pays de DESCARTES, les méthodes n'ont pas bonne presse. On les méprise un peu en les réduisant à des simples recettes qu'il s'agirait d'appliquer sans analyser le contexte et les besoins. Parfois même l'on ramène la réflexion méthodologique à une simple question de discipline et à l'énoncé des règles qu'il faudrait connaître pour bien « tenir sa classe ». Plus récemment, les méthodes pédagogiques ont été victimes d'un surcroît de suspicion, comme si l'intérêt pour elles variait en sens inverse de celui que l'on porte aux connaissances à transmettre. Certes, l'on concède que, en ce qui concerne les enfants de maternelle, les méthodes ont encore une certaine importance, mais tout se passe comme si, avec l'âge, elles devaient naturellement disparaître pour laisser place à un savoir qui s'imposerait naturellement, en vertu de ses qualités propres, à des êtres devenus enfin totalement perméables.

Or, pour qu'il y ait apprentissage, il faut qu'il y ait méthode. Plus fondamentalement encore, dès que se trouvent réunis un formateur, un apprenant et un savoir il y a une méthode, même si celle-ci n'est pas explicitement reconnue comme telle, même si l'habitude la rend difficilement détachable du savoir à transmettre et la fait parfois percevoir comme l'une de ses dimensions. La méthode pour expliquer le théorème de THALÈS n'appartient pas au théorème de THALÈS, pas plus que la méthode pour étudier un poème de BAUDELAIRE : le fait que l'École utilise plutôt, pour le premier, l'explication magistrale au tableau et, pour le second, le questionnaire dialogué, ne doit pas nous faire oublier qu'il s'agit là de choix à caractère stratégique, et non d'une nécessité interne des savoirs.

Définissons donc une *méthode pédagogique* – et sans doute devrions-nous plutôt dire, si le mot n'avait pas quelques connotations étroitement technicistes, *didactique* – comme le mode de gestion, dans un cadre donné, des relations entre le formateur, les apprenants et le savoir. Car la méthode est précisément ce qui noue ces trois éléments, de nature très différente et structure à un moment donné, leurs relations. Que l'on oublie l'un de ces trois éléments ou que l'on se laisse aspirer par l'un d'entre eux, et pointent alors à l'horizon les dérives que nous avons déjà repérées : une centration exclusive sur le formateur amène bien vite à la tentation démiurgique ; le maître croit à la puissance absolue de sa parole, à la transparence et la malléabilité complètes de l'esprit des élèves ; son unique préoccupation est donc la qualité tout à fait formelle d'une prestation dont le savoir n'est que le prétexte et les auditeurs de simples récepteurs manipulés ou magnétisés. Mais, par ailleurs, nous savons bien qu'une centration exclusive sur l'apprenant peut prendre la forme d'une écoute passive de ses aspirations ou d'une étude attentive de ses processus d'apprentissage, qui finissent par oublier ce qu'il convient d'apprendre ; dans une telle démarche le formateur doit, avant tout, pratiquer l'abstention éducative et s'interdire d'imposer un savoir qui est toujours perçu comme manquant de respect à l'enfant. Enfin, nous connaissons bien la dérive qui consiste à réduire l'enseignement à l'énoncé de programmes de connaissances qui, malgré leur précision, ne peuvent jamais se passer ni du travail du formateur, ni de l'activité de l'apprenant.

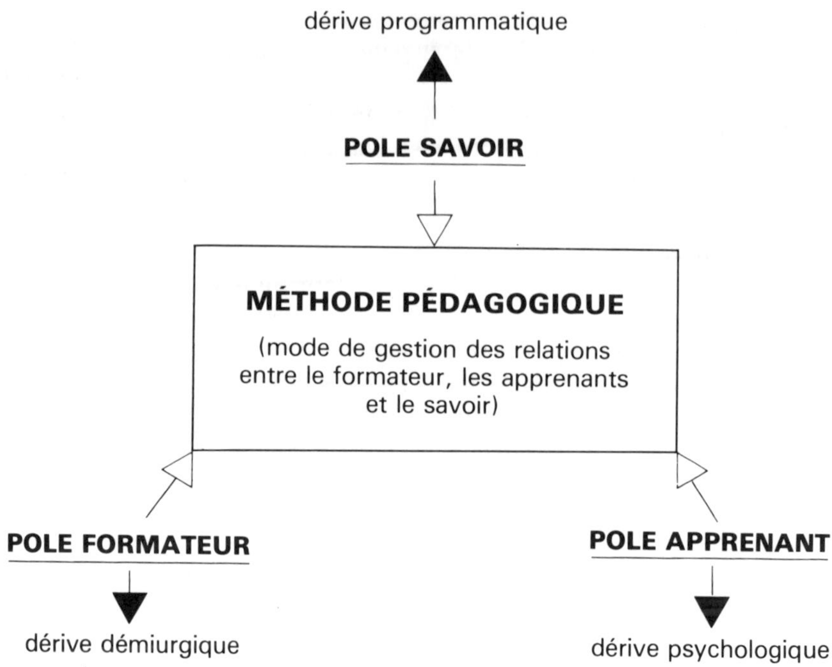

Il faut donc éviter, à la fois, la dérive démiurgique, la dérive psychologique et la dérive programmatique, pour prendre en compte les trois dimensions de l'acte pédagogique – le formateur, l'apprenant et le savoir – et construire ainsi de véritables méthodes pédagogiques.

Parce qu'elle met en jeu trois réalités, une méthode pédagogique est donc susceptible de trois approches selon le point de vue dont on la regarde.

1. Du point de vue du savoir, une méthode peut être considérée comme une démarche spécifique, organisant des connaissances selon un certain ordre, pour une part nécessaire, et pour une part contingent. Car il est des connaissances absolument indispensables pour accéder à d'autres connaissances (une division, par exemple, ne peut être effectuée si l'on ignore les principes de la multiplication) et il est des connaissances dont l'antériorité n'est que conjoncturelle et que l'on pourrait remplacer par d'autres (la proposition subordonnée relative peut être étudiée dans un poème de Prévert ou un article de journal ; dans les deux cas, elle ne met pas en jeu les mêmes compétences préalables). Toute méthode opère une coupe dans le savoir et si, jusqu'à présent, l'on a privilégié les coupes verticales en organisant les programmes autour de la logique des différentes disciplines, il reste beaucoup à explorer dans le domaine de l'horizontalité, d'une part à l'intérieur de chaque discipline en utilisant plus fréquemment les processus de type analogique et, d'autre part, en proposant des travaux interdisciplinaires dont on ne peut prétendre *a priori* qu'ils sont moins rigoureux : ils peuvent, eux aussi, permettre le passage à l'abstraction et l'accession à la compréhension de la complexité... ; ils requièrent simplement, comme toutes les autres démarches intellectuelles, une élucidation des connaissances mises en jeu et de la manière dont elles peuvent, logiquement, analogiquement, dialectiquement, s'engrener les unes sur les autres.

2. Du point de vue de l'apprenant, une méthode se présente toujours d'emblée avec une certaine opacité. Précisément parce que l'apprenant ignore le savoir dont on veut qu'il s'empare, il observe le dispositif pédagogique avec quelque perplexité. Étant encore en-deçà de la connaissance, il s'interroge sur ce que l'on attend de lui et, comme il ne peut jamais précisément le formuler tant qu'il n'a pas maîtrisé cette connaissance, il s'en construit des représentations plus ou moins fantasmatiques. C'est pourquoi, du point de vue de celui qui doit apprendre, une méthode est toujours vécue comme une stratégie, avec la part d'aléatoire que toute stratégie comporte. A l'instar du militaire sur le champ de bataille, l'apprenant décide et agit en fonction de ce qu'il parvient à savoir de celui qui se trouve de l'autre côté, et des ressources dont il dispose. Le plus souvent il obtient, par la rumeur, quelques renseignements de base ; parfois il envoie des espions, des sondes, il amorce des tentatives pour guetter les réactions qu'il déclenche, et se fraye progressivement un chemin. L'on a trop tendance à oublier que toute méthode pédagogique, aussi rigoureuse et bien construite soit-elle, n'est véritablement intelligible qu'à l'issue de la démarche qu'elle constitue ; en cours de réalisation, elle est toujours un corps à corps hasardeux entre un individu, avec ses ressources et ses limites, ses *a priori* et ses espérances, et un dispositif qu'il ne pénètre que progressivement. Il faut accepter ce fait et en tirer les conséquences, non pour que le formateur renonce à élaborer une méthode, mais pour qu'il prenne en compte, dans sa conception, comme dans son exécution, le nécessaire tâtonnement de celui qui, même s'il entrevoit l'objectif au loin, n'avance vers lui que par des chemins aléatoires à son histoire, à ses représentations, à ses projets.

3. Du point de vue du formateur qui utilise une méthode, celle-ci se présente comme un ensemble de dispositifs utilisant différents outils, mis en œuvre dans des situations d'apprentissage. Arrêtons-nous, un instant, sur ces notions essentielles dont la confusion entraîne bien des malentendus.

• *Les outils d'apprentissage* représentent l'ensemble des médiations utilisées par le maître. C'est, à la fois, la parole, le geste, le tableau noir, la fiche individuelle de travail, le livre ou le document, la diapositive ou le film, les éprouvettes et tubes à essais, le micro-ordinateur et le magnétophone, mais aussi, plus modestement, la colle, le carton et les ciseaux. En principe, la plupart de ces outils sont disponibles à l'École, mais en réalité leur usage est encore très spécialisé, et certains d'entre eux se trouvent circonscrits dans des domaines très étroits.

Il a été question, il y a quelques années, de lancer l'École dans la galaxie Mac-Luhan en y introduisant massivement l'audio-visuel ; aujourd'hui, l'on parle d'informatique en soulignant justement l'importance de la maîtrise de cet outil pour la formation des adultes de demain. En réalité, on est loin du compte et, d'une certaine manière, l'on peut dire que l'École n'est pas encore tout en fait entrée dans la galaxie Gutenberg... La parole y reste massivement dominante et les autres outils en sont réduits à lui servir d'adjuvants. Cela se justifiait, évidemment, tant que les élèves n'avaient pas de livres et que les moyens de reprographie n'étaient pas généralisés : le maître faisait une leçon collective parce qu'il n'y avait pas d'autre moyen de communiquer une information à un groupe. Mais le document est plus rapide et permet à chacun d'aller à son rythme... Évidemment, le maître y perd un peu de son prestige, il n'est plus tout à fait le Verbe incarné mais, quel gain d'efficacité ! Est-ce à dire qu'il convient d'exclure la parole au seul profit de l'écriture ? Bien évidemment non. Il importe plutôt de prendre conscience de la multiplicité des outils qui sont à notre disposition et dont la plupart sont sous-utilisés, voire complètement exclus : le geste et le corps sont cantonnés à l'éducation physique, alors qu'ils pourraient servir d'outils pour l'enseignement des langues, des mathématiques ou du français ; la manipulation est réservée à certaines disciplines artistiques ou aux sciences expérimentales, toutes matières qui, malheureusement, ne pèsent guère dans les décisions des conseils de classe de collège ; l'audio-visuel est utilisé en histoire-géographie, mais ne pénètre que difficilement les sciences exactes... Et, au bout du compte, notre enseignement, malgré bien des tentatives, reste massivement intellectualiste ; ce qui ne veut pas dire, bien sûr, qu'il soit d'un haut niveau intellectuel, mais qu'il néglige de s'attacher aux médiations concrètes qui lui permettraient d'y parvenir.

Toutefois, il ne faut pas être trop pessimiste en ce qui concerne l'enrichissement de l'outillage pédagogique... Modernité oblige ! On peut faire confiance aux promoteurs des technologies nouvelles et espérer qu'elles pénètrent assez vite le système éducatif... Si l'on parvient à résoudre l'épineux problème de la rallonge, on peut même s'attendre à voir se généraliser l'usage du rétroprojecteur et du magnétophone. Peut-être même, si l'évolution se confirme, verra-t-on bientôt les professeurs de philosophie, en terminale, reconnaître l'importance de la colle et des ciseaux pour travailler le brouillon d'une dissertation ? En revanche, il n'en est pas de même des *situations d'apprentissage.* Paradoxalement même, l'introduction de nouveaux outils a contribué à paralyser la réflexion sur elles : on a oublié que le fait de remplacer le discours du maître par un texte, une bande enregistrée, une diapositive ou un film ne change rien à la situation d'apprentissage ; la relation au savoir reste la même.

• Car, à l'analyse, il apparaît que tous les outils peuvent être mobilisés dans trois types de situation d'apprentissage : la situation impositive collective, la situation individualisée et la situation interactive. Ainsi l'audio-visuel peut-il être utilisé pour présenter un exposé à un groupe d'élèves, peut-il faire l'objet d'un traitement individualisé – c'est le cas du laboratoire de langue – ou peut-il être une occasion d'interaction entre des élèves chargés de réaliser un montage de diapositives. Précisons chacune de ces situations.

La situation impositive collective, la plus répandue, consiste à présenter à un groupe des connaissances que chacun des membres doit s'approprier par une activité intellectuelle individuelle ; cette activité n'est, le plus souvent, que fort peu guidée et laissée largement à l'initiative de l'apprenant ; toutefois, il serait injuste et faux de croire que, dans une telle situation, les individus sont obligatoirement passifs : ils peuvent être actifs et le maître peut se contenter de faire le pari qu'ils le sont ou proposer des évaluations régulières de l'écoute ou de l'attention chargées de stimuler et contrôler leur activité.

La situation individualisée impose de mettre en place un dialogue entre chaque apprenant et un programme de travail qui l'interroge, le guide et l'amène, à son rythme, vers l'objectif que l'on veut lui faire atteindre : elle peut prendre des formes aussi diverses que la fiche de travail personnel, le programme informatisé ou la bande magnétique qui, même si un cours magistral y est enregistré, peut être interrompue, écoutée plusieurs fois, faire l'objet d'une recherche d'informations complémentaires. En réalité, si l'on n'y prend garde, beaucoup de situations impositives basculent dans des situations individualisées : le maître y dialogue avec un ou deux élèves tandis que les autres sont laissés de côté ; ce glissement ne serait pas néfaste en soi si, pendant ce temps, les autres élèves se trouvaient, eux aussi, avec d'autres outils, en situation d'apprentissage individualisée... Mais cela est rarement le cas. Peut-être pourrait-on, pour contribuer à pallier cette difficulté, redécouvrir les vertus du monitorat ? Celui-ci est, en effet, une situation individualisée particulière où un élève, parce qu'il a pris un peu d'avance, est chargé de tenir un temps le rôle du maître auprès d'un de ses camarades. Ce n'est pas là, contrairement à l'apparence, une situation interactive, mais c'est un moyen précieux pour améliorer la gestion d'une classe hétérogène.

Les situations interactives elles-même sont encore assez rares dans l'institution scolaire : les travaux qui sont censés les permettre reconstituent en effet souvent, à l'insu du maître, des situations impositives ou individualisées, un ou plusieurs élèves s'y retrouvant en position d'enseignant. C'est qu'une véritable interaction entre des individus n'apparaît pas spontanément ; au contraire, la mise en groupe, si elle s'accompagne de la centration sur un projet, évolue fréquemment vers la spécialisation de chacun sur des tâches qu'il sait déjà mieux accomplir que ses camarades : au lieu d'une interaction, l'on assiste donc à la division d'un travail qui ne sera, dans sa présentation finale, qu'une juxtaposition d'apports individuels. La véritable interaction requiert que l'on étudie et mette en place les conditions d'un « conflit socio-cognitif »[1], dans lequel chaque membre est mis en situation de confronter réellement ses représentations avec celles de ses pairs et de parvenir ainsi à une représentation plus épurée ou, pour reprendre un adjectif prisé à l'École, plus « juste » de la connaissance. Pour qu'il en soit ainsi, il convient que l'enseignant maîtrise la situation interactive, c'est-à-dire qu'il garantisse trois conditions : que l'évaluation de la mise en groupe se fasse sur les acquisitions individuelles et non sur le projet collectif de fabrication ; que les élèves disposent bien d'un minimum de langage commun leur permettant de communiquer ; que l'apport de chaque membre soit préparé et que le mode de fonctionnement du groupe les implique tous de telle manière que leur participation soit rendue nécessaire, soit par la rotation des tâches, soit parce que chacun ne dispose que d'une part de l'informa-

1. Sur ce point on trouvera une étude approfondie dans l'ouvrage d'A.N. PERRET-CLERMONT, *La construction de l'intelligence dans l'interaction sociale,* Peter Lang, Berne, et Francfort 1979. Pour notre part, nous avons tenté d'opérationnaliser, sur le plan pédagogique, les conditions du conflit socio-cognitif (*Apprendre en Groupe ? 1 et 2* – Chronique Sociale, Lyon, 1984).

tion dont le projet exige la synthèse. Nous avons conscience qu'une telle situation interactive est difficile à mettre en œuvre... Pourtant la vie quotidienne nous en offre de nombreux exemples, et beaucoup des processus d'éducation informelle font appel à elle : chaque fois que des pairs confrontent leurs points de vue en s'efforçant de ne pas laisser les phénomènes de pression psychologique prendre le pas sur l'aspect cognitif de leur échange, ils procèdent ainsi... : que ce soient des enfants de quatre ans qui débattent des raisons qui font avancer une automobile, ou des savants qui travaillent sur la théorie des quanta ! Le problème est que, précisément, dans la vie courante, les phénomènes de pression psychologique ou de représentation que l'on se fait de la compétence d'autrui jouent massivement. C'est pourquoi, une fois encore, la fonction de l'École est d'aider les individus à se centrer sur le caractère cognitif de leur communication.

Ainsi donc, du point de vue du formateur, de celui qui élabore les dispositifs d'apprentissage, une méthode peut se présenter ainsi :

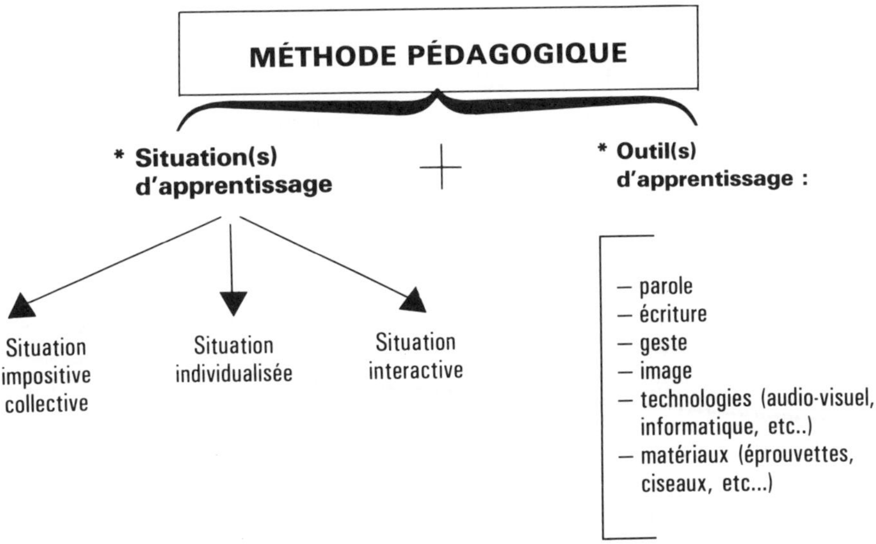

Mais, puisque nous avons dit que le formateur ne peut prendre de décision dans ce domaine sans tenir compte des exigences émanant des savoirs qu'il doit transmettre, des apprenants qu'il a en charge et aussi de ses propres contraintes et ressources, il nous faut examiner quels indices, dans ces trois éléments, peuvent lui permettre d'éclairer ses choix.

3. Pour trouver la bonne méthode..., des indices par dizaines

Au seuil de la classe, le maître peut légitimement être inquiet : n'est-il pas déjà paralysé par une multitudes de contraintes qui émanent à la fois des instructions officielles, des consignes de son chef d'établissement, du regard de ses collègues, des attentes des parents, sans compter la multitude des contraintes matérielles, les locaux trop exigus et le mobilier peu adapté ? Il nous faut pourtant en rajouter et lui demander d'examiner de nouvelles variables, moins directement discernables quoique plus constitutives de l'acte pédagogique lui-même. Car nous allons interroger les objectifs d'apprentissage, les différences de démarches intellectuelles entre les apprenants et les capacités du formateur lui-même pour y déceler quelques indices qui puissent déterminer les conditions d'efficacité de telle ou telle méthode.

1. La « nature » du savoir à transmettre doit-elle intervenir dans le choix de son mode de présentation ?

Chacun, intuitivement, sent bien que oui et, de fait, il apparaît très vite qu'il serait absurde d'utiliser les mêmes moyens pour faire acquérir un mécanisme linguistique, une habileté motrice, une connaissance scientifique ou la capacité à goûter un morceau de musique. Si l'on tente de dépasser cette perception empirique – fort utile au demeurant –, l'on doit distinguer dans un objectif pédagogique son domaine d'expression qui peut aider à choisir l'outil approprié et son niveau d'exigence qui peut contribuer à déterminer la situation la plus opportune.

• *Le domaine d'expression d'un objectif* est facile à déterminer : veut-on que l'élève soit capable de réaliser un travail écrit à partir de documents ? Veut-on qu'il puisse faire une synthèse orale, effectuer une manipulation, transmettre un message par le geste, exprimer une émotion par le dessin ? Certes, l'on aura raison de faire remarquer que la pauvreté des outils sollicités en situation d'examen ne requiert pas que l'on fasse preuve de beaucoup d'imagination dans la classe ; toutefois, outre que l'on peut raisonnablement penser que la formation donnée à l'École ne doit pas se limiter à une préparation étroite des examens, outre que rien n'interdit à l'enseignant de mettre en place des évaluations plus diversifiées que les seules interrogations écrites, il serait logique de mettre en concordance les outils utilisés dans l'apprentissage et le type de résultat que l'on attend. Or, le plus souvent, l'on s'ingénie plutôt à traduire ce résultat sous forme d'exercices écrits traditionnels, ce qui permet de justifier l'usage exclusif de la parole et de l'écriture. Imaginons, en revanche, un instant, que l'on prenne au sérieux quelques objectifs simples : construire le plan d'un devoir impose alors de mobiliser la colle et les ciseaux, transmettre une information requiert que l'on travaille la voix et le geste, faire un exposé que l'on s'entraîne au magnétophone, commenter une carte que l'on utilise le papier calque ou le rétroprojecteur, expliquer un poème que l'on tente d'en traduire l'émotion par la musique ou le théâtre. Il ne s'agit pas d'abandonner l'écriture, outil précieux s'il en est de mise à distance, véritable discipline de la pensée, mais d'observer que tous les savoirs et les savoir-faire que l'on cherche à faire acquérir ne doivent pas être systématiquement ramenés à des exercices écrits qui en trahissent la nature, en minimisent la portée et en éloignent de nombreux élèves. Il ne s'agit pas non plus de s'enfermer dans un outil unique, se fixant sur lui parce qu'il correspond au domaine d'expression que l'on vise ; des « tuilages » sont possibles qui permettent de passer d'un outil à un autre, de glisser de la fiche écrite au programme informatisé, de la manipulation à la parole... Le travail de l'enseignant devrait être ici d'interroger inlassablement les savoirs pour découvrir et mettre en œuvre des outils cohérents avec eux.

• *Le niveau d'exigence d'un objectif* est plus difficile à définir. D. Hameline propose de distinguer les objectifs à dominante de *maîtrise* (où la performance exigée de l'apprenant est entièrement prévisible), les objectifs à dominante de *transfert* (qui visent le moyen terme) et les objectifs à dominante d'*expression* (qui proposent la réalisation d'un projet original, détaché des conditions de l'apprentissage)[1].

Nous y ajouterons volontiers, pour notre part, les objectifs à dominante de *repérage*, antérieurs aux objectifs de maîtrise et qui se proposent simplement de faire découvrir des notions, de sensibiliser les apprenants, de capter leur attention avant même qu'ils puissent engager un processus qui les conduira à les maîtriser parfaitement. L'on conviendra volontiers que la formation scolaire poursuit ces quatre niveaux d'objectifs : la « connaissance » du théorème de Pythagore impose en effet que, dans un premier temps, l'on ait perçu son existence, compris qu'il concernait les triangles rectangles et permettait de calculer la longueur de l'hypothénuse ; mais, une fois ceci effectué, rien ne permet d'être sûr que le théorème est maîtrisé et que tout exercice sur lui sera exact ; de la même manière, la seule maîtrise du théorème, aussi parfaite soit-elle, ne garantit pas qu'il pourra être utilisé dans un problème plus général ; enfin, cette dernière capacité ne permet pas d'en garantir l'usage dans une situation quelconque, sans rapport apparent avec un problème de mathématiques formalisé.

Or, si l'École se propose d'atteindre ces quatre niveaux d'objectifs, met-elle véritablement en œuvre les situations d'apprentissage qu'ils requièrent ? En effet, nous avons pu constater et mesurer avec précision

1. *Les objectifs pédagogiques*, ESF – Entreprise Moderne d'Édition, Paris, 1979 (pp. 159 à 161).

que la situation impositive collective parvenait encore assez bien à atteindre des objectifs de repérage : elle a une fonction interpellatrice qui, à travers la parole du maître ou la représentation d'un document, mobilise l'attention des élèves sur une question. Si cette attention se lasse bien vite, c'est simplement que cette situation se met à poursuivre des objectifs de maîtrise pour lesquels elle n'est pas véritablement adaptée. En revanche, les situations interactives, parce que le processus groupal peut y incarner en quelque sorte la construction du savoir, ont ici une fonction précieuse, qu'elles perdent, bien sûr, si elles ne sont pas précédées d'une centration préalable sur leurs objectifs. De la même manière, il est clair que les objectifs de transfert peuvent être plus facilement atteints par un travail individualisé qui amène progressivement l'élève à étendre le champ d'une connaissance, à la manipuler dans d'autres domaines que celui où elle a été acquise... Et ce type d'exercices voit son effet considérablement réduit quand aucun point de départ n'est maîtrisé, que le programme apparaît opaque et que l'on s'en remet à la divination. Enfin, il est clair que les objectifs d'expression, s'ils peuvent être stimulés par l'interaction, soutenus par l'individualisation, doivent finalement être poursuivis dans des situations que l'apprenant définira progressivement lui-même et qui, c'est leur nature et leur raison d'être, échapperont finalement à l'enseignant.

En simplifiant à l'extrême, l'on pourrait donc considérer qu'il existe une logique des situations d'apprentissages qui permet de les articuler de la manière suivante :

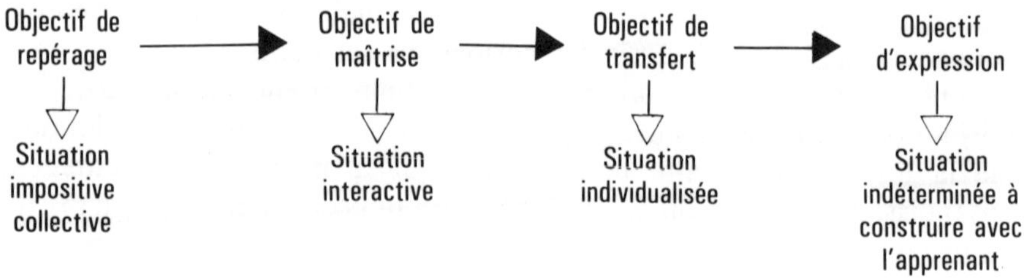

Toutefois, il ne faut pas rigidifier ce schéma ; celui-ci indique seulement des variables à prendre en compte et ne doit pas faire obstacle à la considération des exigences propres aux apprenants.

2. Tous les élèves, avons-nous dit, n'apprennent pas de la même manière, et, ce qui complique les choses, interviennent pour chacun d'eux, des facteurs d'ordres très divers, cognitifs, sociologiques et affectifs.

• *Sur le plan cognitif* lui-même, l'on doit distinguer d'une part ce qu'A. de la GARANDERIE nomme « les profils pédagogiques »[1] qui déterminent le degré de sensibilité aux outils utilisés, d'autre part le besoin de

1. *Les profils pédagogiques*, Le Centurion, Paris, 1980.

« guidage »[1] et sa nature qui déterminent les situations les plus efficaces et, enfin, le rythme d'apprentissage qui doit amener à moduler le temps d'une séquence donnée.

L'on avait observé empiriquement, depuis longtemps, que certains élèves réussissaient mieux en mathématiques, par exemple, avec certains professeurs, en raison d'une proximité dans leur mode de compréhension et de raisonnement. A. de la GARANDERIE donne de ce phénomène une interprétation particulièrement intéressante : il existe, dit-il, des êtres à l'intelligence essentiellement visuelle ; ils ont besoin, pour comprendre, d'un bon schéma qu'ils s'approprient dans l'instant ; d'autres, en revanche, exigent le passage par la parole et, si on les regarde travailler, on les verra fermer les yeux pour refaire mentalement une démonstration qu'ils appréhendent essentiellement par le discours... A. de la GARANDERIE affine considérablement cette analyse et met en place des moyens très concrets permettant de cerner le « profil pédagogique » d'un élève. Pour notre part, cependant, nous avons tendance à considérer qu'il néglige trop la spécificité du profil « manipulatoire » : en effet, s'il y a ceux qui ont besoin de voir un triangle et ceux qui ont besoin de le parler pour le comprendre, il y a également ceux qui doivent, pour l'appréhender vraiment, le découper avec une paire de ciseaux. Nous nous refusons à les appeler « manuels » car le terme a une consonance péjorative et semble indiquer une limitation de l'intelligence... Or, RODIN, il faut bien l'avouer, n'était pas un imbécile ; il parvenait, par le travail de ses mains, à créer des émotions que VERLAINE ou RAVEL exprimaient avec d'autres outils. Car le passage par la manipulation n'implique pas la rétention dans le concret immédiat, il n'exclut pas l'accession à l'abstraction, il en représente simplement un des chemins possibles. Retenons donc que le choix d'un outil d'apprentissage n'est jamais innocent et qu'il sélectionne ceux qu'il fait réussir.

Nous avons nous-même réalisé de nombreuses expériences pour mesurer l'influence des situations d'apprentissage sur différents individus. Le premier résultat, particulièrement saillant, auquel nous sommes parvenu est qu'il est impossible de considérer le choix d'une situation comme n'ayant aucune conséquence sur la réussite d'une séquence. Le nombre d'élèves qui s'adaptent et profitent de toutes les situations est extrêmement réduit ; il représente, dans nos échantillons, entre 8 et 12 % : ce sont les habituels « bons élèves » qui tirent leur épingle du jeu dans la plupart des situations. Pour les autres, nous avons observé la pertinence du critère de « guidage » : certains, en effet, bénéficient de situations où leur activité intellectuelle est très largement laissée à leur initiative ; ils apprécient d'être relativement indépendants, de pouvoir librement exercer leur attention. D'autres, en revanche, ont besoin d'être

1. Cf. C. ENARD et col., *La formation par l'apprentissage*, P.U.F., Paris, 1970 (en particulier pp. 113 à 156).

guidés, de voir leur activité intellectuelle encadrée, voire dirigée ; est-ce à dire qu'ils soient moins autonomes ? C'est incontestablement le cas pour quelques uns d'entre eux ; mais d'autres ont tout simplement une progression plus linéaire, peut-être plus logique, qui les rend moins sensibles à un exposé où la trame de la voix et les vagabondages inévitables les désarçonnent toujours un peu... Or, si l'on examine les situations d'apprentissage selon le degré de guidage qu'elles comportent, il est incontestable que, malgré son apparence directive, la situation impositive collective est très peu guidée : l'activité de chaque individu est contrôlée très extérieurement, à l'aide d'indicateurs superficiels (l'attitude donnée comme attentive et dont on sait que les élèves excellent à l'imiter, tout en étant parfaitement ailleurs). La situation interactive comporte, elle, un guidage variable selon les consignes qui ont été données par le maître ; mais, en réalité, si ces consignes ont été assez précises pour que chaque membre soit impliqué dans le déroulement, on peut parler d'un guidage régulé par le groupe : l'individu dispose d'un cadre assez strict au sein duquel l'interpellation d'autrui contribue à le décentrer tandis que sa propre participation l'amène à se recentrer ; ce dialogue n'est pas rigide – on peut en contrôler, au moins partiellement, l'exercice – et il représente ce que nous nommons un « guidage moyen ». En revanche la situation individualisée comporte un très haut degré de guidage et bénéficie donc aux élèves qui ont besoin de cette sécurité pour apprendre. Convenons donc que, sur le plan strictement cognitif, la situation mise en place intervient, elle aussi, dans la réussite d'un apprentissage.

Enfin, il ne faut pas oublier les diversités de rythme entre les apprenants. Celles-ci ont souvent été invoquées pour promouvoir exclusivement les situations individualisées et les outils à caractère linéaire (fiches, bandes magnétiques, programmes informatisés). Cette interprétation, aussi justifiée ait-elle pu être quand il s'agissait avant tout de casser l'auditorium-scriptorium, ne peut aujourd'hui suffire : il est possible en effet, de constituer des petits groupes d'apprenants aux rythmes proches, à qui soit proposé un apport impositif, ou qui soient placés dans une situation interactive. L'essentiel est de garder à l'esprit l'existence de ce facteur, non pour renoncer à une quelconque méthode, mais pour en moduler l'application.

• *Sur le plan sociologique,* les élèves, nous l'avons déjà noté, sont de plus en plus hétérogènes. La scolarité obligatoire a joué, dans ce domaine, un rôle déterminant ; malheureusement, elle n'a pas toujours été accompagnée d'une révision des attitudes des enseignants et ceux-ci continuent trop souvent à n'utiliser que les outils et les situations qui étaient à peu près adaptés à la minorité scolaire du début du siècle. Car, on ne saurait trop le souligner, aucune méthode pédagogique n'est socialement neutre et le choix de l'outil comme celui de la situation tracent dans la classe des frontières invisibles et déterminent, pour une part, la réussite des apprentissages.

La diversité des codes sociaux imposerait, ici, une analyse longue et détaillée ; contentons-nous de souligner par quelques exemples l'importance du phénomène. Le rapport que chacun entretient avec les différents outils utilisés à l'École est, en effet, très largement déterminé par l'usage dont cet outil est l'objet dans la classe sociale à laquelle il appartient : ainsi, a-t-on eu raison de souligner à quel point l'utilisation systématique de l'écriture dans les exercices d'évaluation[1] sélectionnait ceux qui entretenaient avec elle des rapports de familiarité, au point d'être à l'aise dans des questions très ouvertes (Que pensez-vous de ?... Faites l'analyse de... Comment comprenez-vous ?). En revanche, les élèves qui ont effectué un réel apprentissage et seraient capables d'en manifester les preuves dans un exercice où interviendrait la manipulation ou qui ferait appel à moins de maîtrise du langage (comme les questionnaires à choix multiples, les associations de termes, les phrases à compléter) se trouvent ici injustement en situation d'échec. Car, on l'ignore trop, dans nombre de familles, la lecture et l'écriture sont des actes tout à fait exceptionnels, réservés à quelques circonstances précises (en particulier la gestion du budget familial) dont l'École voudrait faire des actes naturels, pratiqués quotidiennement sans aucune difficulté. Chez les familles modestes elles-mêmes, la correspondance, jadis encore pratiquée régulièrement, est tombée en désuétude sous la pression du téléphone... et l'on voudrait faire comme si tout cela n'existait pas !

Il est clair aussi que le rapport entretenu avec les nouvelles technologies éducatives est lié avec leur degré de pénétration et leur mode d'utilisation dans le milieu familial. On ne regarde pas partout la télévision de la même façon : il est des familles où le récepteur, allumé en permanence, déverse un flot indifférencié d'images et d'informations que l'on ne saisit que de manière très segmentée au gré des chocs visuels et des activités ménagères, en changeant de chaîne en cours d'émission ; dans d'autres familles, en revanche, l'on consulte le programme, l'on choisit et l'on suit les émissions de bout en bout ; l'on en parle ensuite ensemble[2]. Il est évident que ces comportements, très largement conditionnés par le niveau socio-culturel, se répercutent sur l'attitude en classe : les outils à caractère linéaire et irréversible, qui requièrent une attention soutenue en permanence et interdisent le retour en arrière (comme l'exposé oral ou le film) sélectionnent ceux qui, parmi les élèves, ont été habitués à une appréhension en continu ; en revanche, les outils susceptibles d'être utilisés de manière plus souple, disposant de mécanismes de rappel quand l'attention se relâche, peuvent être utilisés opportunément avec des enfants dont la perception spontanée est particulièrement segmentée. C'est sans doute pourquoi les premières expériences effectuées avec des programmes informatisés semblent indiquer

1. C. Noizet et J.P. Caverni, *Psychologie de l'évaluation scolaire,* P.U.F., Paris, 1978.
2. Cf. J. Piveteau, *L'extase de la télévision,* INSEP, Paris, 1984.

qu'ils apportent une aide appréciable aux élèves en situation d'échec ; de même, l'on a pu constater que des machines à traitement de texte peuvent contribuer à débloquer des enfants par rapport à l'écriture, et il ne faut pas trop vite dénoncer le caractère ludique de ces outils tant que l'on n'en a pas exploré toutes les possibilités.

Enfin, il est des outils comme le corps, la voix, le regard, dont l'usage est, en quelque sorte si banalisé qu'ils semblent être devenus transparents : c'est oublier que, sur ces plans, les codes sociaux jouent de manière aussi massive qu'invisible... N'entend-on pas encore trop souvent des enseignants traiter des enfants maghrébins d'« hypocrites et de sournois, qui, par leur regard fuyant, manifestent bien qu'ils sont coupables de quelque méfait » ; ils ignorent que, dans leur culture, regarder quelqu'un en face, dans les yeux, est un signe d'insolence inacceptable. Et, tout compte fait, de tels malentendus sont encore assez faciles à dissiper car la culture arabe est reconnue comme telle et l'on peut en repérer les codes... Mais il est des cultures dont les caractères sont plus diffus et qui, n'étant pas reconnues, font l'objet d'incompréhensions bien moins repérables : les professeurs des collèges ruraux perçoivent-ils toujours le rapport au langage, aux objets, qu'entretiennent les enfants auxquels ils enseignent ? Et que dire de la situation invraisemblable de certains collèges de banlieue dont aucun membre du corps enseignant n'habite dans le secteur scolaire ? Comment espérer alors dissiper toutes les équivoques qui encombrent l'acte pédagogique ?

Si l'on a reconnu assez vite que les outils d'apprentissage n'étaient pas socialement neutres, au moins pensait-on pouvoir pallier cette difficulté en agissant sur les situations d'apprentissage : la diminution des effectifs, l'individualisation des procédures étaient présentées comme des moyens efficaces de lutte contre la ségrégation scolaire. Or, dans l'état actuel des pratiques pédagogiques, les choses apparaissent plus complexes : il n'est pas certain que des groupes plus petits, des classes dialoguées où la relation joue de manière décisive, bénéficient aux élèves issus des milieux sociaux moins favorisés ; peut-être même s'y sentent-ils moins à l'aise ? Paradoxalement, l'on découvre que les situations impositives collectives créent une distance qui sécurise en quelque sorte les enfants effrayés par le contact direct avec l'enseignant. C'est certainement la raison pour laquelle des étudiants issus de milieu ouvrier avouent souvent préférer les grands groupes où jouent moins facilement les phénomènes de complicité culturelle. Bien évidemment, on peut légitimement espérer qu'une clarification des objectifs et une rationalisation des démarches pourront, à terme, rendre caduques de telles observations. Il faut pourtant, en attendant, en tenir compte et être attentif à ce que des situations d'individualisation n'aboutissent pas aux résultats inverses de ceux qu'elles visent. Et il en est de même pour les travaux de groupe : l'on doit être attentif à ce que chaque élève n'y joue pas un rôle que ses origines sociales détermineraient ; l'on sait le poids des attentes réciproques dans l'interaction sociale et l'on mesure les dangers d'un travail collectif où chacun serait amené à reproduire ce que, en raison de critères esthétiques, il serait censé savoir faire... Une certaine aisance conduirait alors à se voir confier des tâches de concepteur, tandis qu'un rapport plus difficile avec le langage cantonnerait certains dans des tâches d'exécution ou les renverrait au chômage. Là encore, la rigueur du dispositif peut être un bon atout ; elle ne doit pourtant jamais empêcher de prendre ce phénomène en considération.

• *Enfin, sur le plan affectif,* l'hétérogénéité d'un groupe d'élèves est évidemment extrême. Chacun d'entre eux a vécu une aventure unique, a été impliqué dans des conflits différents, a écrit avec ses parents une histoire singulière qui le rend sensible à la présence de tel adulte et résistant à l'influence de tel autre. Le sexe, l'âge, le mode du rapport à la loi d'un enseignant, vont ainsi, selon les circonstances, provoquer chez lui des phénomènes d'identification, d'indifférence ou de rejet. Chacun d'entre nous sait bien, quand il considère son parcours, que ces phénomènes ont été décisifs et ont souvent été à la source d'une motivation particulière pour une discipline ; le désir de ressembler à un professeur, d'obtenir son estime, déclenche des énergies scolaires dont il n'est pas sûr que l'on puisse se passer. De plus, ces phénomènes jouent à l'intérieur d'un groupe d'élèves et font que, à certains moments, l'amitié ou l'hostilité vis-à-vis de pairs détermine la réussite ou l'échec d'un dispositif dans lequel ils sont impliqués ensemble.

Mais, peut-être n'est-il pas nécessaire de s'attarder sur ces processus dans la mesure où, si nous ne pouvons nier leur existence, nous sentons bien que nous n'avons guère les moyens de les analyser, et encore moins de les maîtriser ? Pourtant, symétriquement, leur négation serait également impossible : elle rendrait impossible la compréhension de certaines réactions d'élèves et provoquerait des durcissements qui mettraient en péril l'avenir de la relation pédagogique. Ainsi, cet élève de sixième qui met tant d'acharnement à démontrer qu'il ne comprend pas la division ou cet autre qui se ferme totalement quand on tente de lui arracher une parole, ne nous alertent-ils pas ? Il faut parfois plus de force de caractère et — pourquoi pas ? — d'intelligence pour résister à un apprentissage que pour l'effectuer... ; alors, n'est-ce pas que quelque chose se joue ailleurs que dans la seule raison didactique ?

Certes, nous avons assez dit que la spécificité de l'École était de s'attacher au cognitif, de l'utiliser comme levier privilégié. Il est donc hors de question de construire une méthode en ne se centrant que sur des phénomènes affectifs dont nous ne percevons qu'une toute petite partie... mais ces phénomènes doivent au moins être pris en compte négativement, pour décourager des obstinations inutiles, éviter des blocages stériles, et susciter la recherche d'un nouveau dispositif. En bref, ils font partie des variables décisionnelles que le formateur ne peut pas évacuer.

3. Il reste maintenant à considérer les ressources et les contraintes propres à l'enseignant et à sa situation institutionnelle et qui viennent s'ajouter à celles émanant du savoir et à celles émanant des élèves. Il y a d'abord les conditions matérielles dans lesquelles s'effectue son travail : l'organisation de l'espace et le mobilier, l'emploi du temps, le découpage de la journée et de la semaine en séquences réparties, le plus souvent, selon des critères proprement fonctionnels. Il est indéniable que tout cela est un facteur d'immobilisme, qui incite à reproduire toujours la même situation impositive et à utiliser les mêmes outils, la parole et le tableau noir. Ce n'est donc pas un hasard si les tentatives d'introduction de situations individualisées et interactives ainsi que d'outils plus diversifiés ont eu plus de succès dans l'enseignement primaire où le maître peut gérer plus librement l'espace et le temps. Et il n'est donc pas sans importance de faire porter la réflexion sur ces questions : il faut imaginer de nouvelles architectures scolaires, plus souples, susceptibles de s'adapter à des situations variées et disposant des outils les plus divers ; il faut également prévoir des emplois de temps modulables, dans lesquels l'on puisse organiser des situations impositives relativement courtes, des situations individualisées et interactives qui requièrent des temps plus longs, des unités d'enseignement qui alternent ces différentes méthodes[1].

Les conditions matérielles ne sont cependant pas les seules et, s'il existe, dans le corps enseignant, une tendance réelle à majorer leur importance, elles ne doivent pas faire oublier les phénomènes de pression institutionnelle, moins visibles mais tout aussi puissants : le jugement d'un supérieur ou d'un collègue passant avec désapprobation devant une classe où tous les élèves ne regardent pas au même moment le tableau noir, les mises en garde d'un inspecteur exhortant à ne pas trop s'écarter des méthodes qui « ont fait leur preuve », les inquiétudes des parents devant ce qui contredit leur représentation de l'École, tout cela pèse très lourd, particulièrement sur le professeur débutant dont on épie les moindres faux pas. C'est pourquoi il ne faut pas minimiser l'importance des recommandations officielles, même si on les trouve par ailleurs trop générales et insuffisamment accompagnées de l'énoncé de moyens : elles représentent un appui inestimable pour celui qui, les prenant à la lettre, trouve en elles une réponse possible à ses détracteurs ; elles ne réduisent pas ces derniers au silence, mais contribuent à redonner confiance au maître qui ne met pas la reproduction de ce qu'il a lui-même vécu à l'école comme critère de réussite de sa propre pratique pédagogique.

Il existe également, du point de vue de l'enseignant, des ressources et des contraintes qui lui sont plus personnelles : elles tiennent, d'une part, au répertoire méthodologique dont il dispose et, d'autre part, au « style

1. Sur ce point, cf. *Cahiers pédagogiques,* n° 202, mars 1982, « Repenser le temps scolaire, pour quels projets ? ».

d'enseignement » dans lequel il est le plus efficace. Les premières renvoient au problème de la formation pédagogique des maîtres ; celle-ci est, certes, insuffisante, particulièrement pour les professeurs de l'enseignement secondaire et supérieur (à l'exception, peut-être, des professeurs d'éducation physique qui ont, sur ce plan, de bonnes longueurs d'avance sur leurs collègues), mais il n'en reste pas moins vrai que l'on peut juger imprudent qu'un enseignant s'engage dans des méthodes pédagogiques qu'il ne maîtrisera pas... Le risque est grand, en effet, qu'un échec le ramène en arrière et le fige à jamais dans la tradition. En ce qui concerne les ressources personnelles du maître, celles qui tiennent à des éléments proprement subjectifs qui le font être plus à l'aise dans tel ou tel dispositif, il serait incohérent et absurde de les négliger : incohérent, parce qu'un enseignement qui s'attacherait à respecter la démarche de chaque élève mais ignorerait les spécificités des enseignants serait en contradiction avec lui-même ; absurde parce qu'en renonçant à s'appuyer sur la richesse de chacun, l'École perdrait la plupart de ces atouts et sombrerait vite dans les conflits...

« Des indices par dizaines », avions-nous annoncé. Nous avons largement dépassé le chiffre et nous comprenons parfaitement le sentiment de vertige qui peut s'emparer du lecteur à l'issue de ce chapitre : il y a tant de choses, tant de variables à prendre en compte pour définir une méthode pédagogique, que n'est-ce pas, finalement, une tâche impossible ? Ne serions-nous pas parvenu à l'inverse de notre projet, suggérant que l'affaire est trop complexe pour être mise en œuvre ? Il nous faut prendre l'objection au sérieux. Mais, auparavant, un tableau permettra de récapituler l'essentiel de nos constatations.

variables liées à l'objectif poursuivi

* Le "domaine d'expression" de l'objectif indique l'outil à utiliser.

* Le "niveau de l'objectif" permet de choisir la situation à mettre en œuvre.

MÉTHODE PÉDAGOGIQUE
(situation + outil)

variables liées au formateur

* Sur le plan des contraintes matérielles :

– On ne peut agir que dans l'espace et avec les objets dont on dispose.

– On est limité par l'organisation du temps.

* Sur le plan institutionnel, il importe de chercher et d'utiliser les points d'appui les plus efficaces.

* Sur le plan personnel :

– Il convient d'utiliser le répertoire méthodologique du formateur.

– Il est nécessaire de s'appuyer sur ses compétences.

variables liées à l'apprenant

* Sur le plan cognitif :

– Le "profil pédagogique" indique l'outil à utiliser.

– Le degré de guidage requis permet de choisir la situation à mettre en œuvre.

– Le rythme d'apprentissage permet de moduler le dispositif.

* Sur le plan sociologique :

– Les codes sociaux imposent d'être attentif aux outils utilisés.

– Les relations sociales imposent de contrôler les situations mises en œuvre.

* Sur le plan affectif :

L'hétérogénéité des apprenants contraint à relativiser les dispositifs proposés en fonction des résistances rencontrées.

4. Différencier la pédagogie : est-ce souhaitable ? Est-ce possible ?

Avant même, pourtant, de s'interroger sur les possibilités de mettre en place, à l'occasion de chaque apprentissage, une méthode originale prenant en compte la spécificité du savoir, la personnalité de l'élève et les ressources du maître, il convient de se demander si une telle manière de faire serait finalement souhaitable. Plaçons-nous donc, pour le moment, dans l'hypothèse où le niveau d'investigation aurait été suffisamment poussé pour que l'on y parvienne... Nous voyons très vite que nous sommes guettés par un triple danger : à inféoder l'objectif poursuivi à une seule méthode qui lui serait très spécifiquement adaptée, l'on risque d'entraîner une limitation, un appauvrissement, voire une mutilation des savoirs ; à ne proposer à chaque élève que des outils et des situations correspondant à sa démarche intellectuelle et modulés selon son rythme de travail, l'on peut contribuer à l'enfermer dans des formes de pensée précisément définies, le rendant intolérant à toute autre méthode ; enfin, à spécialiser les enseignants dans la mise en place de dispositifs avec lesquels ils se sentent spontanément en harmonie, l'on rend inutile ou accessoire tout effort de formation et l'on s'achemine vers la paralysie du système éducatif.

Si des indices, en effet, permettent de déterminer l'outil et la situation qui correspondent le mieux à un objectif donné, le danger existe qu'un lien structurel soit établi entre eux et qu'ainsi, le champ même du savoir soit rétréci, limité en quelque sorte par la méthode qui aura permis son émergence. Que l'on considère, par exemple, un objectif simple de biologie, accessible dès la classe de sixième : la notion de chaîne alimentaire (le lion mange la gazelle qui mange l'herbe, etc.) : on peut considérer que la maîtrise d'un tel objectif requiert une situation interactive et l'usage d'un outil tel qu'un puzzle dont chaque élève possède quelques pièces ; plusieurs combinaisons seront possibles, et l'on pourra, au cours de l'apprentissage, augmenter le nombre de pièces ou introduire des contraintes-problèmes (Que se passe-t-il si l'on supprime telle pièce du puzzle ? Que se passe-t-il si le nombre de lions augmente ou que le désert s'étende ? etc.). Nous avons là un dispositif qui semble correspondre étroitement à la fois à la nature de l'objectif – la compréhension d'une imbrication qui est aussi une interaction – et à son niveau d'exigence – la situation groupale permettant à chaque élève, si elle est correctement conduite, de s'approprier la notion considérée – : la méthode est donc opportune. Mais, en même temps, le dispositif introduit des limitations dans le champ même du savoir ; d'une part, l'outil-puzzle va constituer un obstacle quand il s'agira de passer de la « chaîne alimentaire » au

« réseau alimentaire » : alors que la première est linéaire, le second, en introduisant l'interaction entre différentes chaînes, contraint à passer de la géométrie dans le plan à la géométrie dans l'espace et le risque est grand que l'élève ramène alors systématiquement le second à la première. D'autre part, la situation collective, efficace dans un premier temps, peut bloquer l'enfant quand il s'agira pour lui d'effectuer l'opération tout seul...

En bref, l'enseignant aura produit toute une série de représentations qui, utiles à un moment donné, menacent d'enfermer l'apprenant dans une conception qui finira par bloquer sa progression et son accession à l'abstraction. Le danger, ici, est que l'outil et la situation s'étendent par contagion sur le savoir et que celui-ci s'en trouve finalement appauvri. C'est pourquoi on a raison de dénoncer l'emprise du dispositif sur la connaissance, de s'inquiéter des tentations ludiques ou esthétisantes qui s'emparent souvent des élèves, plus attachés à faire « fonctionner » la méthode qu'à l'utiliser comme un moyen d'accès au savoir. Les « méthodes actives », le jeu pédagogique, les technologies éducatives sont toujours menacées de se prendre eux-mêmes pour objets. L'introduction légitime d'un dispositif, conçu à partir de l'analyse d'un savoir amène ainsi à une limitation de ce savoir... Est-ce à dire, alors, qu'il faille abandonner toute recherche dans ce sens ? Bien évidemment, non ; mais il faut en même temps permettre et exiger un repérage exact des acquis et ne pas se crisper sur le dispositif.

Si l'on se place, maintenant, du point de vue de l'apprenant, l'on découvre qu'une différenciation de la pédagogie, attachée à mettre systématiquement en place des itinéraires conformes aux « possibilités » de l'élève, pourrait conduire à des excès. L'enfant timide ou maîtrisant mal le langage oral risque de se voir cantonné dans des exercices écrits : il y progressera, certes, en mathématiques ou en géographie, mais ne dépassera pas des blocages qui continueront à l'handicaper toute sa vie. L'élève profitant de situations individualisées se verra proposer des fiches de travail personnel ou des entretiens avec un moniteur, qui auront le mérite de prendre en compte les situations dans lesquelles il est le plus à l'aise, mais qui ne l'aideront pas nécessairement dans l'apprentissage, indispensable, à l'écoute et à la lecture solitaires. La constitution de situations interactives, sur la base d'une homogénéité de capacités, légitime pour éviter les phénomènes d'oppression et d'exclusion d'ordre sociologique, pourra instituer des clivages, interdisant la communication entre des individus dont la rencontre serait pourtant enrichissante. Le respect du rythme propre risquera lui-même d'entériner les inégalités : les uns, qui auraient pourtant besoin parfois de travailler de manière moins rapide, seront sollicités pour aller toujours plus vite ; les autres, qui devraient apprendre à travailler plus vite, resteront, au nom du respect qui leur est dû, tributaires d'un lourd handicap. L'on découvre ainsi qu'une pédagogie totalement différenciée en fonction de la démarche propre à chaque élève, quoiqu'elle ait des chances de permettre l'accès à des contenus scolaires à peu près identiques pour tous, enfermerait à terme les individus dans un type de « profil pédagogique », une forme déterminée de « guidage » et un rythme de travail qui ruineraient chez eux toute possibilité d'adaptation. Qui plus est, elle les rendrait intolérants avec toute approche qui s'éloignerait quelque peu des habitudes acquises. Faut-il, pour autant, renoncer à notre projet ? Certainement pas ; mais il faut ménager des alternances entre des temps d'apprentissage différenciés et des moments de reprise où, s'appuyant sur les acquis effectués, l'on puisse garantir l'extension des démarches cognitives des élèves. Mieux encore, il convient de ne jamais confondre les moyens et les objectifs, de prendre appui, pour élaborer les premiers, sur les ressources de l'apprenant et de définir les seconds en fonction de ses manques... Ainsi pourra-t-on « croiser » progressivement les apprentissages pour permettre à la fois une progression dans l'ordre des savoirs et dans celui des démarches : on permettra à l'élève silencieux de progresser en mathématiques en respectant son désir de travailler seul sur une fiche, mais l'on s'appuiera sur la connaissance acquise ainsi pour lui demander de l'exposer à un groupe et se dégager d'une méthode dans laquelle il aurait pu s'enfermer. L'on utilisera les habiletés manipulatoires de tel autre pour lui faire acquérir, par découpage et montage, la structure de la phrase et d'un texte ; une fois cette maîtrise acquise, on lui demandera de trouver un titre pour qu'il apprenne à effectuer une synthèse et à passer à l'abstraction... Cette technique du « croisement » que nous tenons pour le nœud essentiel de l'activité pédagogique nous dégage d'une différenciation statique qui confinerait à l'enfermement[1].

Enfin, en ce qui concerne les « capacités » des maîtres, il est clair que la spécialisation de chacun d'entre eux dans une méthode donnée, utilisant des outils et des situations particulièrement bien maîtrisés, conduirait à l'immobilisme ou au conflit. La plupart reproduiraient les modèles qu'ils ont vécus quand ils étaient eux-mêmes élèves et ceux qui, en raison de leur charisme ou de leur goût pour l'innovation, s'aventureraient dans de nouvelles méthodes, ne manqueraient pas d'être la cible de leurs collègues. En tout état de cause, aucun système social ne peut se passer d'un effort d'adaptation et de formation de ses acteurs, surtout s'il veut s'engager vers de nouvelles perspectives. Dans l'état actuel des choses, il serait donc tout aussi grave d'ossifier l'École en s'en tenant strictement aux compétences déjà acquises par les enseignants et à leurs souhaits immédiats que de vouloir, autoritairement et par décret, leur imposer de changer radicalement leurs pratiques. Là encore, la sagesse consiste à s'appuyer sur les richesses existantes et à proposer les formations qui

1. Nous verrons plus loin que ce que nous nommons ici « le croisement » peut prendre la forme d'un « contrat pédagogique ». Nous préciserons alors, très concrètement, les dispositifs que l'on peut mettre en place.

peuvent répondre aux besoins... Parmi ces derniers, l'outillage conceptuel et pratique, susceptible de répondre au problème de l'hétérogénéité, est évidemment dominant[1]. Et rien n'interdit de penser que la formation dispensée, en mettant en place de nouvelles compétences, suscitera de nouvelles manières d'être : l'outillage, parce qu'il assure une assise à la personne, lui suggère de nouveaux horizons, lui permet d'assumer de nouvelles situations et – pourquoi pas ? – d'y trouver du plaisir. Rien ne distingue, sur ce point, les enseignants de leurs élèves.

Il faut donc renoncer à concevoir la différenciation de la pédagogie comme la mise en place mécanique d'un système éducatif où la programmation de différentes variables conduirait à définir avec certitude à chaque instant, la solution unique optimale. Un tel système, outre qu'il serait tout à fait inopportun à la considération de chacune des variables considérées, représenterait un véritable enfer pédagogique. Il ouvrirait des perspectives à caractère totalitaire ; l'éducation s'y ferait vite dressage et, même si elle permettait d'assurer à tous un tronc commun de connaissances générales, elle mériterait que l'on se dresse contre elle... ; réduites à l'état de moyens dans un gigantesque engrenage, les personnes seraient finalement anéanties. La « meilleure éducation » serait alors la pire ; comme le « meilleur des mondes », elle prendrait des allures d'apocalypse.

Fort heureusement, ce danger ne nous menace guère ; et si l'on peut douter parfois des intentions des hommes, au moins faut-il faire confiance à leurs limites. Nous ne connaîtrons jamais toutes les variables qui entrent en jeu dans un apprentissage et, *a fortiori,* nous ne pourrons jamais les maîtriser simultanément. Des éléments nous échapperont toujours et, même s'il reste légitime de chercher à les repérer, nous ne pourrons jamais tous les prendre en compte... « Que de choses il faut ignorer pour agir ! » dit Paul VALÉRY[2], et c'est bien ainsi. C'est bien que nous tâtonnions, que nous hésitions et qu'il nous faille choisir.

Car, en réalité, l'apprentissage se présente comme un système, lui-même sous-système de systèmes plus vastes, comme l'École et la Société. En tant que système, il met donc en jeu quantité d'éléments que nous avons classés selon trois pôles principaux... D'autres classifications, bien sûr, auraient été possibles ; nous avons choisi celle qui créait, en son centre, un lieu pour la décision, un lieu spécifiquement pédagogique... Ce qui n'interdit pas que d'autres acteurs agissent sur ce qui se passe dans la classe avec d'autres leviers, en choisissant d'autres variables qui déterminent un autre centre ; les associations de quartiers, la famille, les médias, l'entreprise, les syndicats, l'État peuvent déplacer la question et il est souhaitable qu'ils le fassent pour atteindre à l'efficacité avec leurs propres outils. Mais le pédagogue, lui, est là : au centre d'un triangle indé-

1. On lira, pour s'en persuader, l'enquête de H. HAMON et P. ROTMAN, *Tant qu'il y aura des profs*, Le Seuil, Paris, 1984.

2. *Œuvres, Tome II.* Gallimard, La Pléiade, Paris, 1971, p. 503.

fini et pourtant jamais vide puisque, quoi qu'il fasse, il fait acte de pédagogie.

Quelle option le pédagogue doit-il prendre ? Se perdre en conjectures et, devant le spectacle de la complexité, faire finalement comme avant, parce que c'est plus facile ? Ou bien tenter d'entrer dans le système par l'angle qui lui apparaît le plus saillant, mettre en place, en s'appuyant sur ce qu'il maîtrise le mieux, un dispositif, en conscience de l'approximation qu'il effectue mais avec la certitude que, dans un système, quand le lien est créé, tout interagit sur tout. L'analyse systémique nous a appris que nous devons faire fonctionner des réalités d'ordre hétérogène, imbriquées les unes dans les autres, en déterminant simplement dans le système qu'elles constituent le trajet que nous voulons parcourir. Et c'est ce trajet même qui constitue notre système, délimite les frontières de notre projet. Pour le pédagogue, il existe donc des informations, une masse d'informations disponibles afférentes au savoir qu'il a à transmettre, aux apprenants et à lui-même. Son travail consiste à repérer quelques-unes de ces informations : l'objectif qu'il veut atteindre suggère plutôt telle méthode ; l'apprenant apprend mieux quand il lui propose tel outil ; la classe se déroule plus facilement quand il utilise telle situation... Il doit alors s'attacher à l'une ou deux d'entre elles, tisser un lien entre des variables, même ténu, et passer à l'acte. Il s'appuiera ainsi plutôt sur une observation ou sur une autre ; il utilisera, en fait, celle qui lui offre une possibilité d'action. Cela ne sera pas arbitraire puisqu'il aura pris appui sur un fait ; cela sera approximatif puisqu'il n'aura pas pris en compte tous les faits. L'essentiel est qu'il examine ses résultats et repense alors ses choix : il stabilisera ainsi les éléments positifs et se débarrassera progressivement – mais jamais complètement – des incertitudes. Il s'aidera du « déjà là », mais créera de nouveaux « possibles » : ainsi le choix d'une méthode décidée au regard des exigences des apprenants l'entraînera-t-il peut-être à engager une formation pour l'aider à la mettre en œuvre, la décision d'utiliser tel outil en fonction de sa concordance avec l'objectif poursuivi permettra-t-elle d'ouvrir aux apprenants de nouvelles perspectives ; l'usage d'une situation qu'il maîtrise particulièrement bien révèlera des richesses insoupçonnées dans un objectif d'apprentissage apparemment bien limité. On peut entrer partout à condition d'avoir une entrée. Et la pédagogie différenciée, c'est cela ; non une systématique, mais une dynamique jamais achevée : chercher des points d'appui dans le réseau complexe que constitue tout acte d'apprentissage, en faire des leviers pour une action toujours plus rigoureuse et plus libre à la fois[1].

1. On trouvera un nombre considérable de références, d'informations et d'outils concernant la mise en place d'une pédagogie différenciée dans l'ouvrage de l'I.N.R.P. coordonné par A. de Peretti : *Les points d'appui de l'enseignant : pour une théorie et une pratique de la pédagogie différenciée* (I.N.R.P., Paris, 1984).

5. Apprendre à évaluer, un préalable essentiel

Quoiqu'elle y ait toujours tenu une place centrale et qu'elle soit l'objet essentiel des préoccupations des élèves, la question de l'évaluation n'a jamais été, à l'École, véritablement étudiée pour elle-même. Ou, plus exactement, elle n'a été considérée que sous l'angle de son utilité sociale, comme une chose tout à fait étrangère à l'apprentissage lui-même : on apprend d'abord et l'on évalue après. Le maître, dans ces conditions, possède en quelque sorte une double casquette : d'un côté, il s'efforce de faire réussir ses élèves et tous ses efforts concourent à ce projet ; d'un autre côté, il organise des épreuves où il sème des embûches dans le souci de faire échouer une partie d'entre eux et de sélectionner les meilleurs. C'est pourquoi il est toujours partagé, devant un échec, entre la culpabilité pédagogique, qui devrait l'amener à se remettre en question, et la fierté sociale d'avoir rempli une tâche pour laquelle il était mandaté et qu'il doit poursuivre. Le paradoxe est tel que, s'il arrive qu'un enseignant mette trop fréquemment ou trop systématiquement de bonnes notes, loin de louer son efficacité, l'on suspecte plutôt son objectivité... Toute la difficulté vient du fait, comme le fait justement remarquer O. REBOUL[1], que l'on ne distingue pas l'évaluation sociale de l'évaluation pédagogique ; les deux sont légitimes, mais elles ne remplissent pas la même fonction. La première vise à pourvoir à des fonctions dont personne ne pourra prétendre qu'il faut y placer les moins compétents : chacun a tout intérêt à ce que les critères de sélection des chirurgiens ou des garagistes soient suffisamment déterminants ! En revanche, il existe une fonction pédagogique de l'évaluation, dont nous avons déjà parlé, et qui constitue un préalable essentiel à la différenciation : c'est elle qui permet de construire une méthode appropriée et d'intervenir opportunément dans une progression. Sans elle, l'acte pédagogique ne peut réussir qu'au hasard d'une conjoncture favorable, parce qu'une correspondance miraculeuse se sera établie entre le niveau, les possibilités, les besoins de l'élève et la proposition du maître.

Tentons, une dernière fois, de raisonner dans le cas d'une situation optimale : l'enseignant, avant d'engager un apprentissage, devrait établir un premier diagnostic en inventoriant, pour chaque élève, ses ressources et ses besoins dans deux domaines bien déterminés : ses capacités (méthode de travail, familiarité avec tel outil, maîtrise de telle situation) et ses compétences acquises dans la matière qu'il est chargé d'enseigner

1. *Qu'est-ce qu'apprendre ?* P.U.F., Paris, 1980, p. 138 et sq.

et dans les secteurs connexes[1]. A titre d'exemple, nous proposons ci-après une grille d'analyse de capacités et compétences pour un élève de sixième en français ; bien évidemment, celle-ci est fort lacunaire et, si elle peut servir de base de travail, elle mérite d'être précisée et complétée par les professeurs qui souhaiteraient l'utiliser.

L'on fera remarquer, à juste titre, que l'établissement d'un diagnostic sur chacun des points de ce tableau exige la mise en place d'un dispositif extrêmement lourd : il requiert à la fois des évaluations précises, des questionnaires personnalisés et des entretiens individuels. Cela impose donc de « perdre » un temps toujours précieux quand on est à la fois soucieux de remettre à niveau nombre d'élèves et de terminer le programme. A cela, l'on peut apporter plusieurs réponses : d'une part, il est souvent nécessaire de perdre du temps pour en gagner, et la recherche des points d'appui et des lacunes peut précisément, une fois menée à bien, multiplier l'efficacité d'un travail ultérieur. D'autre part, il n'est pas nécessaire de différer le démarrage des activités de la classe jusqu'à l'obtention complète de tous les renseignements pour chaque élève ; la grille peut être remplie au fur et à mesure, sur le tas, à partir d'observations que l'on aura simplement le souci de récolter et de conserver... L'on pourra, par exemple, à l'issue de chaque cours, après une évaluation, noter, par un signe ou une couleur sur la fiche de chaque élève, si tel ou tel item est plutôt pour lui une ressource sur laquelle s'appuyer ou un besoin à combler ; la consultation systématique des fiches attirera l'attention du maître sur un élève passé inaperçu et sur lequel il dispose de peu d'éléments ; elle l'alertera sur le cas d'élèves dont les ressources apparaissent limitées et l'incitera à se mettre en quête de compétences ou de capacités plus éloignées des savoirs scolaires mais qui n'en peuvent pas moins constituer de précieux points d'appui. Enfin, il faut noter que l'on peut évidemment sérier les items et, au cours de la progression, les traiter par tranches successives : ainsi, il apparaît raisonnable de ne s'attacher, au cours du premier trimestre, qu'à quelques capacités essentielles et compétences fondamentales ; ce n'est que progressivement que l'on enrichira l'observation et les exigences. La souplesse, ici, n'est pas dommageable si elle s'accompagne d'un souci de rigueur.

Dès que ce travail est engagé, et avant même son achèvement, un processus de différenciation peut démarrer. Pour en comprendre le mécanisme, il suffit de lire les informations recueillies en les répartissant sur deux axes (ressources/besoins) et en s'efforçant de repérer les intersections possibles.

1. L'usage que nous faisons ici des termes capacités et compétences est fort arbitraire et de nombreux auteurs contesteraient nos définitions. Mais c'est moins la définition rigoureuse des termes qui nous importe pour l'instant que leur aspect opératoire en tant qu'outils pour le pédagogue.

CAPACITÉS
capacité d'écoute
capacité de lecture
aptitude manipulatoire
mémoire visuelle
mémoire auditive
mémoire de l'objet
compréhension et application des consignes
qualité d'écriture
aptitude à la prise de parole
aptitude au dialogue
maîtrise du magnétophone
maîtrise de l'appareil photo
maîtrise de la caméra
maîtrise du micro-ordinateur
goût pour la recherche
initiative
autonomie
rythme de travail

COMPÉTENCES
qualité de l'orthographe
maîtrise de la grammaire
connaissance de la conjugaison
correction de la phrase
élaboration d'une description
construction d'un récit
constitution d'une fiche de lecture
fabrication d'un exposé
culture littéraire : romans
culture littéraire : théâtre
culture littéraire : poésie
autres compétences :
* musique
* cinéma
* centres d'intérêts
etc...

La démarche pédagogique peut alors être symbolisée ainsi :

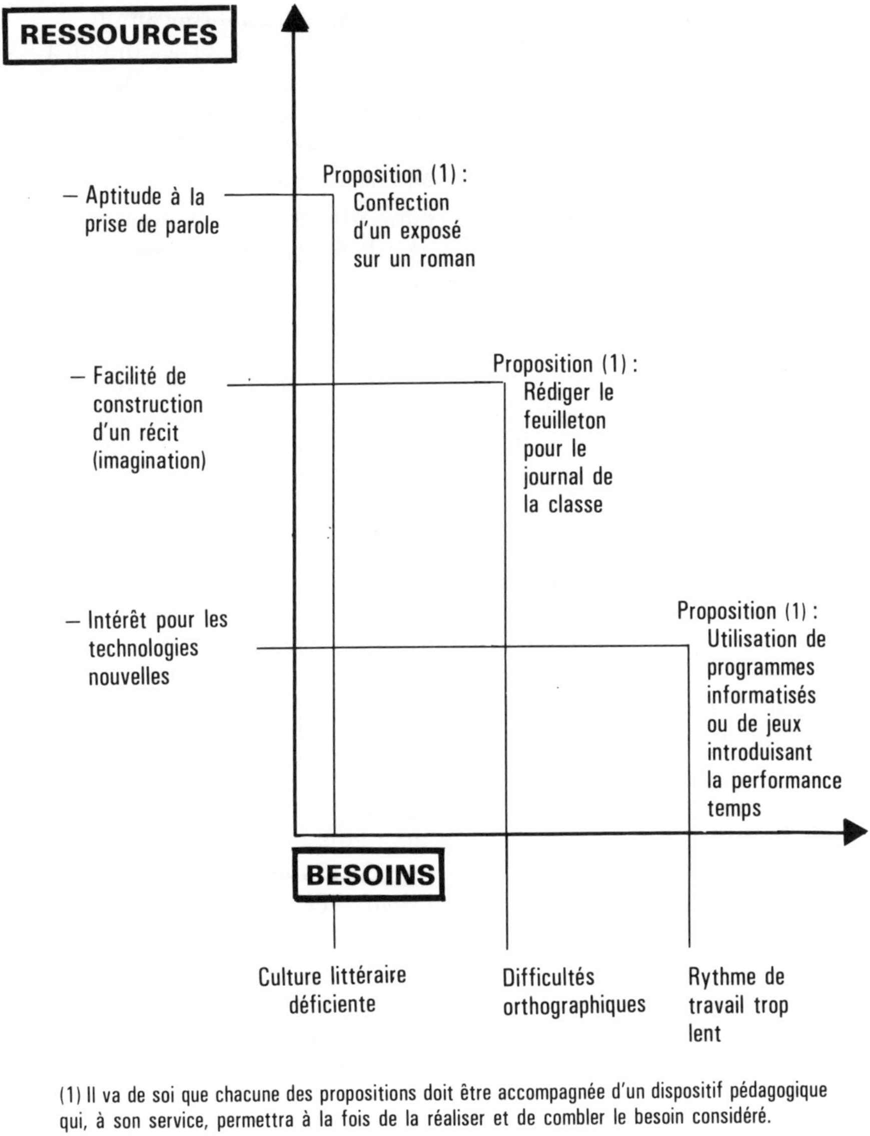

(1) Il va de soi que chacune des propositions doit être accompagnée d'un dispositif pédagogique qui, à son service, permettra à la fois de la réaliser et de combler le besoin considéré.

Bien évidemment, beaucoup d'autres intersections sont possibles, et celles qui sont choisies le sont donc en fonction des ressources et des contraintes propres au formateur, ainsi que des conditions matérielles dans lesquelles il se trouve. En toute rigueur, il faudrait donc introduire un troisième axe au diagramme sur lequel apparaîtrait ce type de variables ; c'est sur lui, dans notre exemple, que seraient placées l'existence du journal de la classe et celle d'un club de micro-informatique dans le collège... Mais ne complexifions pas trop ; d'autant plus qu'il y a toutes raisons de penser que l'enseignant, en faisant sa proposition, a ces variables à l'esprit ou qu'il va engager un processus pour les modifier (ce sera peut-être l'occasion de créer un journal pour la classe !). Les trois pôles — savoir, apprenant, formateur — sont donc bien en interaction dans une telle formule qui, loin de mécaniser l'acte d'apprentissage, stimule l'initiative et l'invention de situations nouvelles.

Nous voici donc assuré de l'importance de l'évaluation avant d'engager un apprentissage (c'est ce que l'on nomme justement l'évaluation « diagnostique » ou « prédictive ») ; mais l'évaluation a aussi une fonction précieuse en cours d'apprentissage ; elle devient alors l'évaluation « formative ». En effet, nous avons souligné à plusieurs reprises que toute proposition pédagogique comportait une part d'aléatoire puisque, élaborée à partir de variables saillantes, elle ne pouvait jamais prétendre être la seule bonne solution. Cet aspect pourrait gravement l'invalider si l'on n'avait le souci de compenser cet aléatoire par des procédures d'évaluation en cours d'apprentissage ; l'on peut ainsi observer les points qui bloquent la progression, les outils qui fonctionnent comme obstacles, les situations qui handicapent l'élève... Grâce à ces clignotants, il est alors possible d'intervenir de manière à ajuster plus précisément la méthode. Cette fonction régulatrice est essentielle ; c'est elle qui empêche que la différenciation ne se fige dans une sectorisation provisoire et, par définition, contestable ; c'est elle qui, en cours de route, suggère que l'on s'arrête un moment pour observer plus attentivement tel point ou, au contraire, propose un raccourci plus attrayant. Ainsi l'élève qui butera, dans la préparation d'un exposé de géographie sur la fabrication d'un schéma, se verra-t-il engagé dans un apprentissage spécifique portant sur la transposition de données sous forme de graphiques. De même, celui qui, dans une fiche individualisée de mathématiques, butera sur une définition qu'il ne parviendra pas à s'approprier, se verra-t-il proposer une explication dialoguée plus susceptible de déceler l'origine du blocage et d'y remédier. Ou encore, cet autre, étudiant les liaisons mécaniques à travers une série de manipulations et se trouvant dans l'incapacité de formuler clairement les différents types de liaisons (parallèle, hélicoïdale, etc.), devra-t-il être contraint à passer par l'écriture pour formaliser ses découvertes... Et l'on pourrait multiplier les exemples : l'évaluation formative, c'est simplement le fait de prendre régulièrement le pouls des élèves au travail et de pouvoir ainsi intervenir sur le moment. En ce sens, elle s'oppose à une manière habituelle de procéder, qui ne conçoit l'intervention du pédagogue qu'en début et en fin d'apprentissage, pour définir les exigences et contrôler les résultats. En faisant de l'évaluation un souci permanent en cours de séquence, en n'abandonnant pas le bon fonctionnement de celle-ci aux seuls élèves qui ont intériorisé les exigences scolaires et ne rencontreront aucun obstacle en cours de route, elle représente une garantie essentielle en même temps qu'elle permet d'introduire beaucoup de souplesse.

Mais, là encore, on objectera la complexité de mise en œuvre et le temps perdu dans cette multitude de petites évaluations : le professeur, déjà surchargé de corrections, peut-il se payer le luxe d'évaluations permanentes, au risque de désinvestir l'apprentissage lui-même ? Or, en réalité, l'évaluation formative ne requiert, d'aucune manière, la mise en place de dispositifs coûteux, pas plus qu'elle ne détourne le maître de l'apprentissage dont elle est partie intégrante. Une simple phrase à compléter, un questionnaire à choix multiple auto-correctif, une fiche de bilan, quelques minutes, voire quelques secondes d'entretien, de simples indicateurs comportementaux (une agitation inhabituelle ou une léthargie subite) constituent de précieux indices permettant de réguler un apprentissage. Évidemment, cela suppose que le maître ne soit pas obsédé par la qualité de sa propre prestation, mais se consacre à stimuler et contrôler le travail des élèves : dans une classe centrée sur l'activité des apprenants, il devient un diagnosticien, une personne qui ressource et motive et qui, sans renoncer à des apports magistraux, subordonne ceux-ci aux activités qu'ils rendent possibles. Dans un tel cadre, l'évaluation formative n'est pas une opération supplémentaire ; elle est une dimension de l'apprentissage : en permettant l'ajustement progressif de la démarche à l'objectif, elle est au cœur de l'acte d'apprendre, y apporte une dynamique et en garantit l'efficacité.

Il reste cependant qu'il ne faut pas renoncer à l'évaluation « sommative », celle qui, au terme de l'apprentissage, permet d'en mesurer de manière plus globale les acquis. Cette forme d'évaluation, exigée légitimement par l'institution, peut-elle aussi avoir valeur pédagogique ? Il suffit, pour cela, qu'elle soit précisément critériée, que l'on distingue dans la notation différentes exigences faisant chacune l'objet d'une évaluation particulière. Ainsi, le professeur de philosophie pourra-t-il détailler une note globale en indiquant la part qui revient dans la réussite ou l'échec à différents aspects : la qualité de l'écriture, la rigueur du plan, l'efficacité de l'introduction, l'utilisation des exemples et des références, l'opportunité des transitions, la richesse de l'argumentation. Une fois effectué le repérage des points forts et des points faibles, il pourra proposer des exercices différenciés : à celui qui ignore l'art de la transition, il fournira une dissertation où celle-ci sera manquante et lui demandera de l'écrire ; à celui dont l'argumentation sera mal organisée, il demandera de réorganiser un texte en désordre. A tous il proposera de refaire une nouvelle fois le travail et fera observer à tous les progrès effectués. Car on procède trop souvent comme si le devoir, la composition ou le contrôle représentaient des fins en soi, définitives et indépassables : ainsi s'établit une sorte de marché tacite aux termes duquel l'élève bâcle un travail, est payé d'une mauvaise note et n'envisage pas d'améliorer sa performance... « une mauvaise note contre un mauvais travail », après tout, le marché est honnête ! Il serait suffisant, si la fonction du maître n'était pas seulement de sanctionner l'élève mais aussi de le faire progresser. Or une évaluation sommative critériée peut ouvrir à la mise en place de nouvelles stratégies et elle est donc, elle aussi, un outil précieux de différenciation.

Imaginons même le cas où l'évaluation sommative se présente sans que l'on notifie les points à reprendre, le cas – somme toute, assez fréquent – où l'on indique seulement à l'élève que son travail est mauvais : tout n'est pas perdu si l'on en profite pour réexaminer avec lui la méthode utilisée et en chercher une nouvelle. Une nouvelle fois, l'écueil serait de s'en tenir ici à une analyse superficielle, en termes de temps de travail insuffisant, et de refaire avec lui la même démarche une seconde fois. Effectivement, il est des exemples où c'est bien le manque de temps qui est cause de l'échec ; mais, dans la plupart des cas, c'est que l'itinéraire a été mal choisi et qu'il faut effectuer un détour, passer par un autre chemin, inventer une remédiation. Car la « remédiation », c'est à la fois un remède et une nouvelle médiation ; quand la progression est bloquée, il faut une rupture, un changement de terrain, il faut paraître parfois oublier temporairement l'objectif pour le retrouver au détour du chemin... Et c'est aussi cela la différenciation.

Évaluations diagnostique, formative et sommative sont donc des leviers essentiels pour mettre en place une pédagogie différenciée ; sans elles nous n'avons que peu de chances de répondre au défi de l'hétérogénéité... ; avec elles, tout devient possible et, puisque nous sommes maintenant en possession de la plupart des données, nous ne pouvons pas échapper à une description plus précise de ce qui peut se passer, concrètement, dans une classe et avec un maître qui prendraient tout cela au sérieux.

6. Différencier dans la classe : un premier pas décisif

Malgré les apparences, la différenciation ne soulève pas des montagnes. On peut la mettre en place, en effet, à un premier niveau, en conservant le fonctionnement habituel de la classe, mais en ayant le souci, dans le déroulement même du cours, d'alterner différents outils et différentes situations d'apprentissage... Que l'on s'efforce de formuler les consignes d'un exercice de plusieurs manières, d'éclairer un texte écrit par un schéma ou un commentaire oral et tout est changé ! Que l'on interrompe un exposé magistral pour engager les élèves dans une manipulation, même brève, et le discours du maître, en perdant son monopole, ne sélectionne plus tout à fait autant les seuls élèves capables de l'appréhender. Que l'on prenne le corps au sérieux, que l'on utilise le geste ou le mime, et l'enseignement des langues profitera plus largement à tous. Que l'on maîtrise mieux les technologies éducatives, avec suffisamment de distance pour les introduire sans les systématiser, et il y a fort à parier pour qu'une grande partie des élèves y trouve bénéfice. Que l'on alterne des temps d'information collective avec des temps de travail personnel et de mise en groupe, et chacun pourra peut-être trouver une situation où il pourra s'approprier le savoir proposé... Car, en réalité, dès que l'on introduit dans les pratiques pédagogiques ce que J. DRÉVILLON nomme de la « flexibilité »[1], l'on multiplie les chances de réussite, puisque l'on offre aux apprenants une palette de propositions et de stimulations grâce auxquelles ils peuvent se construire leur propre stratégie. Évidemment, la flexibilité ne veut pas dire l'incohérence car, alors, seuls ceux qui ont intériorisé les objectifs et la démarche scolaire pourraient surnager ; la flexibilité, c'est la capacité d'ordonner à un objectif repéré des outils et des situations diversifiés. C'est pourquoi, l'on peut affirmer qu'il n'est de bonne pédagogie que dans *l'éclectisme méthodique* : éclectisme, parce que le chemin unique sélectionne toujours ceux qu'il fait réussir ; méthodique, parce qu'une diversité qui ne serait pas référée à un projet identifié apparaîtrait bien vite comme un ensemble de sollicitations incohérentes où seul le miroitement de quelques objets ou de quelques mots attirerait l'élève au gré de ses humeurs. Ainsi réalisée, par une succession d'exercices diversifiés, la différenciation n'exige guère de facilités institutionnelles ; chacun peut la mettre en place à partir du moment où il a le souci de construire ses cours autour d'un objectif auquel il ordonne différents outils et différentes situations.

Pour ce qui est de la mise en place d'une différenciation simultanée, les difficultés sont incontestablement plus grandes : le fait que, à un moment donné, dans une classe, les élèves s'adonnent à des activités diverses, précisément définies pour chacun d'eux et correspondant à leurs ressources et à leurs besoins, exige des moyens plus importants ; cela exige surtout, de la part du maître, un renversement radical de perspective, un déconditionnement total par rapport au modèle traditionnellement admis... Dans cette classe de sixième en français, règne apparemment un grand désordre : trois élèves préparent une dictée sous la responsabilité d'un de leurs camarades ; quatre imaginent un récit en s'aidant d'un jeu de tarot ; un autre écoute, grâce à un casque, les actualités à la radio : il en fera tout à l'heure une synthèse à la classe ; à côté de lui, un autre prépare un exposé tandis qu'un troisième met la dernière main à un panneau sur lequel il a recopié et illustré un poème ; plus loin, quelques-uns jouent au loto et placent sur des cartons les terminaisons des verbes ; dans le couloir, un petit groupe prépare une scène d'une pièce de Molière, mais leurs éclats de voix dérangent quelque peu les trois ou quatre lecteurs silencieux, absorbés dans la lecture d'un roman... Le maître abandonne alors les sept ou huit élèves qu'il guidait dans l'exer-

1. *Pratiques éducatives et développement de la pensée opératoire*, P.U.F., Paris, 1980.

PLAN DE TRAVAIL INDIVIDUEL

	EXPRESSION ORALE		EXPRESSION ECRITE			
	PRISE DE PAROLE DANS LE GROUPE	EXPOSE	ORTHOGRAPHE D'USAGE / GRAMMATICAL	CORRECTION DE LA LANGUE	RECIT	DESCRIPT
RESULTATS ANTERIEURS	prise de parole désordonnée	maîtrise insuffisante de l'expres-sion	bon niveau	effort à faire porter sur la pronomi-nalisation	bien	manq d'enri -sem
ENGAGEMENTS	s'astreindre à demander la parole (faire le point toutes les semaines avec le professeur)	préparer un exposé de dix minutes sur un sujet au choix (entraîne-ment au magnéto-phone avec et sans notes ; entraîne-ment devant un petit groupe)	exercices d'entretien (n° 12, 15, 17, 18) et deux dictées à préparer	exercices sur l'usage du pronom (n° 2, 3 et 4)	exercice d'entretien (fiche-puzzle au choix sur la structure du récit)	exerc d'enri chisse par l'adje (fiche et la subor relat (fiche
EVALUATION	progrès sensibles observés par toute la classe	exposé mieux maîtrisé (il faut travailler le plan)	bon niveau	acquisition effectuée ; passage à la phrase complexe	bon niveau	ensem encor insuf -san travai à repre

MOIS DE JANVIER
NOM :

…MAN	CULTURE THEATRE	CULTURE POESIE	CINEMA	MUSIQUE	CREATION TEXTE	CREATION THEATRE	CREATION MONTAGE AUDIO-VISUEL	AUTRES FORMES
…ture …minée	une pièce lue	aucun travail	quatre fiches réalisées	aucun travail	deux articles rédigés pour le journal	une scène montée	aucun travail	participation au club d'informatique
…ir le …man …en …e un …ond …isi …s la …lio-…aphie …posée		choisir un poème et le présenter accompagné d'une musique et de diapositives (montage audio-visuel)		voir poésie	reprendre le même engagement : deux articles à rédiger		voir poésie	à poursuivre
…gagement …u		montage réalisé ; excellent résultat		voir poésie	engagement non tenu ; le journal n'a pas pu paraître ; sera rédacteur en chef le mois prochain		voir poésie	excellente participation

cice de confection d'un brouillon pour intimer aux acteurs l'ordre de faire moins de bruit ; en traversant la classe, il jette un coup d'œil sur les uns et les autres, remet Pierre au travail, suggère à Sylvie, la monitrice d'orthographe, d'utiliser les fiches sur l'accord du participe passé ; il vérifie que les joueurs de tarot respectent bien la règle et imaginent la suite du récit à tour de rôle, en posant leur carte ; avant de se rasseoir, il demande quelques instants de silence pour rappeler qu'il ne reste que vingt minutes avant la fin de l'heure et que le prochain cours sera consacré à un contrôle d'expression écrite qui sera noté à partir de trois critères : la correction de la phrase, l'orthographe et la structure du récit ; chacun de ces points, rappelle le professeur, est détaillé sur la fiche d'objectifs du mois.

Un tel fonctionnement, nous fera-t-on remarquer, est très difficile à mettre en place et à contrôler... Mais qu'exige-t-il très précisément ? D'abord un changement d'attitude de l'enseignant qui ne doit plus mesurer son efficacité à son temps de parole devant toute la classe ; et cela n'est pas simple : on n'imagine pas à quel point les maîtres peuvent être culpabilisés au sortir d'une classe où ils n'ont pas « bouclé » en une heure un cours en trois parties ! Ensuite, il faut avoir élaboré un programme d'objectifs qui, étant communiqué aux élèves, constitue le fil directeur du travail ; c'est à lui que l'on se repère, c'est à lui que l'on réfère ses activités ; c'est lui qui indique les dates et les contenus des évaluations. De plus, ce programme général doit être négocié avec chacun sous la forme d'un plan de travail individuel dont l'échéance pourra être variable selon l'âge des élèves (une journée, une semaine, un mois ou un trimestre) ; ce plan de travail doit comporter, pour chaque objectif, le niveau atteint précédemment par l'élève et les engagements pris en fonction de celui-ci... Nous proposons ci-contre, un document de ce type, élaboré pour une classe de quatrième en français ; il est assez complet et peut, bien sûr, être simplifié ; il peut également être adapté à toutes les disciplines en modifiant les types d'objectifs mentionnés. Ceci fait, il reste à régler une multitude de problèmes matériels : l'organisation de la salle, la mise à disposition des outils nécessaires... Dans ce domaine, rien n'est jamais parfait, et nous connaissons beaucoup d'enseignants qui doivent trimbaler avec eux une valise bourrée de documents qu'aucun placard disponible ne peut accueillir ; ils installent en vitesse une salle, pour cinquante minutes, qu'ils doivent remettre « en ordre » avant de partir, et il leur faut beaucoup de ténacité pour ne pas se décourager. Enfin, on ne doit pas négliger le problème habituellement nommé de « discipline » et qui peut compromettre, c'est vrai, les meilleures intentions : quand on ne maîtrise pas une situation de différenciation, quand le niveau sonore dans la salle dépasse le degré admis par l'institution, quand on ne compte plus les déplacements sauvages et les phénomènes de fuite, alors tout est prêt pour que le découragement survienne et, après lui, le refuge dans la tradition, assorti le plus souvent d'une amertume qui laisse des traces. Il convient donc que la différenciation s'accompagne d'exigences extrêmement fermes sur le plan du travail effectué ainsi que de l'affirmation de lois régissant la vie sociale dans la classe. Est-ce dire que le maître va sombrer dans la répression brutale ? C'est exactement le contraire : les élèves savent depuis longtemps que les enseignants exigeants n'ont pas à réprimer ; c'est le manque d'exigence qui sécrète le laisser-aller et prépare la répression... Gérer la différenciation exige donc que l'on ne laisse planer aucun doute quant à la nécessité du respect de lois essentielles concernant la prise de parole, les déplacements, l'usage du matériel, etc... Bien sûr, il est toujours souhaitable que ces lois soient expliquées, et à partir d'un certain âge, négociées ; elles doivent également prévoir ce qui se passe quand quelqu'un les enfreint et quelles aides il peut trouver dans le groupe et le professeur pour l'amener à les respecter : la sanction peut être une forme d'aide, on peut en imaginer une multitude d'autres.

Voilà, nous dira-t-on, qui convient parfaitement à des élèves d'école primaire, qui peut encore satisfaire les sixièmes et les cinquièmes, mais qui devient tout à fait dépassé pour des adolescents, et complètement absurde pour des adultes ! Est-ce si sûr ? Car, si l'on peut concéder que des élèves et des étudiants plus âgés sont capables de profiter d'exposés plus longs et d'organiser personnellement leurs exercices de transfert et d'expression, il n'en reste pas moins vrai que l'homogénéité des groupes qu'ils constituent n'est toujours qu'une apparence. Le dressage supprime les différences ; le savoir partagé les met en perspective, permet de les reconnaître et de les utiliser. C'est pourquoi la différenciation de la pédagogie ne doit pas s'arrêter aux frontières du collège ; elle seule peut stimuler, à tous les niveaux, la mise en place de ce que C. FREINET nommait le « travail vrai ». Avec elle, le professeur devient une « personne-ressource » qui collabore étroitement avec l'apprenant au lieu de lui imposer arbitrairement sa loi. On ne soulignera jamais assez que seule la différenciation permet d'associer progressivement les formés au processus d'apprentissage : en prenant en compte l'apprenant, en l'intégrant comme acteur dans l'acte pédagogique, elle ouvre à une formation négociée, elle rend possible, selon la formule d'H. DESROCHE, une « auto-formation assistée ». Et combien de stages pour adultes, figés dans le rituel « exposé/travaux de groupe », auraient intérêt à regarder d'un peu près ces « classes-ateliers » instaurées depuis longtemps à l'école primaire ? L'établissement d'un programme, l'élaboration de plans de travail individuels, la recherche des situations et des outils appropriés, l'évaluation régulière des acquis devraient devenir progressivement partie intégrante de l'activité formatrice ; c'est ainsi que ce qui reste encore du domaine de la décision du professeur en classe de sixième deviendrait au lycée, à l'université, dans la formation permanente, l'affaire de tous.

Nous avons donc distingué, dans la classe, deux formes de différenciation : la différenciation successive et la différenciation simultanée. Est-ce à dire que ces deux formes soient exclusives l'une de l'autre ?

Nous ne le croyons pas et nous pensons même que leur combinaison peut permettre d'ébaucher un modèle de séquence d'apprentissage qui, malgré ses imperfections, représente un cadre utilisable par le maître, dans un emploi du temps normal, sans exiger de changement institutionnel notable.

Nous considérons ici qu'une séquence d'apprentissage est un ensemble d'activités pédagogiques, pouvant s'étendre sur plusieurs heures de cours, ordonnées à un objectif défini. Une fois cet objectif explicité et annoncé, on peut concevoir la démarche en quatre temps : découverte, intégration, évaluation, remédiation.

Le premier temps, celui de la découverte, impose une différenciation importante des outils et des situations, mais, à notre sens, il vaut mieux que cette différenciation soit successive et que l'enseignant garde la maîtrise de la classe : pour le moment, c'est lui qui incarne l'objectif et l'éclatement du groupe serait dommageable dans la mesure où les élèves pourraient se sentir livrés à eux-mêmes sans avoir été suffisamment préparés. Le maître doit ici éveiller l'intérêt, créer la centration sur l'objet de l'étude ; cette activité sera d'autant plus efficace qu'elle s'appuiera successivement sur différents supports, fera appel à la perception orale et visuelle, à une brève manipulation. Il s'agit de faire émerger la règle, la notion, la loi, le concept, de matériaux différenciés à travers lesquels chacun doit se sentir interpellé. Ce que l'on recherche ici, c'est que l'apprenant repère ce dont il s'agit, parvienne si possible à le référer à une expérience ou à un savoir antérieur et comprenne en quoi cela prolonge et dépasse ce qu'il sait déjà. On voit que ce premier temps, pour être efficace, doit être mené avec souplesse et que le maître peut y utiliser tous les outils dont il dispose : un texte, un exposé, un schéma, une chanson, une diapositive, un film, un dessin, une manipulation ; il peut emprunter ces exemples à des registres différents : l'actualité, l'histoire, la vie quotidienne, l'art, la télévision, la littérature, la science-fiction ; il peut procéder à de petits exercices d'appel : puzzle, phrase à compléter, dessin à interpréter, jeux de toutes sortes... L'essentiel est qu'il fasse découvrir au plus grand nombre possible d'élèves ce dont il est question. Logiquement, ce premier temps doit s'achever par une rapide synthèse des éléments repérés et celle-ci peut, bien évidemment, prendre la forme d'un petit exposé oral ou d'un texte écrit ; cette synthèse représente en quelque sorte l'incarnation de l'objectif posé au départ.

Il serait illusoire de croire que, même dans l'hypothèse où la différenciation a été suffisante pour que tous comprennent l'objectif, la tâche du maître s'arrête là. Il reste à faire effectuer aux élèves une opération essentielle qui consiste à s'approprier véritablement le savoir ; c'est l'objet du **second temps de la démarche, le temps d'intégration**. Or, maintenant, nous semble-t-il, il convient de mettre en place une différenciation simultanée : chacun, en effet, s'approprie le savoir d'une manière singulière et avec un rythme qui lui est propre. Aussi faut-il casser la structure-classe pour proposer aux élèves des itinéraires différenciés : on mettra à leur disposition des fiches individuelles, des exercices de groupe ; on sollicitera quelques-uns d'entre eux pour être moniteurs, on suggérera des manipulations, des enquêtes, des lectures. La différenciation pourra également porter sur les contenus : on fournira alors des documents complémentaires à ceux qui se sentent plus particulièrement en difficulté sur tel ou tel point... Selon l'objectif poursuivi, l'enseignant percevra s'il doit faire porter l'effort de différenciation sur les méthodes de travail ou sur la maîtrise des différents éléments mis en jeu ; si cela lui semble nécessaire, il pourra, évidemment, combiner les deux formules. Mais, à notre sens, il est possible dans tous les cas de laisser les élèves choisir leur itinéraire, en se réservant d'intervenir si le risque pris devient trop grand ou si le choix apparaît absurde[1]. Car le maître est alors disponible auprès de chacun pour les mises au point nécessaires ; il peut également donner le renseignement manquant ou reprendre une consigne mal comprise. A ceux qui auront terminé avant les autres, il proposera des exercices supplémentaires d'approfondissement ; à ceux qui tarderont trop il donnera le coup de pouce nécessaire. Il a le temps ici de faire ce qu'il ne faisait, le plus souvent, qu'à la va-vite entre deux cours ; il a l'occasion de voir vraiment les élèves travailler et d'observer ce qui les aide et ce qui les handicape.

On aura pu s'inquiéter de ce que, au cours de ce second temps, nous ayons laissé l'élève choisir son itinéraire. Et, effectivement, le risque serait grand si ce choix n'était régulé par la présence du **troisième temps : l'évaluation**. Car c'est la confrontation entre le chemin choisi et le but atteint qui est véritablement formatrice. Il faut donc qu'à un terme déterminé à l'avance, l'élève soit mis à l'épreuve, que son acquisition soit mesurée et qu'il puisse s'interroger sur la pertinence de ses choix. Faut-il différencier l'évaluation ? Non, évidemment, en ce qui concerne l'objectif qu'elle s'assigne ; peut-être pour ce qui est des supports utilisés : on peut imaginer, en effet, qu'un même objectif puisse faire l'objet d'évaluations différentes, utilisant des outils comme l'écriture, la parole, le schéma, la manipulation ou même le mime. Mais, nous ne voudrions pas faire de cette différenciation là une priorité ; il y a d'autres urgences. L'important est de s'assurer que le dispositif utilisé ne sélectionne pas sur d'autres critères que sur ceux qui sont annoncés, ou de tenter, dans la mesure du possible, de critérier suffisamment la correction pour que les causes d'échec, étrangères à l'apprentissage concerné, apparaissent clairement.

1. B. Campos nomme cette forme de travail « l'orientation par essai » : l'on y accepte un certain tâtonnement puisque l'on se donne comme objectif que l'élève trouve lui-même progressivement sa propre stratégie (in A. Bonboir, *Une pédagogie pour demain*, P.U.F., Paris, 1974, p. 81).

C'est ainsi qu'une fois l'évaluation effectuée, les déficits repérés, l'on peut engager **le quatrième temps, celui de la remédiation**. A notre sens, le choix des élèves n'a plus à intervenir ici ; c'est le professeur qui, sur la base des résultats obtenus, met en place des remédiations différenciées : certains auront besoin d'exercices supplémentaires ; d'autres, de reprendre des notions antérieures qui, n'étant pas complètement maîtrisées, ont bloqué l'apprentissage ; d'autres encore devront se défaire de représentations qui ont faussé leur compréhension ; d'autres, enfin, devront

PROPOSITION D'UNE SÉQUENCE D'APPRENTISSAGE EN PÉDAGOGIE DIFFÉRENCIÉE

Objectif d'apprentissage

1 DÉCOUVERTE

différenciation successive :

▶ ▷ → ▷ ▶

Utilisation d'outils et de situations divers pour permettre le repérage et l'émergence de la notion.

2 INTÉGRATION

différenciation simultanée :

l'élève choisit parmi des itinéraires différenciés

- à partir des stratégies possible d'appropriation ;
- à partir des différents éléments (contenus) mis en jeu ;
- selon son rythme de travail.

3 ÉVALUATION

vérification de l'acquisition :

- peut utiliser différents outils ;
- doit critérier les différents éléments mis en jeu.

4 REMÉDIATION

à partir des résultats de l'évaluation, proposition de remédiations différenciées :

- exercices complémentaires (maîtrise insuffisante,
- reprise de notions antérieures,
- élucidation des représentations qui sous-tendent l'erreur,
- proposition d'un nouvel itinéraire.

prendre un autre itinéraire et reconstruire le savoir avec d'autres outils. Il faut donc mettre en place ici, à nouveau, une différenciation simultanée et l'on pourra, pour ce faire, s'appuyer sur ceux dont l'évaluation aura été positive, en faisant largement appel au monitorat.

Ainsi formalisée, notre démarche à quatre temps n'apparaît pas, on le voit, si complexe. Elle peut être mise en place à l'intérieur d'un emploi du temps habituel, en ayant le mérite d'en organiser les heures dans la semaine de manière rationnelle... Et ce n'est pas un mince avantage ! Car, à partir du moment où le temps a un sens, l'emploi du temps n'est plus seulement une contrainte technique, il devient un moyen de structurer l'intelligence de l'enfant. A travers sa gestion, ce dernier s'entraîne à travailler de manière rigoureuse, en se fixant des objectifs, en s'interrogeant régulièrement sur ses besoins, en recherchant les meilleures conditions d'apprentissage et en tirant les conclusions du résultat de ses évaluations. Ménageant, sur le même objectif, un nombre suffisant de choix et de décrochages, l'organisation de la séquence respecte la personnalité de chacun sans l'enfermer dans un donné, s'inscrit dans son histoire et lui permet de la subvertir.

7. Le passage à l'équipe ou la multiplication des possibles

On peut donc s'essayer à faire quelque chose dans sa classe, mettre en place, seul, des itinéraires suffisamment différenciés pour que chaque élève, progressivement, puisse découvrir et construire le sien. Et il faut que chaque enseignant poursuive sans cesse cette recherche qui représente le dynamisme même de la démarche pédagogique. Car différencier les situations et les outils dans sa propre classe est à la fois un premier pas décisif et une exigence constante qu'aucune expérimentation pédagogique ou réforme institutionnelle ne peut rendre inutile : l'attitude qui consiste à être à l'affût des indices permettant de proposer les méthodes les plus adaptées et à en évaluer les résultats avec le souci d'opérer les réajustements nécessaires, reste la condition de l'efficacité du maître..., condition qu'aucune institution ne peut assumer à sa place. Et pourtant, il est vrai que, ici comme ailleurs, le travail en équipe représente une ressource inestimable... ; mais de quelles équipes s'agit-il ? Comment les constituer et à quelle efficacité peuvent-elles prétendre ?

J'ai fait partie de ceux qui ont pensé, un temps, que l'on ne pouvait faire de la bonne pédagogie ensemble que si l'on partageait les mêmes convictions idéologiques, si l'on avait vécu à peu près la même histoire, si l'on disposait des mêmes référents culturels et que l'on ait le même type de rapports avec ses élèves. Ainsi me suis-je trouvé dans des équipes où l'âge, les engagements politiques et les projets pédagogiques nous rapprochaient, au point que nous pensions pouvoir travailler en commun à une éducation cohérente dont les finalités et les procédures feraient l'objet d'un accord général. Nous avons cru, parce que nous avions été sur la même barricade, pouvoir construire ensemble les murs d'une même école. Mais ces murs-là devaient bien vite ressembler à ceux d'une prison et se refermer sur les pires conflits. Nous aurions dû savoir, pourtant, que c'est entre des frères qui se ressemblent en toutes choses que naissent les luttes les plus terribles et que se développent les haines les plus féroces : quand l'autre est en tout point mon semblable, ne se distingue de moi que par un trait ou par cela seul qu'il n'est pas moi-même, mes rapports avec lui ne peuvent être que fusionnels ou conflictuels ; plus exactement, ils s'épuisent dans une alternance de fusions indifférenciées et de conflits fratricides, de fausses fêtes et de vrais psychodrames[1]. En ce sens, même si l'on peut comprendre le désir légitime d'enseignants, lassés de la marginalité, de se regrouper sur la base de leur identité de vues en tous points, on ne peut que constater les difficultés réelles de ceux-ci à transformer leur accord d'ordre essentiellement affectif ou/et idéologique en plateforme féconde sur le plan pédagogique. On observe même que beaucoup de tentatives d'« écoles sauvages », nées dans la mouvance libertaire des années 1960, ont été ruinées par des conflits internes et, en particulier, par la lutte pour un pouvoir que l'absence d'avalisation institutionnelle ne rendait pas moins désirable ; on connaît bien cette tentation de nombreux groupes idéologiquement homogènes qui préfèrent se saborder et abandonner ce qu'ils ont difficilement mis en place, plutôt que de se reconnaître dépendants de leur leader... « La horde des frères » n'en finit pas de tuer le père puisque ce meurtre lui-même scelle leur union ; aussi faut-il sans cesse s'inventer de nouveaux pères à tuer et cet enjeu-là prend malheureusement souvent le pas sur le projet qui était censé les réunir[2].

Mais, si la constitution d'équipes de maîtres parfaitement homogènes n'apparaît pas, à terme, comme une solution viable, elle serait, de plus , particulièrement néfaste sur le double plan des apprentissages qu'elle prétendrait permettre, et de l'éducation qu'elle prétendrait donner. L'homogénéité dans les pratiques pédagogiques et le type de rapport aux élèves risqueraient, en effet, de se transformer en outil de sélection, de nouveaux critères se substituant aux anciens, mais la discrimination restant toujours aussi forte. On peut se demander même si une pédagogie de type « contestataire institué », pratiquée sans contre-pouvoir, ne soulignerait pas seulement un peu plus les critères habituels de sélection :

1. Sait-on que la première, et la plus terrible peut-être des tragédies de Racine *la Thébaïde ou les Frères ennemis* (1664), raconte le combat à mort de deux frères, Étéocle et Polynice ?

2. Nous empruntons, bien sûr, ici, notre vocabulaire à S. Freud ; non que nous concevions que les mécanismes qu'il décrit sont insurmontables, mais parce que ses descriptions nous aident à voir et peut-être à éviter certaines dérives (cf. *Moïse et le monothéisme*, Idées, Gallimard, Paris, 1972, en particulier pp. 171 à 183).

maîtrise du langage, dénégation esthétique du scolaire, esprit critique tempéré de complicité entendue, etc... De plus, le « fraternage »[1] établi en système pédagogique handicaperait gravement ceux et celles qui, pour des raisons d'ordre psychologique ou sociologique, ne seraient pas capables d'établir une relation de ce type avec le maître. Enfin le monolithisme méthodologique, qui est souvent de mise dans ce type d'expérience où l'on s'enthousiasme facilement pour une situation ou un outil (que ce soit le travail individualisé ou le groupe, l'audio-visuel, le corps ou la manipulation de certains types d'objets, etc...), constitue une manière de réserver les acquisitions proposées à ceux qui en ont déjà la maîtrise ou qui ont été sensibilisés auparavant à ces situations ou à ces outils. Mais le danger le plus important, celui qui invalide à nos yeux les prétentions éducatives d'un tel système, est celui de l'endoctrinement. Car, quand apparaissent liés de manière intrinsèque un savoir à acquérir, une méthode pour y parvenir, un type de relations interpersonnelles et une idéologie donnés, alors le totalitarisme pointe à l'horizon ; l'assimilation délibérée entre la connaissance et l'idéologie, instituée de manière identique à l'intérieur d'un groupe de maîtres, rend impossible à l'élève le dégagement du savoir des circonstances de son apprentissage ; au sens propre du mot, elle l'endoctrine.

Nous avons vu que l'existence d'une évaluation rigoureuse permettait ce détachement ; mais pour peu que le groupe d'enseignants ait négligé de la mettre en place ou qu'il l'ait fait porter, comme c'est le plus souvent le cas, sur des intentions assez générales pour ne donner lieu à aucun repérage précis, et rien alors ne garantit que l'apprentissage réalisé et les conditions de celui-ci, en particulier la position idéologique du maître, ne vont pas être amalgamés jusqu'à interdire toute prise de distance. Est-ce à dire qu'il existe un savoir pur, détaché, dans son exposé, de toute idéologie ? Bien sûr que non ! Mais ce qui permet de se détacher d'une idéologie, pour la rejeter ou – qui sait ? – la faire lucidement sienne, c'est qu'il existe une pluralité d'idéologies, et que l'on puisse donc rompre le lien qui unit l'une d'entre elles au savoir que l'on a pu s'approprier. Et il en est de même pour ce qui est de la personnalité d'un maître qui a pu, un temps, fasciner, d'une méthode particulièrement bien maîtrisée par un autre, et qui s'est avérée, dans ces conditions, particulièrement efficace... La diversité seule garantit la possibilité d'une mise à distance, surtout si elle est assortie de procédures rigoureuses d'évaluation.

C'est cela, et rien d'autre, la laïcité : l'affirmation de la valeur éducative de la pluralité, entendue au sens le plus large... Pluralité idéologique, certes, mais aussi pluralité dans le sexe, l'âge, l'origine sociale, le type de rapports aux élèves, les choix méthodologiques, dans une équipe d'enseignants. C'est pourquoi, les débats de type institutionnel sur le thème de la

1. Le terme est de D. HAMELINE, *Du Savoir et des hommes*, Gauthier-Villars, Paris, 1971.

laïcité sonnent si faux ; c'est pourquoi on ne dira jamais assez que la féminisation excessive du corps enseignant (en particulier à l'école primaire), son homogénéisation sur le plan social et sur celui de l'âge, l'absence de formation sérieuse à la différenciation méthodologique, sont de graves atteintes à la laïcité sur lesquelles il conviendrait de se pencher de manière urgente.

Une anecdote éclairera notre propos : tous les observateurs remarquent unanimement la plus grande facilité d'adaptation des filles à la structure scolaire[1]. Celle-ci se prolonge, contrairement à ce que l'on croit parfois, bien au-delà de la puberté et se manifeste statistiquement chaque année par un meilleur score des filles au baccalauréat. Bien sûr, les modèles esthétiques jouent ici un rôle de discrimination et font que, à niveau égal, les filles sont souvent dévalorisées par leurs professeurs qui considèrent que, si elles ont de bonnes notes, c'est... « parce qu'elle travaillent » ! Tout juste n'ajoute-t-on pas parfois : « Elles compensent leur manque d'intelligence par un labeur plus besogneux ! » Il est évidemment scandaleux que de tels préjugés circulent encore dans le corps enseignant... Et ils sont, en grande partie, responsables de l'absence de toute réflexion sérieuse sur la raison de la meilleure adaptation objective des filles à l'École. Celle-ci a toujours été un mystère, éclairé seulement par quelques lueurs d'ordre sociologique et concernant l'image de la femme transmise à leur fille par leur mère ou la nécessité de compenser des préjugés sexistes à leur égard par un surcroît de travail scolaire. Mais les choses se sont étrangement éclairées pour moi à l'occasion de l'entrée à l'école maternelle de ma première fille. Ses deux frères, qui l'avaient précédée, étaient toujours sortis de la classe avec un certain scepticisme : la maîtresse s'évertuait à leur faire enfiler des perles alors que leurs centres d'intérêt étaient plutôt du côté des vaisseaux spatiaux. En revanche, ma fille, le soir même de sa première rentrée des classes, était debout sur une chaise de sa chambre : elle frappait des mains et jouait à la maîtresse ! Ne soyons pas naïf : l'anecdote n'est pas une preuve, tout juste un indice ; l'indice que l'on ne peut pas s'identifier à n'importe qui, à n'importe quel moment de sa vie et que, à exclure de l'école maternelle et primaire les « maîtres » au profit des seules « maîtresses », l'on prend le risque de couper d'elle toute une frange d'élèves qui, pour des raisons diverses, n'y auront pas trouvé de pôle positif d'identification ; et c'est le contraire, bien sûr, qui se passerait si les rôles étaient inversés. Enfin, nous retrouverions vraisemblablement le même processus si nous étudions d'un peu plus près l'influence de l'âge des enseignants sur le vécu scolaire : l'homogénéité, là encore, est à coup sûr dommageable ; elle représente, en tous cas, un appauvrissement considérable des types de relations possibles au sein de l'École.

1. Cf. entre autres, l'étude de B. ZAZZO, *les 10-13 ans, garçons et filles en CM2-sixième*, P.U.F., Paris, 1983.

Il nous faut donc aller vers des équipes d'enseignants hétérogènes, seule réponse possible pour gérer une École où l'hétérogénéité des élèves est un fait irréversible. Plus encore, il faut s'appuyer sur cette hétérogénéité, en faire une richesse inestimable pour poursuivre la différenciation de la pédagogie. Mais la difficulté se renverse alors : comment faire travailler ensemble des personnes différentes, aussi bien sur le plan de l'âge, du sexe, de l'origine sociale, de la sensibilité idéologique et des affinités pédagogiques ? La différence ne peut-elle engendrer l'incommunicabilité, la rivalité, l'opposition stérile ? Et c'est bien là tout le problème. Ce qu'il nous faut chercher, c'est donc à établir, dans une équipe d'enseignants, un consensus aux termes duquel chacun accepte des *objectifs communs* mais reconnaît l'extrême richesse de leur diversité d'approches, l'apport irremplaçable de leurs différences pour les atteindre ensemble. Le pari, nous dira-t-on, n'est pas facile à tenir... Et pourtant il reste la seule solution possible dans une École où plus aucune méthode ni plus aucun profil d'enseignant ne peut prétendre à l'hégémonie. Et, à vrai dire, si l'on regardait notre proposition de près, l'on verrait qu'elle est plutôt susceptible de désamorcer bien des conflits stériles et d'éviter bien de stupides querelles : car l'on pourrait alors abandonner les guerres de religion entre les tenants de telle ou telle méthode et leurs collègues ; l'on pourrait sereinement vivre la spécificité de chacun, ses compétences propres, comme une richesse et non plus comme une menace.

Et, concrètement, qu'est-ce que cela veut dire ? Des choses très simples : que les enseignants tentent de se regrouper, sur place, dans leur établissement, en tenant compte de ce qu'ils peuvent mutuellement s'apporter. Ces regroupements doivent, évidemment, concerner des professeurs de matières différentes ainsi que des professeurs de même discipline : pour ce qui est des professeurs de différentes disciplines, qui constituent des équipes de classe, le consensus devra porter sur un certain nombre de capacités transdisciplinaires que chaque enseignant s'engagera à poursuivre d'une manière originale. Pour ce qui concerne les équipes par matières, l'accord devra porter sur des objectifs propres à la discipline considérée et constituer une programmation rigoureuse qui soit commune à tous les enseignants. Une fois ceci effectué, il leur est possible d'engager une recherche de stratégies diversifiées : celle-ci pourra alors être réutilisée par chacun dans le cadre de ses propres cours ou donner lieu, si l'emploi du temps le permet, à des cours en parallèle où la répartition des élèves se fera sur d'autres bases que celles de leur appartenance à une classe. Nous explorerons de manière plus détaillée cette hypothèse dans un instant... Contentons-nous, pour le moment, d'observer que, dans tous les cas, la mise en place d'équipes d'enseignants hétérogènes représente une chance extraordinaire pour l'élève : celle de ne pas être enfermé dans une image unique mais de bénéficier d'un regard multiple susceptible de mieux le comprendre et donc de mieux l'aider. Cela requiert, bien sûr, quelques outils d'évaluation, dont nous avons déjà présenté des exemples, et une autre pratique des conseils de classe, moins centrée sur la plainte que sur la recherche des meilleurs moyens pour aider chacun... Mais qui s'en plaindra ?[1]

POUR DES ÉQUIPES D'ENSEIGNANTS HÉTÉROGÈNES

	EQUIPE DE CLASSE (enseignants de différentes disciplines)	**EQUIPE DISCIPLINAIRE (concernant plusieurs classes)**
ACCORD SUR DES OBJECTIFS	Capacités transdisciplinaires (ex : installer sa table de travail, reformuler un énoncé, etc...)	Objectifs concernant la matière considérée, organisés selon un programme de progression.
OUVERTURE VERS LA DIFFÉRENCIATION	Chaque enseignant poursuit, dans sa discipline, avec la stratégie appropriée, les capacités visées.	Recherche de stratégies différenciées, sur un même objectif : – Réalisation de ces stratégies pour chaque enseignant dans le cadre de sa classe. – Spécialisation des enseignants (groupes de niveau, groupes de besoin).

1. Notre proposition, quoiqu'elle ne s'en inspire pas directement, est tout à fait en convergence avec les conclusions de l'approche systémique selon lesquelles un système où règne la variété ne peut être contrôlé que par un sous-système disposant d'une variété équivalente (cf. R. ASHBY, *Introduction à la cybernétique*, Dunod, Paris, 1958).

8. Groupes de niveau ? Groupes de besoin ?

Le travail en équipe des enseignants représente donc un enrichissement considérable des possibilités de différenciation ; il suppose un changement d'état d'esprit assez radical, mais qui ne nous paraît pas impossible : ne plus confier une classe à un professeur isolé, mais donner la responsabilité d'un groupe de classes (deux, trois ou quatre) à une équipe de professeurs qui en assurent collectivement la gestion[1]. Cette équipe est alors constituée de plusieurs enseignants de chacune des matières, au moins pour celles d'entre elles dont le nombre d'heures est assez élevé. Elle peut donc engager la différenciation, à la fois par un travail interdisciplinaire autour de certaines capacités transversales (argumenter, faire un exposé ou constituer une documentation), et à l'intérieur de chaque discipline, par une répartition des élèves selon les besoins que l'on aura repérés et les compétences dont disposera l'équipe.

Dans cette dernière direction, la formule qui a fait l'objet du plus grand nombre d'expérimentations est celle dite des « groupes de niveau-matière »[2]. Quel en est le principe ? On constate qu'au sein des classes hétérogènes qui restent la structure de base, les niveaux des élèves sont extrêmement divers. Cela n'apparaît pas gênant dans les disciplines qui ne comportent pas une progression rigoureuse linéaire, mais cela représente un obstacle important pour les disciplines dans lesquelles chaque acquisition est articulée sur une acquisition antérieure et où les différences de niveaux semblent paralyser tout enseignement. Toutefois, puisqu'il ne peut être question de recréer des filières qui risquent toujours d'évoluer vers des structures ségrégatives, l'on propose de diversifier la répartition des élèves selon les disciplines : ainsi tel élève sera affecté en mathématiques dans un groupe de niveau A, alors qu'en français ses difficultés le contraindront à participer au groupe de niveau C ; en langue vivante, en revanche, des résultats honorables lui permettront de suivre l'enseignement du groupe B[3]. La progression linéaire avec un groupe à peu près homogène reste donc possible ; mais le fait que chaque élève

1. C'est ce que les Anglo-Saxons nomment le *teaching-team*.

2. La première proposition de ce type apparaît en France en 1972 dans « le protocole de Saint-Quentin » qui a servi de charte à une série d'expérimentations menées par l'I.N.R.P. (cf. *Vers l'individualisation de l'enseignement dans le premier cycle secondaire*, Recherches pédagogiques. I.N.R.P., n° 58, 1973). Ce protocole a été amendé dans le sens d'une plus grande souplesse dans un stage à Gouvieux, en décembre 1975, et a donné ainsi naissance au « protocole de Gouvieux » (cf. *Vers un modèle prospectif de premier cycle secondaire*, I.N.R.P., 1976).

3. En ce qui concerne les modalités de mise en œuvre de cette proposition, l'on se reportera aux ouvrages publiés par l'I.N.R.P. dans la collection « collèges..., collèges » : *Groupements différenciés d'élèves* (en particulier les n° 1, Structures de l'emploi du temps, et 2, Pédagogie différenciée, évaluation formative), I.N.R.P., Paris, 1984.

puisse être affecté dans un groupe différent selon les disciplines et qu'il soit susceptible de passer d'un groupe à un autre en cours d'année, évite la constitution de classes-ghettos et confère un dynamisme à la formule. Le collège ainsi structuré n'est plus figé ; la concertation régulière des professeurs permet d'effectuer au fur et à mesure les ajustements nécessaires.

Tout danger pourtant n'est pas écarté et, s'il n'est pas question de faire un procès d'intention aux équipes pédagogiques qui ont expérimenté cette formule, force nous est de constater que sa systématisation serait préoccupante. D'une part, nous observons que l'engouement pour les groupes de niveau-matière n'est pas toujours exempt d'arrière-pensées ambiguës : ne s'agit-il pas, finalement, d'opter pour une formule qui permettrait de revenir à l'usage de méthodes traditionnelles ? Plutôt que de prendre au sérieux le défi de l'hétérogénéité et d'engager une dynamique de différenciation, l'on recourrait à une organisation de la scolarité qui permettrait d'en faire l'économie ? D'autre part, nous connaissons la lourdeur des mécanismes de régulation, et il faut craindre que les groupes déclarés provisoires soient pris d'un étrange engourdissement et que pèse toujours sur eux la tentation du définitif. Par ailleurs, n'est-il pas illusoire d'imaginer que, à part quelques cas très marginaux, les élèves puissent véritablement être situés dans des groupes de niveaux très différents selon les disciplines ?

Mais surtout, la notion même de « niveau » n'est-elle pas contestable ? D'abord parce qu'elle ignore que, à niveau égal, les difficultés de deux élèves peuvent être radicalement divergentes : l'un peut avoir besoin de reprendre une notion antérieure alors que l'autre a tout simplement manqué de temps ; l'un peut être bloqué par l'usage d'un outil qu'il ne maîtrise pas, tandis que l'autre bute sur une définition que l'on aura négligé de lui expliquer... Car, la proposition de groupes de niveau-matière s'appuie sur la nécessité d'une progression linéaire et de la maîtrise de pré-requis pour accéder à une nouvelle notion et, en cela, elle confond, nous semble-t-il, l'ordre de l'exposition, la logique de l'enseignement, et l'ordre de la découverte, la logique de l'apprentissage. La linéarité dans un savoir n'est jamais qu'un schéma construit *a posteriori* par celui qui sait déjà et, s'il est souhaitable de ne pas abandonner la recherche des pré-requis, il est dommage de confondre la rationalité d'un programme avec le parcours singulier et toujours déroutant de l'individu qui apprend[1]. Ramener chaque élève à l'intérieur d'une progression linéaire qui excluerait toute différenciation, c'est appauvrir considérablement les propositions qui lui sont faites, c'est le contraindre à un parcours unique au lieu de lui offrir une palette d'outils et de situations

1. Nous avons fréquemment observé que, contrairement à ce que pourrait laisser penser une conception trop « rationaliste », la compréhension d'une notion peut entraîner celle d'une notion plus simple qui en était un pré-requis et sur laquelle l'élève avait buté.

où choisir et construire son itinéraire. En ce sens, le groupe de niveau-matière représente une différenciation dévitalisée, ossifiée, qui interdit le processus si fécond de « l'orientation par essais », qui handicape aussi bien le « bon élève », qui pourrait profiter utilement d'approches plus concrètes qui contribueraient à l'enrichir, que l'élève « en difficulté » dont on ne peut jamais savoir avec certitude ce qui va permettre son déblocage. De plus, en excluant l'interaction sociale entre des individus de « niveaux » différents, la formule se prive d'occasions particulièrement précieuses de collaboration et d'émulation. Enfin, il faut craindre, plus que tout, les processus d'enfermement dont nous avons vu qu'en entretenant la confusion entre une méthode ou un professeur uniques et le savoir qu'ils permettent de s'approprier, ils empêchent la conquête de l'autonomie...

C'est sans doute pour toutes ces raisons que le rapport de la commission dirigée par L. LEGRAND suggère de systématiser l'alternance hebdomadaire entre un temps de différenciation simultanée et un temps de travail en classes hétérogènes[1]. Cette alternance nous paraît avoir de considérables avantages : elle évite les groupes-ghettos ; elle permet de coller aux besoins de chaque élève sans l'enfermer dans une démarche ou un groupe qui finiraient par limiter ses ambitions et sécréter des attitudes d'intolérance ; elle rend possible le décollement de la démarche et de l'acquisition, l'évaluation critique de la méthode en fonction des résultats obtenus. Enfin, elle ouvre à une différenciation souple tout en maintenant une classe de référence, ancrage affectif indispensable et structure permettant le suivi scolaire des élèves.

Mais, si cette proposition apparaît satisfaisante à bien des égards, elle nous contraint aussi à réviser complètement la notion de groupes de niveau-matière : comment, en effet, constituer des groupes homogènes à qui serait proposée une progression linéaire pour une partie seulement de leur temps scolaire, tandis que, pour une autre partie de leur temps, ces élèves se retrouveraient avec des camarades situés tout à fait ailleurs dans la progression ? Quel pourrait être le contenu de ces heures en classes hétérogènes ? Si l'on s'en tient à une logique de progression strictement linéaire, la classe hétérogène ne subsisterait ici que comme une structure d'accueil et d'échange, une occasion de faire le point avec chaque élève, une étude dirigée au cours de laquelle le professeur pourrait observer les progrès ou les difficultés de chacun d'eux ; à moins que l'on ne soit capable, pour une matière donnée, de diviser les acquisitions en deux masses : d'un côté celles qui requièrent un apprentissage très progressif et qui feraient l'objet d'un traitement en groupes de niveau ; d'un autre côté

1. Cf. *Pour un collège démocratique, op. cit.*, pp. 47 et 95. J.P. ASTOLFI note d'ailleurs que « dès les premières années d'expérimentation (du protocole de Saint-Quentin) il est apparu (en français) que le système par groupes de niveaux-matière gagnait à ne fonctionner que sur une partie de l'horaire, l'hétérogénéité devant être conservée par ailleurs » (*Groupements différenciés d'élèves*, 1, op. cit., p. 6).

celles qui pourraient être proposées à un groupe hétérogène d'élèves et qui seraient abordées dans la classe fixe.

Certaines disciplines, essentiellement littéraires, peuvent peut-être se prêter à une telle organisation ; mais, pour la plupart d'entre elles, ce clivage est générateur de nombreuses difficultés car l'articulation entre les deux temps de l'apprentissage apparaît très problématique ; et l'on entrevoit, à terme, la dérive naturelle d'une telle formule : l'École se trouverait partagée entre des « groupes de niveaux » dont les résultats seraient véritablement décisifs dans la progression scolaire de l'élève et des « groupes hétérogènes » centrés sur l'intérêt existant ou suscité, dans lesquels s'effectueraient des activités enrichissantes au plan personnel mais qui n'auraient aucun poids réel sur les procédures d'orientation. Il y aurait ainsi une « école sérieuse », sans cesse menacée de hiérarchiser des filières, et à côté d'elle, une « maison de jeunes » intéressante mais marginale, dont les résultats ne seraient guère pris en compte à l'occasion des décisions véritablement importantes : certes, cet élève manifeste de l'intérêt pour l'histoire littéraire mais, puisqu'il ignore la technique de la dissertation, son accession à la classe supérieure est impossible... ou bien : certes, cet élève a pu réaliser des travaux intéressants sur l'histoire des mathématiques, mais son absence de bases concernant le programme même de la classe compromet sa scolarité future... ou encore : malgré un très bon exposé sur le problème noir aux États-Unis dans le cadre de la classe fixe, cet élève conserve trop de lacunes de vocabulaire et de grammaire et ne peut poursuivre l'étude de l'anglais...

Ainsi donc, le groupe de niveau apparaît dangereux s'il occupe la totalité du temps scolaire, et soulève des problèmes considérables s'il est réduit à une partie de celui-ci. Faut-il donc abandonner toute velléité de différenciation institutionnelle et limiter celle-ci à l'intérieur de la classe ? Nous ne le croyons pas. Au contraire, nous pensons qu'il existe une formule plus souple, plus facile à mettre en place et, en même temps, plus féconde que les « groupes de niveau-matière » ; nous proposons de la nommer : « groupes de besoins ».

De quoi s'agit-il ? Sur le plan de l'organisation du temps, elle ne se distingue guère des groupes de niveaux : l'on place en parallèle une partie de l'emploi du temps de plusieurs classes dans une même discipline ; ainsi trois professeurs de géographie de seconde, tout en gardant la responsabilité de leur propre classe, se trouvent avoir cours à la même heure dans des salles contiguës une fois par semaine. Ils établissent si possible une programmation commune à l'intérieur de laquelle chacun d'entre eux pourra, bien évidemment, moduler son propre travail. Régulièrement, ils se rencontrent pour construire ensemble des épreuves d'évaluation et analyser les résultats qu'ils ont obtenus. Ainsi pourront-ils observer quelles sont les difficultés majeures qui apparaissent chez leurs élèves et découvriront-ils, par exemple, que certains d'entre eux ne maîtrisent pas commentaire de carte tandis que d'autres butent plus souvent sur l'étude de texte et qu'une troisième catégorie est handicapée par la méconnaissance de termes techniques ou de données chronologiques. Ils pourront alors profiter de l'heure qu'ils ont en commun pour proposer une répartition des élèves en fonction de ces trois types de besoins et se spécialiseront, cette fois-ci, dans des apprentissages correspondant aux déficits observés.

L'intérêt d'une telle formule réside surtout dans son extrême souplesse : elle peut être utilisée à tous les niveaux de l'institution scolaire, de la maternelle à l'université, dès que deux enseignants obtiennent de travailler « en parallèle » sur deux classes. Elle peut donner lieu à des applications hebdomadaires systématiques ou n'être mise en place qu'à quelques occasions. Selon les cas, elle permet de répartir les élèves en groupes d'inégale importance : ainsi peut-on, par exemple, constituer de tout petits groupes pour répondre à un besoin concernant une expression orale insuffisante tandis qu'à côté, des groupes plus volumineux recevront une information avec un outil pour lequel le nombre ne sera pas un handicap. Mais, surtout, une telle formule permet de diversifier considérablement les critères de répartition des élèves : ceux-ci pourront concerner des acquisitions antérieures mal assimilées et propres à la discipline considérée, des capacités méthodologiques inégalement maîtrisées, des itinéraires d'apprentissage diversement adaptés aux individus ou des remédiations utilisant des situations différentes ; ils pourront même, à l'occasion, s'appuyer sur les différences de personnalité à l'intérieur de l'équipe des enseignants et offrir à un élève la possibilité de surmonter une situation de blocage inhérente, pour des raisons qui échappent souvent à la responsabilité des personnes concernées, à un enseignant donné. Enfin, notre formule permet de proposer des enrichissements destinés aux élèves dont l'acquisition aura été bien assurée ; ils pourront ainsi bénéficier d'une formation supplémentaire qui, s'articulant sur les objectifs minima, leur ouvrira de nouvelles perspectives. C'est pourquoi, loin de représenter un nivellement par le bas, ce mode de fonctionnement évite les lourdes pertes de temps infligées à la fois à ceux qui progressent plus vite et ne sont plus contraints de subir des explications sur ce qu'ils ont déjà compris et à ceux qui, parce que la démarche ne leur est pas accessible, s'ennuient dans l'incompréhension. L'essentiel ici, c'est la recherche en commun, par un groupe de maîtres, des besoins de leurs élèves à un stade donné de leur progression et l'élaboration de stratégies diversifiées pour y répondre. Ainsi le groupe de besoin, contrairement au groupe de niveau, n'impose pas seulement de classer les élèves, mais aussi d'esquisser, dans l'opération même du classement, des propositions pédagogiques. De plus, il évite une répartition des enseignants entre des groupes forts et faibles, répartition souvent génératrice de rancœurs, pour engager une répartition positive, s'appuyant sur la richesse des compétences de l'équipe.

Nous avons donc renversé radicalement la proposition des groupes de niveau-matière puisque nous suggérons que ce soit dans le cadre de la classe hétérogène que doive se manifester la rigueur de la progression, que doivent être définis les objectifs à atteindre et proposées des évaluations critériées ; c'est là que doit être visible la trame de la scolarité, c'est elle qui constitue le support à partir duquel on peut mettre en place la différenciation. Et c'est aux enseignants à analyser, à chaque étape de la progression de ces classes hétérogènes, les besoins qu'ils rencontrent et à différencier les propositions pédagogiques pour y répondre et pouvoir ensuite poursuivre le travail en commun.

Fort schématiquement, notre proposition peut donc être présentée ainsi :

①	②	③
CLASSES HÉTÉROGÈNES	**CONCERTATION DES MAITRES**	**GROUPES DE BESOINS**
(cours fixes sous la responsabilité d'un maître chargé d'assurer le suivi scolaire de sa classe)		(cours en parallèle où les élèves sont répartis selon les besoins identifiés) Utilisation selon les cas de l'un et/ou l'autre des critères de répartition :
* objectif commun, * séquence d'apprentissage (différenciation successive), * évaluation critériée.	* inventaire des besoins, * inventaire des ressources, * élaboration de propositions pédagogiques.	* reprise d'acquisitions antérieures (pré-requis), * formation à des capacités méthodologiques * itinéraires diversifiés pour atteindre un même objectif, * remédiations différienciées, * utilisation de la diversité des personnes pour surmonter des blocages, * enrichissements proposés aux élèves ayant atteint l'objectif.

Malgré les apparences, rien dans ce dispositif n'est vraiment complexe. Les heures de cours sont réparties en deux temps qui constituent l'unité pédagogique de base (dont le terme peut être la semaine, mais aussi la quinzaine ou – pourquoi pas ? – la journée). Au cœur du dispositif, ce qui en constitue sa raison d'être et lui confère son dynamisme, c'est la concertation des maîtres. C'est elle qui rend possible la différenciation et son ajustement progressif ; c'est elle qui permet que, à l'issue des groupes de besoins, chaque maître reprenne en main sa classe avec l'espérance qu'une partie des besoins ayant été satisfaits, l'objectif suivant puisse être poursuivi avec plus de chance d'être atteint. Bien évidemment, il serait naïf de croire que tous les élèves auront obtenu miraculeusement le même niveau ; des disparités subsisteront, qu'il faudra prendre en compte et qui nécessiteront, peut-être, de reconstituer une nouvelle fois des groupes sur les mêmes critères. Mais, sur un objectif déterminé, il faut absolument maintenir l'alternance entre les groupes de besoin et la classe hétérogène même si celle-ci est imparfaite et que l'on a le sentiment que les groupes de besoin ne sont pas parvenus à combler toutes les lacunes : on peut, en effet, légitimement espérer qu'à l'occasion d'un objectif suivant, la réflexion des maîtres permettra de déceler l'origine du blocage, voire que l'abord d'une nouvelle notion rendra possible la maîtrise d'un objectif antérieur : un excès de rigueur linéaire est en effet préjudiciable, malgré les apparences, à une différenciation authentique ; cela conduit à ignorer la fécondité de processus mystérieux que l'enseignant ne pourra jamais totalement maîtriser, mais qui permettent à l'élève, à son insu et par un détour qui lui est propre, de découvrir et de surmonter une difficulté au moment où l'on s'y attend le moins.

Encore une fois, c'est donc moins un système rigide qu'il convient d'instituer, qu'une dynamique qu'il faut insuffler à l'acte pédagogique ; dynamique dans laquelle l'on s'efforce de déceler les besoins de l'élève sans le figer dans un moment donné de son histoire ; dynamique grâce à laquelle l'on tente d'adapter la méthode proposée à ses ressources tout en lui permettant de les enrichir ; dynamique, enfin, où la quête inlassable de la réussite renonce à s'engluer dans l'obsession de l'échec, mais recherche toujours les occasions de susciter de nouveaux départs. Car rien n'est jamais véritablement perdu pour qui est attentif à solliciter, à chaque instant, l'intelligence de l'enfant.

9. Le contrat pédagogique ou la différenciation en actes

Le danger de la différenciation de la pédagogie, déjà présent dans la classe différenciée, mais réactivé de manière aiguë par l'éclatement de la classe et la mise en place des groupes de besoin, est la dilution du rapport pédagogique. L'élève, n'ayant plus d'interlocuteur privilégié, ayant affaire à divers adultes qui ne parlent pas toujours le même langage, peut être guetté par le découragement ou la fuite. S'il est, d'ores et déjà, bien adapté à l'École, capable de se fixer des objectifs, d'organiser son travail, d'évaluer ses résultats, il tirera profit d'une pédagogie adaptée et vivra avec intérêt de fréquents changements de professeurs. En revanche, si son histoire personnelle en a fait quelqu'un d'agressif envers l'École, ou si, plus banalement, il ne dispose pas des outils de travail nécessaires, il pâtira des moindres décalages entre les exigences des maîtres et son inintérêt, voire son hostilité, se nourriront des différences inévitables dans les discours, les méthodes et les attitudes du corps enseignant. La chance que pouvait représenter la présence de plusieurs professeurs, le fait de travailler régulièrement en groupes plus ciblés avec l'un d'eux, sur une question précise, sans pour autant être enfermé dans une filière, se renversent en incertitude méthodologique, absence de suivi scolaire, désintégration de la relation pédagogique.

Car il faut observer que la classe traditionnelle, en imposant à tous un itinéraire unique, se garantissait un peu contre un tel danger. Bien sûr, puisque tout le monde devait passer par le même chemin, il fallait se résigner à une inégalité de résultats, mais au moins était-on capable de repérer, à chaque instant, l'endroit où un élève se trouvait ; et lui-même connaissait à peu près le chemin sur lequel il devait rester ; il savait que s'il s'en éloignait, il serait sanctionné. Le même travail, le même comportement étant exigés de tous, il n'était pas difficile de s'apercevoir si l'on agissait conformément à l'attente du maître. Mais, à partir du moment où l'on accepte qu'une multiplicité d'itinéraires se substitue à la route unique, l'on prend le risque de perdre de vue une grand nombre d'élèves ; car il ne peut plus être question alors d'imposer à tous les mêmes critères de comportements, les mêmes types de travaux, le même rythme d'acquisition. Il est donc indispensable de substituer ici au contrat tacite et unique qui liait le maître à toute une classe, des contrats individuels et diversifiés qui engagent chaque élève, précisent exactement ce que l'on attend de chacun d'entre eux et les soutiens sur lesquels il peut compter.

En fait, ce que nous proposons là n'introduit pas dans l'École une réalité nouvelle : dès qu'il y a rapport pédagogique, il y a contrat et, si ceux-ci sont le plus souvent implicites, ils n'en structurent pas moins toute situation scolaire : chaque enseignant attend quelque chose de chacun des élèves et chaque élève agit plus ou moins en fonction de la représentation qu'il se fait de l'attente du maître à son égard. Tout le problème est que, parce qu'ils restent très largement invisibles, la plupart des contrats sont traversés d'ambiguïtés et laissent massivement jouer les phénomènes de complicité culturelle et d'affinités relationnelles. En revanche, en installant la négociation individuelle du contrat au cœur de l'acte pédagogique, l'on se donne les moyens d'engager une différenciation réfléchie, engageant à la fois, sur un objectif commun, le maître et l'élève.

Comment procéder ? D'abord, il convient de disposer d'un lieu et d'un temps où puissent se réaliser ces entretiens individuels. En ce sens, la proposition du tutorat est tout à fait opportune ; mais il ne faudrait pas que le professeur-tuteur ait le monopole de la négociation contractuelle. C'est chaque enseignant, dans sa discipline, qui doit prendre le temps de faire le point, régulièrement, avec chaque élève ; c'est dans chaque matière que l'on doit suspendre, à des échéances qui varient selon l'âge des élèves concernés, la progression du cours pour procéder à un bilan des acquisitions, et envisager les perspectives d'avenir. Il ne faudra pas hésiter pour cela, à s'arrêter le temps qu'il faut, et, pendant que les élèves effectuent un travail personnel, aller de l'un à l'autre pour faire le point, analyser les réussites et les échecs, fixer des objectifs, décider du meilleur itinéraire, envisager l'échéance et les procédures d'évaluation. Pour faciliter l'échange, l'on peut disposer d'une grille d'engagements parmi lesquels l'on décidera de ceux qui apparaissent les plus opportuns ; l'on peut également utiliser un formulaire comme celui que nous présentons page 158.

Commentons rapidement chacun des éléments de ce formulaire pour repérer à quelle nécessité pédagogique il correspond, mais notons auparavant que l'ordre d'exposition que nous utilisons ici n'est pas nécessairement celui qui sera utilisé dans la négociation... Là encore il n'y a pas de règle générale et l'on doit toujours commencer par l'élément le plus saillant pour construire progressivement, autour de lui, l'ensemble du dispositif.

• Un contrat, tout d'abord, est un **engagement réciproque** ; il implique un élève et un éducateur (enseignant, mais aussi conseiller d'éducation, principal, etc.), et il est bon que les deux partenaires s'en reconnaissent comme parties prenantes. Car, même si elle s'appuie par ailleurs, sur l'interaction sociale dans un groupe, la relation pédagogique est irrémédiablement duelle : elle se joue entre deux personnes qui s'engagent réciproquement sur la base d'une exigence mutuelle. Cela ne signifie pas que s'abolit la distance entre l'enfant ou l'adolescent et l'adulte, mais cela veut dire que les deux partenaires se reconnaissent différents, voire divergents, mais en interaction. Le contrat n'institue pas miraculeusement une identité de statut ; il n'impose pas que les deux contractants abdiquent leurs exigences propres ; il propose, au contraire, de prendre en compte ces exigences, d'assumer les différences qui peuvent exister entre elles et de travailler à construire une proposition concrète susceptible de les satisfaire ensemble. Certes, c'est le plus souvent l'éducateur qui reste à l'origine de la démarche contractuelle mais il ne doit en ressentir aucune culpabilité, car c'est précisément sa tâche que d'être ainsi l'élément moteur et de susciter par son engagement l'engagement d'autrui.

• Statuer sur la **diffusion du contrat** est loin d'être une opération insignifiante : un engagement peut rester bilatéral s'il ne met en cause

CONTRAT

date :

NOM DE L'ELEVE :

NOM DE L'EDUCATEUR avec lequel est pasé le contrat :

DIFFUSION DU CONTRAT :

ECHEANCE DU CONTRAT :

Compte tenu des éléments suivants :

POINTS D'APPUI

* réussites antérieures
* besoins
* centres d'intérêts

ENGAGEMENTS

Il est convenu qu'au terme du contrat les objectifs suivants seront atteints :

MOYENS MIS EN OEUVRE PAR L'ELEVE

MOYENS MIS EN OEUVRE PAR L'EDUCATEUR

EVALUATION

L'exécution du contrat sera évaluée par :

En cas de non-exécution du contrat, il est prévu le dispositif suivant :

L'élève :
Lu et approuvé

L'éducateur :
Lu et approuvé

dans sa réalisation que les deux partenaires qui le signent ; mais il peut aussi concerner le groupe-classe qui doit alors en être informé ou d'autres professeurs qui pourront, eux aussi, en garantir l'exécution. Dans certains cas, c'est l'institution scolaire, par l'intermédiaire d'un principal ou d'un proviseur, qui sera impliquée ; parfois c'est la famille de l'élève dont l'aide sera sollicitée et qui, en conséquence, devra en connaître la teneur. Dans tous les cas, la recherche de la diffusion à donner au contrat permet de repérer le champ de sa mise en œuvre. Un objectif limité à une discipline donnée et qui devra être atteint avec un professeur précis ne fera l'objet d'aucune diffusion supplémentaire du contrat : l'élève s'engage, par exemple, à effectuer dans le cadre du cours une série d'exercices supplémentaires que le maître corrigera à un terme précis. Mais, si l'engagement porte sur une capacité transdisciplinaire (prendre la parole, soigner la présentation de ses travaux, organiser un plan de travail personnel, etc.), il est important que les autres enseignants de la classe soient informés ; de même, si l'engagement concerne la participation à un groupe de besoin qui est sous la responsabilité d'un autre professeur, il convient que ce dernier soit au courant. Si le contrat porte sur l'attitude de l'élève dans le groupe (sa capacité d'écoute, sa fonction de moniteur dans un sous-groupe, etc...) il peut être décisif que la classe en soit informée. Et, si le contrat met en jeu la situation de l'élève dans l'École (ses responsabilités dans l'institution, son orientation, etc.), il est utile d'en faire part au principal ou au proviseur. Enfin, il peut arriver, surtout dans le cadre de l'enseignement primaire ou des premières années du collège, que l'exécution d'un contrat requière une aide de la famille et que celle-ci doive en être informée : ce sera le cas, par exemple, si le contrat met en jeu l'organisation du travail à la maison ou la nécessité de participer à une activité extra-scolaire (aller au théâtre, s'impliquer dans un club ou faire une enquête).

• La décision concernant **l'échéance du contrat** est essentielle : celle-ci peut être de dix minutes, de deux heures, d'une semaine, ou de trois mois ; tout dépend à la fois de l'âge de l'élève et de la nature de l'engagement pris. Il peut être utile, avec un élève en difficulté, de commencer par un contrat à très court terme sur un objectif extrêmement précis : ce sera l'occasion pour lui d'observer qu'il peut progresser, de repérer un changement qui, quoique mineur, témoigne que le temps passé en classe a un sens. Car il s'agit ici de finaliser le temps scolaire, d'éviter la répétition d'heures indifférenciées dont on ne mesure jamais les effets. Et le contrat a une valeur projective ; il permet de penser le futur, de se penser différent dans le futur. Il donne à l'élève un projet dans la durée, il personnalise et concrétise la possibilité d'un changement.

• **La recherche des points d'appui** est, bien évidemment, l'élément central de la négociation ; nous en avons indiqué trois : les réussites antérieures ou ressources de l'élève, ses besoins et ses centres d'intérêt. Dans l'idéal, ce sont ces trois arches qui, en se reliant, permettront de déterminer l'engagement exact... Mais, en réalité, il n'y a pas toujours convergence entre elles et il est des cas où les besoins scolaires, déterminés par le professeur, ne trouvent pas facilement des réussites antérieures sur lesquelles ils pourraient s'appuyer et des centres d'intérêt qui seraient susceptibles de leur fournir une dynamique. Nous avons déjà évoqué la question et suggéré la formule du « croisement » : un élève qui réussit bien dans le dessin, qui manifeste de l'intérêt pour un pays étranger et qui ne sait pas faire un plan, pourra se voir proposer, par son professeur de géographie, la confection d'un panneau sur le pays considéré... Mais ce cas est trop simple pour être général, et s'il faut garder le souci de relier les trois arches, il ne faut pas être paralysé par la volonté de n'agir que si l'on a pu les mettre en concordance. Une telle manière de faire serait, au demeurant, génératrice d'illusions, car elle risquerait de laisser croire à l'élève que l'action humaine n'est possible que quand ces trois exigences sont réalisées, alors que nous savons qu'il n'en est rien. Aussi vaut-il mieux, lucidement, tenter de faire émerger un facteur décisif, c'est-à-dire un facteur dont l'importance permette que l'on prenne une décision. Certes, ce point d'appui sera peut-être en contradiction avec d'autres éléments et il faudra parfois sacrifier l'articulation sur une réussite antérieure ou la satisfaction de l'intérêt. Peut-être même, faudra-t-il, dans certains cas, mettre entre parenthèses un besoin scolaire pourtant aigu, s'il apparaît qu'il est véritablement important, à un moment donné de la progression d'un élève, de valoriser une réussite ou de lui permettre d'exprimer un intérêt ? Aucune recette ici ne fournit de solution applicable dans tous les cas ; seule la négociation individuelle, à condition que l'éducateur n'abdique pas ses exigences, peut permettre de dégager une direction et de définir un engagement. Et, si l'adulte sait envisager le long terme, sans doute sera-t-il capable de suggérer des objectifs qui, une fois atteints, pourront eux-mêmes devenir de précieux points d'appui pour de nouveaux engagements.

• Cette **définition des objectifs**, pour être opératoire, doit, évidemment, être suffisamment précise et exclure des formulations dont l'ambiguïté grèverait lourdement l'efficacité. Il convient de savoir ce qu'au terme du contrat on attend exactement de l'élève ; s'il s'agit d'une capacité d'ordre général, on veillera à l'assortir d'indicateurs comportementaux suffisamment précis pour que l'élève puisse lui-même apprécier sa réussite ou son échec. A celui à qui l'on demandera de savoir faire un exposé, on indiquera dans quelles conditions, devant quel public et avec quels outils ; à celui dont on exigera qu'il fasse des progrès en mathématiques, on précisera le type d'exercices qu'il devra savoir effectuer ; à celui dont on voudra qu'il améliore sa maîtrise d'une langue, on formulera des exigences concernant la nature, la longueur et la structure du texte qu'il devra pouvoir écrire. Dans tous les cas, la négociation sera précisément l'occasion d'ajuster l'objectif et de lever les équivoques le concernant ; elle amènera souvent l'éducateur à réviser ses formulations initiales pour les adapter à la situation de l'élève et permettre ainsi à celui-ci de se les approprier.

• Mais, une fois les objectifs définis, il convient d'engager **la recherche des moyens** permettant de les atteindre et nous proposons que l'on distingue, sur ce point, ceux qui seront à mettre en œuvre par l'élève lui-même et ceux qui seront mis à sa disposition par l'éducateur. Les premiers concerneront, par exemple, le temps de travail à consacrer à tel ou tel exercice, les outils à mobiliser, les démarches à faire. Ces moyens là seront d'autant plus opératoires qu'ils auront été définis avec l'apprenant, en tenant compte de ses démarches intellectuelles et de son histoire personnelle : ainsi pourra-t-on déterminer avec lui si un apprentissage massé sur un temps long est plus ou moins efficace qu'un apprentissage plus parcellisé sur des temps plus courts et plus nombreux ; ainsi pourra-t-on décider ensemble si la mémorisation requiert plutôt pour lui des travaux écrits ou oraux, si l'élaboration d'un devoir doit s'opérer de manière strictement individuelle ou nécessite l'intervention critique d'un tiers ; ainsi pourra-t-on rechercher les types de documents les plus appropriés et les exercices intermédiaires nécessaires...

Il ne faudrait pas, toutefois, que le contrat se contente de solliciter l'activité de l'élève et désengage complètement l'éducateur ; ce dernier y perdrait une large part de sa crédibilité et le contrat se réduirait alors à l'exhortation rituelle au travail et au contrôle final des résultats. Aussi faut-il que l'éducateur s'engage à fournir à l'élève un certain nombre de moyens qui l'aident à honorer ses engagements. Ces moyens peuvent être d'ordres très divers : cela peut être la proposition d'une séquence de travail dans le cadre d'un groupe de besoin, une aide individualisée sous forme de fiches de travail ou d'entretiens réguliers, la mise en place d'évaluations intermédiaires ; il est même des cas où la meilleure manière d'aider l'élève est, paradoxalement, l'abstention contractuelle de l'éducateur : « Tu remettras, à la fin du mois, un dossier complet sur telle question et je m'engage d'ici là à ne jamais t'interroger sur l'état d'avancée de tes travaux ». Là encore, aucune solution n'est valable en dehors de l'analyse du problème auquel elle répond et ce sont l'engagement et la confiance réciproques qui rendent possible le dépassement. Car, dans le contrat, la responsabilité exercée par l'éducateur n'est pas prélevée sur celle de l'élève. Au contraire, plus l'éducateur s'engage, plus il est responsable du progrès de l'élève, plus ce dernier est à son tour impliqué. C'est l'effort de l'adulte qui communique à l'enfant ou à l'adolescent la conviction que quelque chose est possible ; c'est son action pour travailler à ses côtés à atteindre l'objectif qui lui suggère la confiance en ses capacités et l'incite à fournir, lui-même, les efforts pour s'en montrer digne. Si l'éducateur baisse les bras sous prétexte de laisser l'élève se prendre en charge, s'il démissionne, la responsabilité de l'élève n'en est pas accrue, elle est abolie... Comment pourrait-il être responsable d'une chose sur laquelle visiblement il n'a pas pouvoir ?

• Enfin, tout contrat doit prévoir à qui incombera la responsabilité de **l'évaluation**. Il n'est pas obligatoire en effet, que celle-ci soit renvoyée à l'éducateur signataire du contrat ; il est des cas où les contractants considèrent eux-mêmes qu'une tierce personne est mieux placée et garantit, par son extériorité, plus d'objectivité à l'épreuve ; il est des cas, enfin, où l'élève lui-même, s'il y a été préparé, peut être chargé d'évaluer ses propres résultats. Dans tous les cas, cependant, il importe de prévoir ce qui se passera si l'évaluation est négative, de manière à éviter qu'un contrat ne débouche sur un simple constat d'échec qui risquerait d'apparaître comme indépassable. Certes, il conviendra de réexaminer le dispositif de remédiation à la lumière de ce qui se sera passé, d'analyser les blocages, de déceler les erreurs de stratégie, les négligences dans les travaux et les insuffisances des moyens mis en œuvre. C'est ainsi que l'on engagera un nouveau contrat, plus ajusté, plus rigoureux, plus susceptible donc d'offrir à l'élève les moyens de se dépasser.

En résumé, le contrat pédagogique représente la différenciation en actes ; il engage l'élève et l'éducateur autour d'un projet commun, nouant les exigences du savoir, la personnalité de l'apprenant et l'intervention du formateur. Il est à la fois un précieux analyseur, un moyen de finaliser le temps scolaire, une occasion de préciser les objectifs et de se mettre en quête des moyens pour les atteindre, un outil, enfin, pour donner du sens à l'évaluation... Mais n'est-ce pas trop précisément ? La complexité du dispositif ne l'invalide-t-elle pas, au moins partiellement ? Il ne faudrait pas, encore une fois, arguer de la difficulté technique pour renoncer à toute tentative dans ce sens. Nous avons présenté une formule lourde qu'il est tout à fait possible d'alléger, au moins pour une grande partie des élèves. Il existe, de plus, des outils largement répandus dans les établissements scolaires et qu'il suffirait d'investir de manière positive : les fiches de notes, bulletins de liaison, carnets de correspondance, peuvent être d'efficaces supports à une relation contractuelle si l'on cesse de les utiliser comme simples moyens d'information pour les transformer en outils de formation[1].

Dans cette perspective, il serait particulièrement intéressant de faire évoluer les habituels carnets de notes vers des « carnets de contrats » où figureraient les engagements pris par l'élève, les moyens mis en œuvre et les résultats obtenus. A l'heure actuelle, un tel « journal de bord » fait cruellement défaut et son absence rend très difficile un suivi actif des élèves ; elle représente un frein incontestable à la mise en place d'une différenciation effective.

10. Au-delà de la didactique

L'École est donc faite pour apprendre, et l'ensemble de nos propositions veut concourir à ce qu'elle assume mieux cette tâche... Mais apprendre, dira-t-on, ne suffit pas et chacun sait, comme Faust, que l'étude et les livres ne délivrent pas toujours la clé du bonheur ; chacun sent bien qu'une communauté humaine qui s'épuiserait dans la quête de la connaissance à n'importe quel prix serait en proie aux pires tentations : la scien-

1. Cf. le travail effectué par le C.E.P.E.C. dans ce sens, en particulier l'intéressant dossier sur *« le carnet de liaison, outil pour l'évaluation formative »*, C.E.P.E.C. Documents, Lyon, 1984.

ce-fiction est là pour nous rappeler que le savoir livré à lui-même, préoccupé seulement d'étendre son emprise, se révèle vite un monstre froid, incapable de fonder son règne sur autre chose que la soumission, le conformisation et, pour tout dire, la mort. Certes, l'École n'est pas encore menacée par ce danger ! Pourtant, d'étranges consensus résonnent aujourd'hui à toutes les oreilles et on peut légitimement nourrir quelques craintes... Car voici l'avènement de la « didactique » et ceux qui, jadis, s'essayaient à la non-directivité se retrouvent au coude à coude avec leurs anciens adversaires pour célébrer le retour du Savoir et dénoncer les utopies libertaires.

Nous avons assez dit, pour notre part, à quel point il y avait, dans ce mouvement, des intuitions salutaires ; nous avons suffisamment – le lecteur s'en sera aperçu – payé notre tribut à la professionnalisation nécessaire du corps enseignant, pour ne pas ressentir le besoin, une dernière fois, d'en marquer les limites. Tout ce que nous avons proposé, à peu de choses près, peut être, en effet, imposé arbitrairement à des élèves, et se réduire à l'avènement d'une nouvelle technologie éducative. La pédagogie différenciée peut être parfaitement récupérée par quelques nostalgiques de « l'ordre » qui n'y verraient qu'une individualisation des procédures de dressage. La notion de contrat pédagogique peut être ramenée à l'introduction d'un nouveau bulletin de consigne que l'on prendrait simplement le soin de faire signer à l'élève. La prise en compte de l'apprenant peut, paradoxalement, entraîner l'abolition de la personne de l'élève, réduite uniquement à sa dimension cognitive, voire transformée en simple objet de recherche, chargée de stimuler l'inventivité méthodologique du maître. Mais, plus banalement, et, en raison de la lourdeur de l'institution scolaire qui la rend assez peu susceptible de basculer dans de tels excès, le risque majeur est la dilution du projet dans une multitude de petits dispositifs chargés de l'incarner et qui, en réalité, seraient appliqués sans être véritablement investis. Le véritable danger est que l'on introduise des formules vidées de leur signification, dont la fonction serait d'habiller à la mode les pratiques les plus archaïques. Ainsi connaissons-nous plusieurs de ces établissements où l'on a opportunément introduit le plan de travail individuel, mais où celui-ci est le même pour tous les élèves et où le temps de sa réalisation est strictement minuté. Ailleurs, ce sont des groupes de niveau-matière qui, progressivement, ont abouti à des classes-ghettos. Ailleurs encore, ce sont des groupes de besoins, définis une fois pour toutes, que l'on reproduit chaque année sans s'interroger sur la persistance des besoins auxquels ils sont censés répondre. Ailleurs, enfin, c'est une politique de contrats qui dérive vers une politique de contrainte, chaque élève étant obligé de signer « librement » son contrat. Partout, c'est le même défaut : le dispositif est chargé de faire ce que les personnes n'ont plus à faire. La collectivité scolaire se décharge d'un souci sur une structure, une nouvelle règle de fonctionnement qui se substitue au travail en commun.

Que faut-il donc pour qu'une véritable dynamique de la différenciation transforme en profondeur l'institution éducative ? Il faut qu'elle soit l'affaire de tous, administration, professeurs, élèves d'un établissement scolaire, impliqués à des titres différents mais ensemble dans un projet commun. Voilà bien une intention généreuse, nous dira-t-on, et qui oserait se porter en faux contre elle ? D'ailleurs, cela n'est-il déjà pas largement réalisé dans le cadre du conseil d'établissement et d'un nombre important d'activités péri-scolaires qui sont gérées par les élèves eux-mêmes ? De plus, il n'y a rien là de très nouveau puisque les coopératives scolaires datent de près de cent ans ! Le problème ici, tient au fait que la plupart de ces tentatives ne concernent jamais la fonction même de l'École, c'est-à-dire la transmission du Savoir. On concède assez facilement que les élèves, dans la perspective d'une formation à la responsabilité sociale, vendent des croissants pour financer leur classe de neige ; on les associe parfois à certaines décisions concernant la couleur de la peinture des locaux scolaires ; il arrive même qu'ils soient consultés pour fixer les dates des contrôles ou décider de l'achat d'un micro-ordinateur... Mais l'acte pédagogique lui-même n'est jamais l'objet de concertations avec eux, ni d'ailleurs, la plupart du temps, avec quiconque. Est-ce à dire que les responsables officiels de l'institution scolaire, l'administration et les professeurs, doivent abdiquer toute autorité et discuter la moindre décision avec les élèves ? Jusqu'à quelle confusion des fonctions va-t-on aller ?

Il n'est pas question pour nous, cela va de soi, d'entretenir ici la moindre illusion : l'administration scolaire garantit le cadre institutionnel de l'École et, si les syndicats de maîtres et les associations de parents peuvent peser sur ses décisions, ils ne doivent pas se substituer à elle. Les enseignants, dans le cadre des programmes officiels, restent maîtres de leurs objectifs pédagogiques et ils ne doivent rien céder, sur ce point, aux pressions des élèves. Inutile de laisser croire aux gens qu'ils peuvent exercer un pouvoir que l'on s'empresse de leur confisquer dès que leur point de vue sera différent de celui du responsable institutionnel. On a trop pâti, trop perdu de notre crédibilité dans ce genre d'opérations : combien de fois avons-nous rencontré des élèves amers, conscients d'avoir été dupés, de n'avoir été consultés et respectés que tant qu'ils étaient d'accord avec les adultes ? Combien de fois avons-nous vu les ravages de cette « autogestion sous conditions » où l'on fait miroiter aux gens un pouvoir qu'on leur retire dès que pointe l'ombre d'un désaccord ? Convenons donc qu'il existe, dans l'institution scolaire, un certain nombre de choses qui ne peuvent être discutées avec les élèves qu'en posant, en préalable, le fait qu'ils n'ont pas de pouvoir dessus. Parmi ces choses figurent évidemment les objectifs d'apprentissage, mais aussi un certain nombre de règles de fonctionnement qui garantissent la vie collective et l'articulation de l'École avec les autres structures sociales. Ne tombons pas, bien sûr, dans l'excès inverse qui consisterait à faire apparaître ces objectifs et ces règles comme des « essences éternelles et immuables » ; mais sachons expliquer à quel niveau de décision elles reviennent..., ce qui, par la même occasion, permet d'ouvrir un espace de pouvoir authentique sur un domaine qui peut véritablement faire l'objet d'une gestion collective avec les élèves, celui des méthodes d'apprentissage.

Nous voyons tout de suite la cohorte des objections qu'une telle proposition peut entraîner : le maître serait tributaire, dans sa pratique pédagogique, de gens qui n'ont pas compétence pour statuer et qui en profiteraient pour se livrer à des pressions inadmissibles ! D'ailleurs aucun professeur ne peut accepter que ses élèves discutent ses méthodes et il n'est qu'à voir l'accueil qui est réservé aux quelques incursions dans ce sens, au cours des conseils de classe, pour abandonner toute velléité de ce type ! Les enseignants qui n'admettent que difficilement le contrôle pédagogique de leur inspecteur, n'admettront jamais celui de leurs élèves ! Et, certes, nous pensons nous-mêmes qu'en refusant un « contrôle » sur leur pédagogie, ils ont profondément raison. Mais qui a parlé de « contrôle » ? Le problème ne se pose pas en termes de lutte d'influence, mais en termes de collaboration efficace : il y a du Savoir et le maître n'y renoncera pas ; il y a l'enseignant et l'ensemble des ressources et des contraintes dont il dispose ; il y a l'élève et son histoire, l'élève qui s'appropriera le Savoir, chose que personne ne peut faire à sa place. Sur cette base, le dialogue est possible et il convient que l'adulte, le premier, donne l'exemple de la sérénité, du refus de la dramatisation, du maintien, sans agressivité ni concession, de ses exigences : « Voilà ce que j'attends, mais je ne peux pas le faire sans toi. Nous ne pouvons qu'y arriver ensemble par un chemin que nous découvrirons progressivement. Sur l'objectif, je ne transigerai pas ; mais sur l'itinéraire, je n'ai pas d'emblée la bonne solution et il nous faut la chercher. C'est en examinant comment tu travailles, où et pourquoi tu réussis, qui t'aide le mieux, que nous la trouverons. Je peux ne pas être capable de t'apporter seul l'aide dont tu as besoin ; je n'en suis pas pour autant un professeur incompétent... ; tout le monde ne peut pas être efficace avec tout le monde ; aussi, sans doute, devrai-je parfois accepter de consulter un collègue, voire de te confier à lui parce que c'est de lui, à ce moment là, que tu auras besoin. Parfois tu échoueras ; tu n'en seras pas pour autant un élève irrécupérable et nous devrons nous remettre en route avec plus de lucidité et de détermination encore ».

Nous avons conscience qu'un tel discours tient sur une très étroite ligne de crête, perpétuellement menacé de sombrer dans l'écoute béate ou de revenir à la facilité de l'arbitraire : entre le « je suis tout à toi » et le « tu es tout à moi », le « fais comme tu veux », et le « fais comme je veux », il n'y a qu'un petit espace, mais c'est précisément l'espace de l'Éducation. C'est là où se signe le contrat, où s'insinue un peu de sens, où l'éducateur et l'éduqué grandissent ensemble.

Aussi n'est-il pas trop fort de dire que la ligne de partage entre le dressage et l'éducation, entre une didactique étroite et une didactique ouverte, entre une différenciation « recette » et une différenciation dynamique, c'est la création d'un espace contractuel, à la fois réel et symbolique, où puissent se rencontrer les partenaires éducatifs. En d'autres termes, plus polémiques et plus concrets, c'est l'association des élèves à la définition et à la proposition des itinéraires d'apprentissages. Ou encore, en termes philosophiques, la reconnaissance de l'apprenant comme sujet... Et faire cela est, à la fois, facile et difficile : c'est facile parce que la pratique de ce qu'A. de la Garanderie nomme « le dialogue prédagogique avec l'élève »[1] ne requiert pas grand bouleversement institutionnel et peut être systématisée par chaque enseignant dans le cadre de ses propres cours ; c'est facile parce qu'une pause méthodologique dans une progression, au cours de laquelle l'on examine les procédures qui ont été les plus efficaces et celles qui doivent être révisées, peut être instituée régulièrement sans même qu'une circulaire officielle n'ait besoin de l'autoriser ; c'est facile parce que rien n'empêche les enseignants d'associer les élèves, par l'intermédiaire de leurs représentants, à d'autres structures de concertation que les conseils officiels, de les inviter, en particulier, à participer à leurs réunions par matières, voire de créer des rencontres chargées d'examiner plus spécialement les problèmes méthodologiques.

Ce dont nous avons besoin aujourd'hui, c'est d'un immense effort d'imagination pour inventer des occasions de parler de l'École à l'École. Les choses évolueront en proportion de notre capacité à créer, dans la classe, dès l'école maternelle et jusqu'aux niveaux les plus élevés, des cadres propices à l'interrogation didactique, des temps et des lieux où chaque élève puisse, très précisément, négocier ses engagements et ses méthodes de travail, où un groupe puisse réfléchir sur les stratégies d'apprentissage à mettre en œuvre avec lui et contribuer à leur élaboration. Ce dont nous avons besoin, c'est que, sur le plan de plusieurs classes ou sur celui d'un établissement, élèves, professeurs et administration puissent travailler ensemble à de nouvelles propositions pédagogiques comme celle des groupes de besoins, des études de travail dirigé, du tutorat ou du monitorat ; qu'ils puissent construire en commun des outils d'évaluation et de liaison et ajuster régulièrement ces propositions et ces outils en fonction des résultats obtenus. Il ne s'agit pas d'entretenir artificiellement une « parlerie » stérile dont les prétentions maximalistes cacheraient mal la véritable fonction de soupape de sûreté, dénuée de tout pouvoir effectif sur le scolaire lui-même ; il s'agit d'impliquer l'ensemble des partenaires à la gestion des apprentissages, de les mobiliser sur un projet qui les concerne tous, qui est la raison d'être de leur présence à

1. Le Centurion, Paris, 1983.

l'École. Et notre expérience en la matière nous a montré que, contrairement aux pires inquiétudes, les élèves font preuve ici d'un très grand sens des responsabilités ; passés les premiers émois et la tentation de faire montre d'un peu d'agressivité, dès que les rencontres se font régulières et apparaissent naturelles, ils s'associent avec intérêt à la réflexion didactique. Ils perçoivent en effet parfaitement qu'il y a là un domaine où ils peuvent avoir prise, un espace pour l'exercice de leur responsabilité. Mais qui dit responsabilité dit risque et c'est pourquoi la reconnaissance de l'élève en tant que sujet est toujours – et c'est sa grandeur – une opération difficile : l'autre, en effet, peut refuser l'engagement contractuel, il peut le rompre, il peut contester l'objectif et fuir toute discussion. Mais on ne peut tout avoir à la fois : l'éducation des personnes et l'obéissance des automates. Il faut choisir.

Ce que nous proposons, finalement, n'est rien d'autre que la reconnaissance de l'existence et de la spécificité de la *relation pédagogique.* Trop souvent, en effet, l'instituteur ou le professeur qui veulent « avoir des relations » avec leurs élèves se croient-ils obligés d'instaurer celles-ci dans des domaines extra-scolaires... comme s'ils voulaient marquer par là que la classe et le Savoir ne pouvaient être l'occasion d'aucune relation authentique. Tout se passe comme si l'apprentissage était marqué d'une terrible fatalité et qu'il demeure une des rares activités humaines où la communication ne soit pas possible ; il faudrait s'échapper du scolaire pour pouvoir enfin parler avec ses élèves ! Nous pensons, pour notre part, que les adultes n'ont aucune chance d'impliquer vraiment les élèves à l'École s'ils leur donnent eux-mêmes l'impression que la seule façon de les intéresser est d'en sortir. Bien sûr, nous comprenons ceux et celles qui, parce qu'ils ont le sentiment que l'École distille l'ennui et qu'ils ne peuvent s'y résigner, s'échappent dans quelques alvéoles à caractère ludique ou socio-culturel... mais nous voudrions leur dire que, même s'ils opèrent ainsi quelques utiles réconciliations, ils entérinent l'idée que l'apprentissage dans la classe ne peut être occasion ni de dialogue ni de plaisir. Nous croyons, en revanche, que l'on peut parler à l'École, avec ses élèves, de ce qui nous réunit dans la classe ; et nous croyons que c'est de cela qu'il faut parler en priorité, plutôt que de tenter désespérément d'établir la communication sur ce qui pourra, un instant, les séduire mais qui ne peut faire l'objet ni d'une implication ni d'une action communes. Construire une relation pédagogique, c'est cela : ne pas cacher ses objectifs, savoir que l'autre peut s'y soustraire mais ne pas renoncer à le convaincre, s'engager par contrat à l'exigence réciproque, à l'évaluation sans complaisance, à la recherche inlassable des médiations appropriées. Construire une relation pédagogique, c'est faire de l'apprentissage une rencontre entre des personnes, une histoire où rien n'est jamais définitivement joué. Retrouver à l'École, dans l'apprentissage, le goût de l'aventure pourrait bien être, après tout, un objectif prioritaire.

Conclusion

Il faut quand même bien que quelque chose change... pour que tout ne reste pas tout à fait comme avant !

« Ah ! Non ! C'est un peu court, jeune homme ! On pouvait dire...
Oh ! Dieu !... Bien peu de choses en somme... en variant le ton. Par exemple, tenez : agressif... »

Edmond ROSTAND
Cyrano de Bergerac[1]

Et il est vrai qu'à l'issue de notre dernier chapitre le lecteur se sera peut-être écrié : « Que de détours bizarres pour en arriver là ! A ressortir des armoires du vieux oripeaux humanistes qui ont déjà tant servi ! A conclure par un éloge de la personne et à placer sa confiance dans une amélioration des relations humaines ! Nous étions habitués à plus de rigueur et d'esprit critique... et notre déception est à la hauteur de nos espérances. Faut-il s'en remettre seulement, pour que l'École cesse d'ennuyer et fasse un peu mieux réussir nos enfants, à quelques maîtres capables d'engager avec eux une relation contractuelle ? Mais il y en a toujours eu... et la pédagogie différenciée, on en a toujours fait, sans le savoir ; à ces moments-là, ça ne marchait pas trop mal, on est bien d'accord... mais, si c'était simplement pour nous dire ça, on ne peut pas dire que le voyage valait vraiment la peine ! » Et il est vraisemblable, lecteur, que tu as raison : le discours humaniste est usé ; on ne sait trop par qui ni pourquoi, parce qu'au fond, il n'a jamais vraiment servi... Il est toujours resté dans la vitrine, bien à l'abri des conflits qui agitaient l'arrière-boutique..., mais il est usé et plus personne n'en veut. Bien sûr,

1. Sans doute Edmond ROSTAND est-il l'inventeur de la pédagogie différenciée... à moins que ce ne soit Raymond QUENEAU dont les *Exercices de style* sont un chef d'œuvre du genre ?

certains commerçants habiles tentent de nous le refiler en prétendant qu'il nous arrive tout droit des États-Unis, de Californie, là où précisément l'on fabrique les ordinateurs. D'autres, plus récemment, le couvrent de petits dessins naïfs, histoire de faire croire à une importation polonaise. Les plus modernes affirment qu'ils ont même repéré ces jours derniers son émergence dans les petites annonces de Libération... On n'en finit pas de proclamer qu'il est étriqué, rapiécé, usé jusqu'à la corde, au point qu'il laisse voir, malgré les contorsions de ses utilisateurs, les injustices qu'il était censé cacher. Mais on n'en finit pas d'en redécouvrir les vertus ; depuis que les idéologies ont été contraintes de quitter les mannequins de bois sur lesquels elles dormaient, depuis qu'elles ont dû affronter les intempéries de la rue et que leurs coutures ont cédé de toutes parts, depuis que l'on renonce à s'habiller pour le « grand soir », les oripeaux humanistes semblent retrouver un air de jeunesse. Certes, on est devenu méfiant et l'on sait suspecter ceux qui s'y taillent un étendard et entraînent derrière eux des innocents au massacre ; on sait, aussi, mieux repérer ceux qui s'y drapent, comme dans une toge, pour mieux se retirer du combat quotidien ; et, quant à ceux dont toute la carrière consiste à s'y découper minutieusement la légion d'honneur, personne n'est plus vraiment dupe... même si on ne le dit pas trop, pour ne pas leur faire de peine. Mais on sait voir aussi que ce sont les quelques bribes du vieil habit de Socrate, que nous avons gardées en héritage, qui nous protègent de la barbarie. L'on sait qu'il est, de par le monde, quelques chiffonniers qui réussissent à brandir, contre les totalitarismes de tous poils, un morceau du vieil humanisme et nous sommes quelques-uns à nous accrocher à ces oripeaux avec le sentiment que notre destin se joue là aussi...

« Et l'École dans tout ça ? Il ne faudrait pas nous endormir avec de bons sentiments, au demeurant forts légitimes, tant qu'ils s'appliquent à ceux qui luttent, à l'autre bout de la planète, pour leur dignité ! Le procédé, voyez-vous, est même un peu douteux... ; vous tentez de nous attendrir pour camoufler votre absence de véritable alternative ! »

Encore une fois, lecteur, tu as peut-être raison. Je n'ai pas grand chose d'autre à offrir, pour transformer l'École, qu'un peu plus de qualité dans le regard, que la reconnaissance de la personne et le désir de lui offrir de quoi se construire et se dépasser. J'ai bien quelques outils ; je les crois indispensables, mais je les sais précaires, toujours menacés d'être absorbés par les systèmes de dressage. J'ai bien quelques propositions, quelques idées sur l'organisation ; j'ai la faiblesse de les croire opérationnelles, mais je les sais fragiles tant qu'elles ne sont pas investies de la conviction des hommes qui, seule, peut leur donner la vie.

Ah ! Non ! Décidément ! C'est un peu court, jeune homme !
On pouvait dire... Oh ! Dieu !... Bien peu de choses en somme.
Confiez le travail à l'un des spécialistes
Dont tous vos bons amis vous donneront la liste.

Chacun d'eux vous dira, selon sa compétence,
Comment, de cette École, il faut changer le sens...
Écoutez, par exemple, parler le gestionnaire
Qui, d'un pas décidé, hante les ministères :

« La pédagogie différenciée, Monsieur, c'est l'optimisation des variables, la solution appropriée pour transformer les contraintes en ressources. Et, qui plus est, à peu de frais ! Inutile d'engager de difficiles mutations institutionnelles, inutile de dégager de nouveaux crédits... Disons seulement aux enseignants : respectez vos compétences, profitez de vos différences, mettez-vous en équipe et vous réussirez ».

Un peu provocateur, toujours idéaliste,
Malgré les vents contraires, subsiste le gauchiste :

« Différencier la pédagogie, c'est donner la parole à l'imaginaire, libérer le désir, créer de l'irréversible. Différencier la pédagogie, c'est rendre suffisamment de pouvoir aux élèves pour lutter contre la passivité de leurs maîtres ».

Et si un tel discours vous agace plutôt,
Le poète, sans doute, vous séduira tantôt :

« La convergence des multiples trace, dans le granit de nos systèmes, les sillons de l'avenir ».

Vous restez insensible ! Vous êtes un cœur de pierre !
De la science, il vous faut le discours salutaire :

« L'homme neuronal stabilisant par paliers successifs les synapses qui déterminent le développement de son intelligence, l'éducation scolaire doit se donner pour tâche de proposer le plus grand nombre possible de stimulations, permettant ainsi au sujet de s'enrichir par combinaison progressive de ses objets mentaux ».

Discours froid, prétentieux, et compliquant sans cesse ?
Un psychologue, au moins, aurait plus de tendresse :

« Chaque être, dans sa singularité, est susceptible de nous toucher, de faire vibrer en nous l'enfant que nous avons été jadis. Et c'est par notre attention à son égard, en sachant interpréter ses appels souvent maladroits, en épiant les richesses dont il est porteur, que nous avons quelque chance de l'aider à grandir ».

Mais il faut accepter quelques compromissions
Et au plan politique faire porter l'action :

« Nul ne peut contester que la gestion des classes hétérogènes s'avère aujourd'hui une tâche impossible. Faut-il revenir en arrière ? Nul ne peut sérieusement le prétendre ! C'est pourquoi, en dehors de toute idéologie et en respectant les convictions profondes de chacun, il nous faut avancer résolument vers une pédagogie différenciée sans laquelle notre École ne pourra plus remplir sa noble mission ».

Ces discours sont stériles ? Et seul le formateur,
par l'action quotidienne, peut changer les acteurs :

« C'est en engageant le maître à élaborer de nouvelles méthodes d'apprentissage adaptées à chaque objectif et à chaque élève que l'on modifiera en profondeur son attitude par rapport au savoir ; la réflexion méthodologique est, en ce sens, un levier essentiel pour la transformation du système éducatif ».

Mais, sans un journaliste et un peu de tactique,
Vous vous aliénerez toute l'opinion publique :

« La situation dans les collèges apparaît, à bien des égards, préoccupante. L'absence de tout intérêt des élèves pour le travail scolaire, les situations de violence ouvertes ou larvées, la démission de certains adultes..., tout cela impose que soit trouvé au plus tôt un projet mobilisateur que les parents attendent avec impatience ».

Évitez le simplisme qui tue votre crédit,
De l'universitaire obtenez un appui :

« On ne peut que constater l'échec du modèle d'innovation à caractère charismatique qui a longtemps prévalu dans l'institution éducative. Celui-ci se caractérisait essentiellement par une instabilité intrinsèque, liée à la nature même de celui qui en impulsait le mouvement. Il s'agirait donc aujourd'hui d'esquisser un nouveau modèle, renversant la dépendance fonctionnelle par rapport au leader en dépendance structurelle par rapport à l'ensemble des acteurs sociaux reconnus dans leur diversité ».

Et ne négligez pas l'avis du syndicat,
Car vous feriez alors un très grave faux pas :

« Nous devons affirmer vigoureusement que le fonctionnement du système éducatif français ne peut rester figé, mais que ses évolutions ne doivent pas, non plus, être définies arbitrairement par une hiérarchie aveugle. Ce sont ceux qui travaillent sur le terrain qu'il convient d'associer de plus en plus activement à la mise en place d'une École authentiquement populaire ».

Mais si de tels discours vous causent une allergie,
Le sociologue doit vous rendre un peu de vie :

« La différence n'est pas une maladie de l'espèce humaine, mais tend à l'organisation plurale d'une véritable unité. Aussi, la construction par chaque sujet de son identité repose sur un jeu différentiel et un contrepoint unitaire que toute institution se doit de rendre possibles ».

Vous n'y comprenez rien ? Vous n'êtes pas concerné ?
Le moraliste, lui saura vous impliquer :

« Après avoir réduit la morale à des leçons, voilà que l'École cherche maintenant à en faire l'économie. Et si la morale, pour le maître, c'était simplement de tout mettre en œuvre pour faire réussir chacun de ses élèves, de ne jamais se résigner à leur échec ? La véritable morale, bien sûr, celle qui se moque de la morale ! »

Et enfin, si le temps vous en laisse la grâce,
Interrogez le maître au sortir de sa classe :

« L'essentiel est que nous soyons reconnus pour ce que nous sommes, en tant qu'acteurs sociaux susceptibles d'agir dans l'École et la Société au nom des principes qui sont les nôtres et qui concernent, précisément, la gestion des apprentissages. L'enseignant savait déjà agir en homme de syndicat ou de parti ; on lui a appris, et on a eu raison, à maîtriser la discipline qu'il enseigne ; il s'est improvisé, au cours des années, psychologue ou sociologue ; il lui reste aujourd'hui à conquérir son identité de pédagogue ».

« Voilà ce qu'à peu près, mon cher, vous m'auriez dit
Si vous aviez eu un peu de lettres et d'esprit ».

Postface

La pédagogie différenciée est-elle dépassée ?

Dans sa préface à la première édition de ce livre, il y a cinq ans, Daniel HAMELINE rappelait que l'histoire de la pédagogie scolaire est une « histoire bégayante ». Sans aucun doute pourrait-on illustrer aujourd'hui ce propos avec l'histoire de la pédagogie différenciée : plusieurs siècles, en effet, avant l'introduction de ce terme par Louis LEGRAND en 1973, on trouve déjà des traces de son inspiration dans les instructions que J.B. de la SALLE donne, en 1706, pour la conduite de ses écoles[1] ; il y souligne l'importance du suivi individuel des élèves et demande que l'on compense les effets homogénéisateurs du regroupement en classes par un examen minutieux de la progression de chacun et la proposition individuelle d'exercices strictement adaptés au niveau qu'il a atteint. Deux siècles plus tard, dans son école de Dalton, au Massachusetts, Miss PARKHUST construit un « plan d'enseignement » où, pour chaque discipline et chaque niveau de classe, le programme est divisé en dix contrats mensuels, eux-mêmes décomposés en tâches hebdomadaires gérées en fonction des besoins des élèves par les éducateurs. Quelques années après, WASHBURNE, dans l'école de Winnetka, après une grande enquête sur les possibilités d'assimilation des enfants, imagine la suppression de la classe et son remplacement par des progressions strictement individualisées. Certes, ce dernier est imprégné des conceptions taylonistes, alors très en vogue dans le domaine économique, et rêve à une éducation que nous qualifierions plus volontiers de dressage ; mais le travail qu'il réalise n'en est pas moins considérable. Quelque temps plus tard, FREINET, dans une toute autre perspective, propose, à côté d'activités collectives chargées d'assurer la socialisation de l'enfant et la finalisation des apprentissages, un système de fichiers auto-correctifs permettant de faire progresser chacun à son rythme et selon les besoins identifiés avec le maître... Dans un contexte idéologique et institutionnel tout différent mais dans une proximité pédagogique incontestable, Pierre FAURE élabore ce

1. On trouvera quelques extraits du texte de J.B. de la Salle dans *Différencier la pédagogie : des objectifs à l'aide individualisée,* Cahiers pédagogiques, Paris, 1989, page 50.

qu'il nomme « l'enseignement individualisé et communautaire »[1], suggérant lui aussi, au moins pour une partie du temps scolaire, de suspendre le fonctionnement impositif-collectif de la classe, fondé sur la croyance toujours illusoire en l'homogénéité des élèves, et de lui substituer des activités individuelles et par petits groupes permettant à l'enfant d'être actif et impliqué dans un enseignement à sa mesure... Et il faudrait citer aussi CLAPARÈDE et COUSINET, DOTTRENS, OURY et tant d'autres encore... qui se sont tous efforcés d'instrumenter cette idée-force dont la simplicité de formulation trompe peut-être sur la facilité de sa mise en œuvre : « C'est l'élève qui apprend et nul ne peut apprendre à sa place... Et puisqu'il n'y a pas deux élèves identiques il n'y a d'apprentissage réussi que par un enseignement différencié ».

Les raisons qui ont présidé à l'émergence de la pédagogie différenciée sont plus que jamais d'actualité

Comment alors expliquer le succès important, dans les années 1985, du concept de pédagogie différenciée ? Qu'apportait-il de plus qui ne soit déjà dit depuis longtemps dans le discours pédagogique ? Le contexte était-il si particulier qu'une parole longtemps marginale pouvait enfin être reçue par beaucoup d'enseignants, voire entendue par les responsables du système éducatif[2] ? L'analyse demanderait, ici, de longs développements et nous manquons sans doute encore d'un peu de recul pour l'effectuer sereinement. On peut, peut-être, toutefois, avancer quelques hypothèses.

D'abord, indubitablement, la pédagogie différenciée est apparue comme une pensée à la fois de synthèse et d'ouverture : elle intégrait les apports des différents courants pédagogiques et, sans nier leur spécificité ni travestir leurs propositions, permettait de les mettre en cohérence au service des élèves. Elle reconnaissait ses dettes et cultivait l'emprunt mais sans, pour autant, basculer dans un bric-à-brac hétéroclite : une philosophie de « l'élève comme sujet », une pédagogie de l'autonomie comme capacité de piloter soi-même progressivement ses propres apprentissages, une conception des rapports sociaux comme devant être, à la fois, reconnaissance de la diversité et recherche de solidarité, promotion de ce qui spécifie et quête de ce qui unit... tout cela permettait d'inscrire des instrumentations qui existaient parfois déjà dans une « éthique pédagogique » qui leur conférait sans doute plus de poids et plus de sens.

Peut-être, aussi, en avions-nous assez de quelques « guerres de religion » qui compromettaient déjà la crédibilité du discours pédagogique et

1. Pierre FAURE, *Un enseignement personnalisé et communautaire,* Casterman, Tournai, 1979.

2. Faut-il rappeler que la loi d'orientation votée par le Parlement en juillet 1989 cite précisément la pédagogie différenciée comme l'un des moyens privilégiés pour donner plus de chance à chaque élève et lui permettre de réussir au mieux dans le système scolaire ?

dans lesquelles s'épuisaient parfois des militants qui, s'appuyant, dans chaque « chapelle », sur d'incontestables apports (comme la psychosociologie des groupes, la psychologie génétique ou différentielle, les approches taxonomiques) prétendaient souvent détenir la seule vérité acceptable en matière éducative et proposaient leurs outils comme les seuls remèdes acceptables contre l'échec scolaire... quand ils n'excommuniaient pas systématiquement les autres chercheurs. La pédagogie différenciée pouvait représenter alors une sortie possible des dogmatismes, un dépassement des querelles et des oppositions stériles dans autre chose que le consensus mou du « tout-se-vaut-du-moment-que-les intentions-sont-bonnes ».

Pour elle, tout ne se vaut pas dans la mesure où tout n'est pas « bon » pour tous les élèves, tous les objectifs, toutes les situations ; mais, pour elle, les propositions des uns et des autres sont recevables dans la mesure où leur examen permet de statuer sur leur pertinence et sur les conditions de leur bon usage. L'on quittait, en quelque sorte, une conception où « l'ennemi » était malheureusement trop souvent représenté par « l'autre modèle », pour une pensée qui soit ouverte sans, pour autant, être « molle » et où l'ennemi devenait enfin tout ce qui abîme et sépare les hommes, ne leur permet pas de se construire différents ni de se reconnaître porteurs de la même humanité, capables d'inventer les moyens de vivre ensemble.

Faut-il insister davantage sur cet aspect de la pédagogie différenciée pour souligner son extrême actualité ? Au moment où se durcissent les oppositions entre les différents outils d'« éducabilité cognitive », au moment où certaines conceptions de l'apprentissage ou de l'évaluation cherchent à s'imposer comme seules capables de venir à bout de l'échec scolaire, au moment où un expérimentalisme positiviste prétend arbitrer les différends qui opposent les uns aux autres sans toujours, d'ailleurs, faire la lumière sur ses propres présupposés, la pédagogie différenciée est, plus que jamais, susceptible de représenter l'horizon possible sur lequel pourraient s'engager des échanges plus sereins. Ce serait quelque chose comme « une éthique de la communication pédagogique », un parti pris d'examen rationnel qui échappe à la fois au relativisme et à l'universalisme, à la confiture idéologique bienveillante et à la normativité extérieure *a priori.*

Il s'agirait, en quelque sorte, de réguler nos échanges en interrogeant les modèles qui se présentent à nous selon les trois pôles qui sont toujours présents dans une proposition pédagogique : le **pôle axiologique** qui – implicitement ou explicitement – promeut des valeurs, des représentations de la culture, du sujet apprenant, du formateur et des relations qu'ils doivent entretenir ; le **pôle psychologique** qui mobilise certaines connaissances issues de telle ou telle branche de la psychologie ; et le **pôle praxéologique** qui formalise des outils nous permettant de nous saisir du réel et de le transformer. A tous les modèles qui occupent aujourd'hui le terrain, la pédagogie différenciée pourrait donc demander : que cherchez-vous donc à promouvoir comme forme de « socialité éducative » ? Quelles dimensions du sujet apprenant prenez-vous en compte ? Que peut-on faire de vos outils ? Où, quand, pour qui et pour quoi sont-ils pertinents ? En un mot, ou plutôt une question, quelle place pouvez-vous occuper dans le projet d'« école plurielle » qui nous apparaît aujourd'hui à la fois socialement nécessaire et éthiquement indispensable ?

Mais, si la pédagogie différenciée est encore d'actualité, si elle est, plus que jamais, requise pour finaliser et réguler toutes les pratiques didactiques qui sont proposées, il ne faut pas oublier que c'est en raison de la montée d'un phénomène majeur, caractéristique de l'institution éducative contemporaine : l'hétérogénéité des élèves et la montée de la pression sociale sur l'École. Car, nous avons bien affaire ici à une mutation sans précédent : jusqu'à présent, à peu de choses près, l'École distribuait des savoirs aux élèves préparés à les recevoir et ces élèves disposaient tous, plus ou moins, d'un profil cognitif et social, constitué au contact des stimulations reçues dans leur environnement, et qui définissait précisément leur « aptitude scolaire ». Or, si nous ne voulons plus réserver exclusivement à ceux-là les bénéfices de la scolarité mais les faire partager au plus grand nombre afin qu'ils puissent être véritablement acteurs dans la société particulièrement complexe qui les attend, alors nous devons, de toute évidence, différencier les modalités d'accès aux savoirs... Si nous voulons que l'agriculteur comprenne le phénomène des montants compensatoires et mesure les enjeux écologiques de ses décisions, si nous voulons que l'ouvrier et l'employé participent de manière constructive à la réflexion sur leur outil de travail et accèdent à l'intelligence des enjeux économiques sans laquelle la moindre considération de leurs supérieurs hiérarchiques sera vécue comme un argument d'autorité, si nous voulons que la formation permanente se généralise, que le tissu associatif se développe, que les débats culturels et politiques échappent à la démagogie et à la manipulation par les médias, alors l'élévation du niveau de connaissances générales est un impératif incontournable. Et la pédagogie différenciée, parce qu'elle associe la radicalité dans ses objectifs et la relativité dans ses méthodes, parce qu'elle inverse ainsi le fonctionnement traditionnellement sélectif de l'institution scolaire, pourrait bien être le seul moyen pour y parvenir.

Elle n'aurait pas été alors une mode nouvelle destinée elle-même à être bientôt supplantée par d'autres propositions ; mais elle représenterait, en quelque sorte, la projection scolaire de notre idéal social et politique, l'incarnation institutionnelle et didactique des « devoirs des générations actuelles » dont Jacques ATTALI montre bien qu'ils doivent être définis, aujourd'hui, par « les droits des générations futures »[1].

1. « L'au-delà du capitalisme », *Nouvel observateur,* 22-28 mars 90, page 69.

La pédagogie différenciée doit encore être approfondie dans plusieurs directions

La pédagogie différenciée n'est donc pas dépassée. Mais elle n'est pas, non plus, figée et nous voudrions suggérer ici, plus ou moins brièvement, les pistes de travail qu'elle nous invite à explorer pour rester fidèle à l'inspiration qui fut la nôtre et que nous venons de rappeler sommairement ci-dessus.

• Rappelons d'abord, en quelques phrases parce que nous l'avons très longuement développé ailleurs[1], la nécessité de mettre en place, simultanément à la différenciation pédagogique, des structures de **conseil méthodologique** où se pratique, avec les élèves, la métacognition. Réfléchir régulièrement ensemble sur la manière dont on apprend, identifier soi-même progressivement les procédures les plus efficaces, se constituer un répertoire cognitif comportant assez d'indicateurs pour se représenter les tâches demandées, les programmes de traitement à utiliser en fonction des problèmes rencontrés, les attitudes à développer dans les différentes situations auxquelles on est confronté, telle est bien la clé de l'efficacité intellectuelle. En ce sens, le conseil méthodologique n'est ni une partie de la différenciation pédagogique, ni un dépassement de celle-ci, c'est bien la mise en place progressive d'une instance de pilotage par l'élève lui-même des opérations de différenciation.

Et nous croyons que cette manière de procéder est la seule qui soit, à la fois, techniquement possible et moralement acceptable. En effet, une différenciation qui se voudrait une distribution différenciée de savoirs et de méthodes, organisée par le maître sur un diagnostic préalable irrécusable, serait si difficile à organiser qu'elle amènerait à surseoir indéfiniment à l'action pour satisfaire les exigences de l'analyse. De plus, un tel projet priverait l'élève de sa possible constitution progressive en sujet de sa propre éducation, constitution qui reste bien notre finalité dernière.

• Une deuxième direction de travail dont nous avions, sans doute, sous-estimé l'importance, concerne la nécessité de resserrer les programmes d'enseignement autour d'**objectifs-noyaux**[2] avant d'engager la différenciation des pratiques. Comme l'a parfaitement expliqué Jean-Pierre ASTOLFI[3], la différenciation introduit, en effet, dans les pratiques didactiques un surcroît de complexité et celle-ci n'est tolérable que si elle s'appuie sur un travail de « simplification » préalable. Il faut donc, sans aucun doute,

1. Voir *Enseigner, scénario pour un métier nouveau,* E.S.F. éditeur, Paris, 2e édition, 1990.

2. Louis LEGRAND développe la notion d'objectif-noyau dans *La différenciation pédagogique,* Scarabée, Paris, 1986, en particulier page 97 et sq.

3. « Les 3J de la pédagogie différenciée », *Différencier la pédagogie, des objectifs à l'aide individualisée,* Cahiers pédagogiques, Paris, 1989, pages 165 à 174.

repenser nos programmes d'enseignement... Mais cela n'a rien à voir avec l'abandon facile d'une partie de ceux-ci, ni même avec un examen superficiel de leur contenu pour séparer ce qui est encore actuel de ce qui serait devenu périmé. L'identification des objectifs-noyaux requiert un travail didactique en profondeur dans chaque discipline, l'identification précise des tâches qui seront demandées aux élèves à chaque niveau d'enseignement et des problèmes qu'ils auront à résoudre pour les mener à bien. Ce n'est, à notre sens, que par cette voie que l'on peut, de manière féconde, accéder à des objectifs dont le caractère soit, au sens propre du terme, opérationnel. On a souvent assimilé, en effet, l'opérationalité des objectifs au caractère univoque de leur formulation et au fait qu'ils décrivent précisément le comportement attendu de l'apprenant. Ce fut là, de toute évidence, un progrès considérable dans la pensée pédagogique, mais un progrès qui n'a pas toujours permis d'échapper au formalisme ni de discriminer les objectifs véritablement importants pour la progression de l'apprenant. En revanche, en liant les objectifs aux problèmes que rencontre un élève dans la réalisation d'une tâche, on peut espérer identifier, à la fois, les **objectifs conceptuels** (ceux qui donnent sens à une discipline et dont la maîtrise permet de « lire » efficacement « la réalité » des « objets disciplinaires ») et les **objectifs procéduraux** (qui représentent des outils indispensables de traitement et de transformation de ces objets). Ainsi, si, en Français et en sixième, on considère qu'un élève doit savoir rédiger le portrait d'un personnage (ce qui ne constituera, bien sûr, qu'une tâche scolaire parmi d'autres), on doit s'interroger sur les problèmes qu'il va rencontrer pour y parvenir : une partie d'entre eux, de toute évidence, aura trait à la maîtrise du concept même de portrait et à l'identification de ce qui constitue les attributs de ce concept sur le plan littéraire et au niveau de formulation exigé en sixième ; l'étude de plusieurs portraits, la recherche de leurs points communs, individuellement ou par petits groupes, seront alors particulièrement efficaces. Mais ce travail devra être complété par l'étude d'un certain nombre d'opérateurs procéduraux de types orthographique, syntaxique et stylistique : parmi eux, la pronominalisation sera très importante car c'est elle qui, dans la description, constitue l'une des spécificités de l'écrit par rapport à l'oral[1].

L'on voit bien, à partir de cet exemple, qu'aucun survol superficiel des programmes actuels ne permettra jamais de décider quels sont les objectifs-noyaux à poursuivre. Ceux-ci ne pourront être déterminés que par un examen des finalités affectées à l'enseignement, une identification des tâches scolaires qu'il convient de permettre aux élèves de maîtriser à chaque niveau du cursus et un repérage des problèmes que les élèves auront à résoudre

1. Je peux dire oralement : « J'ai vu un homme arriver. L'homme portait une valise. La valise semblait lourde. » Mais je dois plutôt écrire : « J'ai vu un homme arriver ; celui-ci portait une valise qui semblait lourde. » C'est le type de travail de transformation (pronominalisation) que nous faisons, par exemple, quand nous travaillons sur la transcription d'une intervention orale ; c'est ce que nous devrions faire « spontanément » quand nous écrivons.

pour effectuer ces tâches. Ce travail est, de toute évidence, difficile et reste très largement à faire ; mais il est, nous semble-t-il, indispensable pour que la différenciation pédagogique puisse introduire une diversité de supports et de méthodes dans le traitement didactique de « points nodaux » relativement peu nombreux, auxquels on pourra alors consacrer plus de temps et sur lesquels on pourra mettre en place des dispositifs complexes. On quittera ainsi une conception encore trop souvent « programmatique » et linéaire de la différenciation pour s'engager résolument vers une conception en termes de « situations-problèmes » plus globales et ouvertes[1].

• Il reste que la différenciation ainsi introduite se caractérise par son caractère essentiellement **instrumental** et laisse peu de place à une dimension de l'apprentissage pourtant fondamentale et ouvrant, elle aussi, à la prise en compte des différences interindividuelles : **la dimension du sens**. Il se trouve d'ailleurs que de nombreuses équipes travaillant avec nous se sont interrogées sur ce point au moment même où d'autres, dans d'autres cadres, faisaient les mêmes constatations. Ainsi Philippe PERRENOUD, dans un colloque tenu en novembre 1989, remarque-t-il que « tout en travaillant à la différenciation de l'enseignement, on peut amorcer un nouveau stade de réflexion : s'interroger sur le sens du travail scolaire et des savoirs pour les élèves. Aussi différencié soit-il, l'enseignement, dit-il, ne sera pas efficace si les contenus restent aussi souvent étrangers aux expériences et aux intérêts des élèves, et si le contrat didactique laisse aussi peu de place aux personnes et à leur expérience extra-scolaire »[2].

Sur un problème aussi complexe, nous ne pouvons, évidemment, que commencer à défricher le terrain. Demandons-nous, pour cela, dans quels registres un apprentissage peut avoir du sens pour un apprenant... Pour avancer sur cette question, on peut, fort schématiquement, faire jouer trois couples de notions :

– Un apprentissage, tout d'abord, peut avoir du sens parce qu'il répond à une question que l'on s'est déjà posée ou parce qu'il résout un problème que l'on a déjà rencontré : nous dirons, alors, qu'il est **finalisé par l'amont**. Il peut aussi trouver du sens par rapport à un problème que l'on est capable d'imaginer ou d'anticiper : on parlera, alors, de **finalisation par l'aval**.

– Un apprentissage, ensuite, peut avoir du sens dans le registre « **fonctionnel** », parce que les problèmes rencontrés ou anticipés sont d'ordre plutôt « technique » ; il peut également avoir du sens dans le registre « **symbolique** », parce que les questions auxquelles il se rattache renvoient à des enjeux de nature plus personnelle, qu'ils sont de l'ordre d'un défi à

1. Voir *Apprendre... oui, mais comment*, E.S.F. éditeur, Paris, 5e édition, 1990, en particulier pages 164 à 179.

2. « L'élève et l'école : réflexions sociologiques », in *CO-information*, Genève, 1990 - 1, pages 56 à 67 (page 64).

relever, d'un mystère à percer, d'une image de soi à construire ou à restaurer.

– Un apprentissage, enfin, peut avoir du sens en référence à des **pratiques scolaires**, parce que c'est dans la classe, à l'occasion d'un exercice ou d'une activité, que les problèmes ont émergé ou vont émerger ; ou bien, il peut avoir un sens en référence à des **pratiques extra-scolaires** parce que l'on a été placé ou que l'on se place, dans son environnement familial, social ou économique, en face de questions qu'un savoir nouveau va contribuer à résoudre.

Bien évidemment, ces trois couples de notions sont proposés ici en raison de leur fécondité heuristique en matière didactique. A de nombreux égards, les oppositions qu'ils représentent sont artificielles : une finalisation par l'amont n'est possible que si, d'une manière ou d'une autre, le problème rencontré dans le passé est aussi projeté dans l'avenir ; de même, un apprentissage que nous avons appelé « fonctionnel » a toujours des répercussions dans le registre symbolique dans la mesure où il contribue à la construction de la personne et, réciproquement, tout enjeu symbolique renvoie à une certaine fonctionnalité au plan du psychisme personnel ; enfin, la distinction entre les pratiques de référence scolaires et extra-scolaires est, elle aussi, contestable dans la mesure où les premières s'inspirent souvent des secondes et où les secondes modélisent les premières... Il reste que l'on peut faire jouer les trois couples pour obtenir le tableau que nous présentons ci-dessous et qui peut permettre d'analyser une situation pédagogique ; on se demandera, grâce à lui, quelles sont les « dimensions du sens » qui y sont présentes ou, en d'autres termes, quelles sont les possibilités de « prise de sens » que peuvent y trouver les élèves.

Ainsi, si l'on examine une situation pédagogique où le maître, sans préparation particulière, propose un exposé magistral sur une question quelconque, on peut s'interroger sur les possibilités de « prise de sens » offertes à ses élèves : sans aucun doute, quelques uns d'entre eux, formés à l'anticipation, vont entendre ses propos en essayant d'imaginer l'épreuve d'évaluation qui leur sera proposée quelques jours ou quelques mois plus tard... mais cela requiert une formation à la pensée anticipatrice qui, si elle n'a pas été prise en charge par l'École, renvoie inévitablement à l'aléatoire des situations sociales. Quelques autres élèves, bien sûr, vont saisir du sens dans ce que dit le maître parce que cela correspond, pour eux, à une expérience antérieure particulière ou qu'il existe, entre eux et lui, tout un jeu d'identifications. Mais, au total, tout cela risque de ne pas mobiliser grand monde et de laisser la majorité des élèves – ceux qui ne sont pas, selon l'expression habituelle, déjà « motivés » – en face d'un savoir qui flotte dans une sphère purement « didactique », sans aucune possibilité de lui attribuer la moindre signification.

Un apprentissage peut avoir du sens...

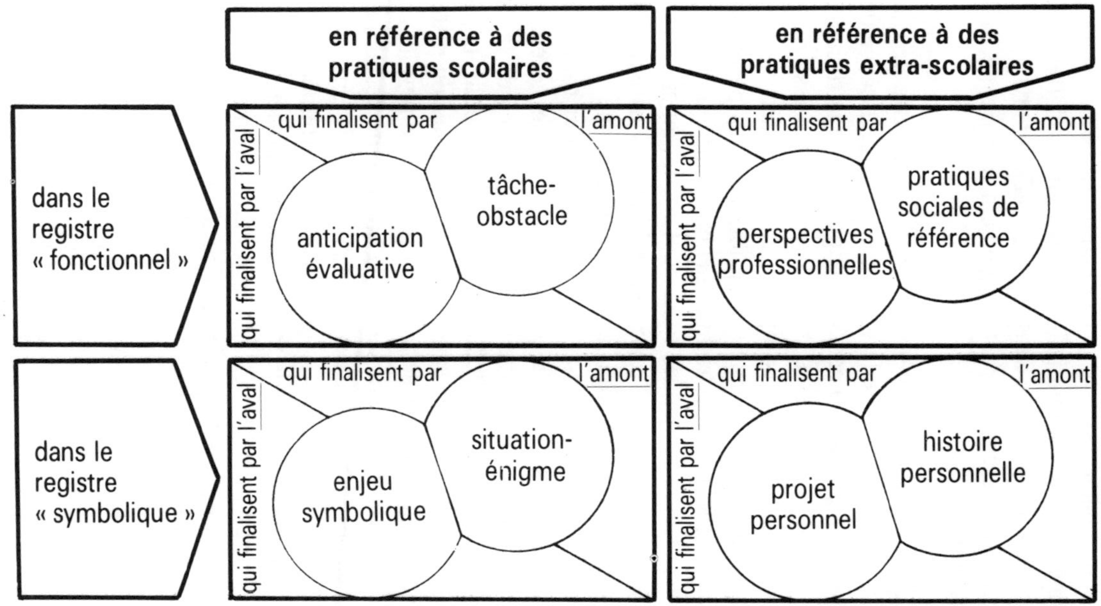

En revanche, si le maître a proposé, antérieurement, une tâche dans laquelle, un obstacle ayant émergé, il a pu y articuler un objectif d'apprentissage, s'il a mis en place une situation-problème, s'il a engagé sa classe dans l'observation de situations professionnelles susceptibles de donner sens aux savoirs enseignés, s'il a été capable de stimuler le désir d'apprendre par sa capacité à susciter l'énigme ou à déclencher un ressort ludique, s'il a travaillé avec chacun sur la construction de son projet personnel ou professionnel... alors il a multiplié les possibilités offertes à ses élèves de se saisir d'un sens, de saisir du sens dans ce qu'il dit. Et c'est là, pour nous, aujourd'hui, une dimension particulièrement importante de la différenciation pédagogique.

• Beaucoup d'autres thèmes mériteraient d'être développés, chacun témoignant, à sa manière, de la vigueur et de la pertinence de la pédagogie différenciée ainsi que de la nécessité de poursuivre la recherche et l'expérimentation. Nous voudrions en évoquer un, en conclusion, qui appellerait, à lui seul, plusieurs ouvrages complets : en effet, l'idée même de différenciation pédagogique n'est-elle pas susceptible de nous permettre d'interroger le processus de scolarisation traditionnel lui-même comme voie unique pour assurer la formation des jeunes ? On oublie trop, en effet, que l'École n'est qu'un moyen inventé il y a deux ou trois siècles dans un environnement culturel déterminé, pour faire face à un objectif qui était – et reste – la formation. Certes, il ne faut pas, sur ce terrain, aller trop vite en besogne : l'École, en dépit des critiques d'Ivan ILLICH[1], reste nécessaire comme un temps et un lieu où sont suspendues les contraintes de la production, un espace où l'on surseoit à l'efficacité immédiate pour prendre le temps d'apprendre sans craindre la sanction sociale, gâcher du matériel, commettre des erreurs, les analyser, les comprendre pour ne plus les refaire. L'École est un lieu nécessaire pour surseoir à la complexité sociale, à la réitération inutile des tâches bien maîtrisées, c'est un lieu indispensable pour compenser l'aléatoire inévitable des stimulations de l'environnement... Mais l'École est peut-être aussi un lieu où le formalisme et le didactisme font aujourd'hui écran aux savoirs qu'elle est chargée de transmettre, où le « contrat didactique » privilégie outrageusement quelques élèves particulièrement bien adaptés, où l'on ne dispose pas toujours des moyens et des personnes les plus efficaces pour gérer certains apprentissages. C'est pourquoi nous avons suggéré[2] de veiller à conserver les acquis fondamentaux de l'institution scolaire comme lieu dégagé des contraintes productives et de l'aléatoire social, mais de chercher aussi, avec obstination et inventivité, à l'assouplir par l'introduction de structures qui pourraient briser le fonctionnement monolithique de la classe en introduisant des espaces différenciés : des **lieux-projets** où, affrontés à des tâches, les sujets puissent découvrir des

1. Voir *Une société sans école,* Le Seuil, Paris, 1971.

2. « Faut-il en finir avec la classe », in *Le Binet-Simon,* N° 621, 1989, pages 29 à 39.

obstacles et les transformer en objectifs ; des **lieux-ressources** où puissent être mis à disposition des apprenants des moyens de toutes sortes utilisant l'ensemble des technologies aujourd'hui à notre disposition ; des **lieux-guidance** où l'apprenant, individuellement, puisse trouver une personne à son écoute, susceptible de l'aider à découvrir sa stratégie d'apprentissage, à évaluer ses résultats, à ajuster ses moyens. Sans doute ces propositions apparaîtront bien utopiques à beaucoup... Mais l'utopie est peut-être, aujourd'hui, l'un de nos devoirs majeurs si nous ne voulons pas que, dans l'École, l'ennui, dont on sait qu'il naquit un jour de l'uniformité, plus encore que la colère ou même l'échec, sonne le glas de nos espérances.

La pédagogie différenciée n'est décidément pas dépassée. C'est même, à notre sens, pour l'avenir de l'École et donc pour notre avenir, le seul horizon possible aujourd'hui. Il reste à espérer que cet horizon ne recule pas au fur et à mesure que l'on avance vers lui et à placer, au premier plan, notre détermination et notre passion pédagogiques dont dépendent la crédibilité de nos entreprises et la réussite de nos projets.

Lyon, le 10 avril 1990

Chez le même éditeur

L'ANALYSE SYSTÉMIQUE DE L'ÉDUCATION
Jerry Pocztar

L'ANIMATION PÉDAGOGIQUE AUJOURD'HUI
Raymond Toraille

LE CHOUCHOU ou L'ÉLÈVE PRÉFÉRÉ
Philippe Jubin

LA DÉFINITION DES OBJECTIFS PÉDAGOGIQUES
Bases, composantes et références de ces techniques
Jerry Pocztar

DES BONS ET DES MAUVAIS ÉLÈVES
Pierre Mannoni

DESSIN ET DESSEIN
Pédagogie et contenu des arts plastiques
Joëlle Gonthier

L'ÉCHEC SCOLAIRE N'EST PAS UNE FATALITÉ
CRESAS (Centre de Recherche de l'Éducation Spécialisée et de l'Adaptation Scolaire)

L'ÉLÈVE TÊTE À CLAQUES
Philippe Jubin

L'ENSEIGNANT EST UNE PERSONNE
Sous la direction de Ada Abraham

GUIDE PRATIQUE D'ORTHOGRAPHE
Jean Vial

HISTOIRE ET ACTUALITÉ DES MÉTHODES PÉDAGOGIQUES
Jean Vial

NAISSANCE D'UNE PÉDAGOGIE INTERACTIVE
CRESAS (Centre de Recherche de l'Éducation Spécialisée et de l'Adaptation Scolaire)
Coordination : M. Hardy, F. Platone et M. Stamback

ON N'APPREND PAS TOUT SEUL
Interactions sociales et construction des savoirs
CRESAS (Centre de Recherche de l'Éducation Spécialisée et de l'Adaptation Scolaire)

L'ORIENTATION SCOLAIRE EN QUESTIONS
GFEN (Groupe Français d'Éducation Nouvelle)

LA VIOLENCE DANS LA CLASSE
Eric Debarbieux

VIVONS L'ÉCOLE AUTREMENT PAR LA SOPHROLOGIE
Ghylaine Manet

LES VOCATIONS ET L'ÉCOLE
Jean Vial.

Catalogue complet sur demande

CET OUVRAGE A ÉTÉ ACHEVÉ D'IMPRIMER
EN JANVIER 1995 SUR LES PRESSES
DE L'IMPRIMERIE DE L'INDÉPENDANT
À CHATEAU-GONTIER
DÉPOT LÉGAL : 1er TRIMESTRE 1995
N° D'ÉDITION 2242 ED 2042